王喜根 著

江苏人民出版社

著名作家、中国传统村落保护专家委员会主任冯骥才题

图书在版编目（CIP）数据

寻访中国古村镇 / 王喜根著. -- 南京：江苏人民出版社，2019.6
ISBN 978-7-214-23571-8

Ⅰ.①寻… Ⅱ.①王… Ⅲ.①乡镇—介绍—中国 Ⅳ.① K928.5

中国版本图书馆 CIP 数据核字 (2019) 第 123941 号

书　　名	寻访中国古村镇
著　　者	王喜根
责任编辑	汪意云
责任校对	陈俊阳
装帧设计	许文菲
出版发行	江苏人民出版社
地　　址	南京市湖南路 1 号 A 楼，邮编：210009
照　　排	江苏凤凰制版有限公司
印　　刷	江苏凤凰新华印务集团有限公司
开　　本	718mm×1000mm　1/16
总 印 张	31.75
总 字 数	300千字
版　　次	2019年8月第1版　2022年2月第2次印刷
书　　号	ISBN 978-7-214-23571-8
总 定 价	148.00元

江苏人民版图书若有印装错误可向承印厂调换。

序一　拿什么拯救你，古镇古村落

阮仪三

　　古镇古村落是传统中国的基石。中国历史悠久，作为一个拥有悠久农耕文明史的国家，众多形态各异、风情各具、历史悠久的古镇古村落，是中华民族生活、生产、生存的基本载体，是社会组成的细胞，是传统观念、习俗、社会与家庭等多元文化孕育而生的中华本土文化，是民族历史和精神情感之根，是不可再生的文化资源，不仅拥有丰厚的物质和非物质文化遗产，而且具有丰富多彩的自然生态景观遗产，具有重要的历史、文化、科学、艺术、经济、社会价值。如何保护古镇古村落是一件不容易的事。

　　古镇，通常指有着百年以上历史的、有集中居住的建筑群体，设有行政机构。传统古镇承载千百年历史文化，生活在其中的人们，很多还保留着传统生活方式和习惯，有些古镇还具有强烈的民族风情特色。大多数古镇的建筑群落、自然景观、人文景观经过漫长岁月，留存了珍贵的历史风貌和文化内涵。

　　古村落是指民国以前建村，留有一定的历史传统，建筑环境、建筑风貌、村落选址传承延续，具有独特民俗民风，虽经历久远年代，但至今仍有居民生活的村落。古村落是乡村传统文明的载体和源头，拯救古村落不仅仅是修复、保护古建筑，最根本的是要保护"留得住乡情、记得住乡愁"的乡村生活，再造融通历史和当下的活态乡村生活。只有形神兼备的古村落，才是乡愁安放之地。

　　自2003年以来，我国先后公布了7批312个国家级历史文化名镇，7批487个国家级历史文化名村，中国传统村落达到6819个。但古村落的抢救和保护进度，远赶不上古村落逐渐消失的速度。由于城镇化进程和"空心化"侵蚀，近15年来，依旧保存与自然相融合的村落规划、代表性民居、经典建筑、民俗和非物质文化遗产的古村落锐减近92万个，并正以每天1.6个的速度持续递减。我曾在多种场合强调："什么叫爱国主义？爱祖国，爱家乡，爱民族，就要知道自己家乡、自己民族的特点，这些无形的精神底蕴，是寓于具体的实物环境之中的，留下真实的历史生活环境，就是留下我们民族文化的根。"

这些年，列入"国家级历史文化名村""中国传统村落"名录的古镇古村落并不少，拿到这块"金字招牌"，中央财政便会向它们提供相应的资金补助。当然，我不能以偏概全，但"没有钱不办事，有了钱乱办事"现象的确存在。一些地方政府拿到"金字招牌"后，还没有对村镇保护有一个严格的标准和措施，第一个念头便是开发旅游。这些地方领导被政绩、营利冲昏了头脑，地方财政那点可怜的资金，当然拯救不了破败不堪、"空巢化"严重的古镇古村落，他们便将眼光投向了投资商。投资商本质是唯利是图，他们在城里已没有土地可以开发，有了这块"肥肉"自然不会轻易放过，他们和当地政府达成协议，按照"区域规划、产业策划、整体运作"的模式，运用文化创意改造村镇旅游。结果原住民统统"被上楼"，根本不考虑历史文物的"原真性"，"拆"字当头，放肆地粗制滥造，种种充满谬误、以假乱真的伪文化，使我们的传统文化遭到恣意的破坏。

从历史的角度看，古镇古村落年久失修是普遍存在的，众多古镇古村落正面临着这些困境。我们现在所做的，就是尽可能地让它延年益寿。拯救古镇古村落应当关注三点：一是物质的、外观的东西，如老街老屋、古迹遗存；二是流动的脉络，即古镇古村落历史的变迁；三是非物质的东西，如民风民俗、地方戏曲、民歌表演艺术、地方传统手工艺等。物质遗产是肌体，历史是血液，非物质遗产是外在的气质，三者共生共存铸就了一个个古镇古村落的品格与风韵，只有各级政府和当地百姓悉心保护，古镇古村落文脉才能得以长久传承。当下，拯救古镇古村落我觉得可以从三方面入手：一是科学保护，二是广泛传播，三是利用弘扬。

科学保护。由于历史上欠账太多，目前我国古镇古村落保护还有许多不尽如人意的地方。国内众多专家学者呼吁：要进一步健全法律制度，使得历史文化名城名镇名村保护工作有法可依。同时，要以最快的速度为传统村落建立档案、盘清和抢救传统村落的家底，并出台一部专门针对中国传统村落进行保护的法律法规。古镇古村落的拯救主要靠政府，政府怎么保护？这需要国家有关部门提供具体的保护范围、标准和方法，没有具体的保护范围、标准和方法，保护工作就会陷入茫然乃至落空，这便是"科学保护"根本意义所在。

广泛传播。遗产的最高价值是中华文明的优秀传统，这个传统也是我们民族的精神生命。在社会转型期，如何使这些重要而美丽的遗产得到广泛的共识并共享，乃是我们的重要工作。著书立说，也是一种科学保护。中国古镇古村落被世人称作"最后的精神家园"，事实上，中国古镇古村落的颓势已难以逆转，但一味唱衰又有什么意义？王喜根作为资深媒体人、非物质文化遗产抢救志愿者，近10年来，自费深入全国200个古镇古村落进行田野调查。调查中，他发现各地在拯救古镇古村落中有不少亮点，褒扬他们的成功做法，实事求是地剖析存在的问题，真诚地提出改进意见，力求引起人们对古镇古村落抢救和保护哲学性的思考。如今，他选定100个古镇古村落，撰写了25万字的文稿，配上自己拍摄的现场图片，从人文角度出发，写出人们对古镇古村落文化的敬畏，力求见人见物有故事、图文并茂。他怀着强烈的社会责任感甘当"义工"，不为功利，精神至上，这种精神是难能可贵的。

利用弘扬。历史文明是一个文化大国之本，也是一个国家的文化自信之本，利用与弘扬的终极目的是精神性和文化性。将遗产中的精华与当代生活和文化融合起来，延续历史脉络，充实当代文化。古镇古村落的拯救最终要靠有"文化自觉"的保护。文化是一个民族的精神和灵魂，深刻影响着一个民族一个国家。这些年，国家开始确立国家名录、确立非遗文化、传统假日放假、确立文化遗产日等等，但是只有国家的"文化自觉"是不够的，还必须变成全民的"文化自觉"，这个社会才能文明才能进步。当务之急就是要树立民众的自豪感，让更多熟悉当地文化、对文化保护有热情的民间人士参与到古镇古村保护工作中去。

（作者为同济大学建筑城规学院教授、博士生导师，中国历史文化名城保护专家委员会委员）

序二　古村镇，生命视野与文化星火

周世康

我喜欢古镇古村落，她乃生命视野与文化星火。

我老家在海门乡下，周围近而有名的镇要数四甲镇。从家到镇，走乡间小路有4里多。小时候，一年的大部分时间父亲都在上海拉人力车，母亲在家带着我们兄弟姐妹几个，又要种地，又要养羊，再加母亲是小脚，很少带我们去镇上。常常是这样，母亲去看望我外婆，外婆家住四甲镇南，我家在镇北，势必要经过四甲镇才能到外婆家，又因为我在兄弟姐妹中最小，总是跟着母亲一起去，这就有了上镇的机会。从母亲给我说几天后去外婆家起，我就兴奋而焦急地巴望着。总算等到了这一天，我和母亲早早地就上路了，到镇上时早市还没散，热闹得很。街面不宽，青石板路，挤满了人。有扛着空扁担的，估计是将菜蔬甚至是麦草、芦柴等卖掉了。有提着篮子的，篮子里有鱼肉豆腐等新鲜食品。也有年轻的姑娘，买到了称心的手帕或者布料，笑得特别开心。还有穿着白褂子、手挽一只装了很多刚出炉的烧饼油条的篮子、边快跑边喊"让一让、让一让"的跑堂伙计，烧饼油条是送到茶馆去的，他前边走，身后留下的全是烧饼和油条的香味。街两旁是各种各样的店，从吃的穿的到用的，包括各种农具，还有大大小小的缸、钵、碗……样样都有。我惊奇新奇兴奋地东张西望，感到眼睛不够用。我不知道在我的小村庄之外，在我的田野河沟庄稼树木之外，竟然还有这么一个新天地，我一下就喜欢上了它。每次，总要母亲催上几次，我才依依不舍地迈腿离开她。小镇，就是以这样的琳琅满目丰富多彩热闹非凡甚至是香气扑鼻的形象和姿态，开阔了一个乡村孩子的视野,震撼了一块童稚的心田。

　　长大一点后,上学了。在村里读完了初小,考到了镇上的中心小学读高小,这就给了我天天上镇的机会。一早,我手拎一个"桃箕子"(当地方言,竹编圆锥形篓子状、上大下小、刚好放一只成年人吃饭的碗),里面有一碗饭,有时是碗稠稀饭,我中午吃完后就去镇上逛。两年时光,我把镇的前街后弄不知走了多少遍。我知道了这个镇上最古老的建筑,是镇后街河北面的四甲庙,传说是明代的,庙前两棵参天银杏树,与庙同龄。其次是街东头的清朝末期的水龙局,只剩一间房子了,管灭火的,类似消防队。我知道了镇上有好多家古老的商店,有古老的药房、中医诊所,也有新的医院。知道了镇上有四甲中学,全县有名。知道镇上有钱人多,有文化有学问的人多,在外面做事的人多,与我们村子里种田的比有作为的人多。我目睹了镇上居民的生活,吃的是白米饭,经常有荤菜,上班大多在屋内不用晒太阳,每个月有工资拿,是种田人收入的好几倍甚至10多倍……四甲镇,以她的历史和现状,以她的空间布局和社区结构,以她作为一个微观区域内的政治经济商业文化和生活中心,以她沿袭久远迥异于乡村的生活方式,对一个从偏僻村落走来的小学生,进行了第一次比较丰富的启蒙,让他朦胧地懂得,外面的世界,大!

　　10多年前,当我退休后有时间再漫步在故乡小镇时,我对她更加肃然起敬,因为我了解了她更为久远也更为宽广的历史。小镇的街河,原来就是赫赫有名的运盐河。横贯海门东西的运盐河,始凿于南宋年间,因为江潮海浪常常冲毁堤岸,坍塌大片良田,所以运盐河也多次改道。现存的运盐河,据史料记载,起码疏浚于1704年,至今已有300多年的历史。四甲镇,就是运盐河畔的一个古镇。历史上的海门,曾分布多个盐场,大量的海盐就是通过这条河运往扬州的。鼎盛时期,车装船载,络绎不绝,一片兴旺景象。元代沈梦麟《余中场》诗曰:"玄云闲万灶,积雪照千里。陆输车轧轧,水运舟尾尾。"记录了古代海门盐业的兴盛和运盐的繁忙。盐业的兴盛必然带来小镇的繁荣,运盐船激起的哗哗水声,自然引得小镇上人声喧哗。

　　进一步追溯,我发现四甲镇往南不到一里地的通源镇,历史更为古老。传说在公元907年至公元960年的五代十国时期就已存在。历史在小镇上演变、发展,留下了多少令人欢笑和令人扼腕的故事。通源镇历史上的一件大事，就是在1868年建了一个书院——东渐书院。之前，通州海门地区的盐民迫于生计而群起造反，被州官谎报原因而遭镇压，被杀者数百人。主持此事的是时任两江总督的李鸿章，事后方知误听假报，但也不公开平反，随即自掏腰包，再加官绅捐资，办起了这一盐灶滩荡边上的唯一一个书院，以作为补偿。书院也曾轰轰烈烈，"江淮五才子"之一的范伯子曾任山长，培养出了一批人才。20世纪20年代后期，江苏地区唯一的红十四军，其二大队的领导人，基本上都毕业于这个学院。后学院逐渐式微，被四甲中学接过衣钵。

这就是我的家乡小镇，她曾是我生命中的一位启蒙老师，对外面世界实实在在的渴求，就是由她引起的；那"很久很久以前"的概念，是可以从她身上实实在在触碰到的；那青砖粉墙黛瓦、木排门板花窗、青石板铺街路、酒馆茶楼当铺，那些传统元素的色彩线条材质造型，那些传统业态的空间格局人物气息，都是她展示给我的。每个人在他生命的初期，方圆数里数十里内，都会有这样一个小镇，就是这样一个或洋洋大观或并不起眼的镇，使他开了眼界，长了见识，见到了不一样的天地，萌生了走出去的冲动。古色古香的小镇，曾是我们生命历程中的一位老师，一本经典，开启了生命自出生以后的第一段新时间和第一个新空间。正是古镇古村落，使生命跃升了一个台阶，并从这里启航，驶向人生的新航程。你说，这样的古镇，难道不值得拯救和保护吗？

即便是现在的年轻人，抑或未来的人、异域的洋人、他乡的旅人，当他们步入一个陌生的小镇，说不定一处建筑一处街面、几块古石板、数曲当地山歌，引发他们新奇、兴趣，触发灵感，萌生创意，会改变一时的境况甚至改变整个人生的轨迹、命运，这是完全有可能的。因为古镇源远流长，积淀深厚。青石板上，能敲出千年的回响，斑驳倾颓的围墙内，曾回荡过几百年的琅琅书声。一副老对联蕴含着古哲先知的智慧，一个老传说凝聚了无数生命的笑声泪痕。一个小镇，就是一个文化地标，无数个古镇古村落，连接起来就是华夏大地的点点星火。它们连成一片就是另一部中国史：中国建筑史、人物史、经济史、城镇史、教育史、宗教史……它们各自分开，又是独立成篇成章的个体史、地方史。这样文化丰厚的小镇，是多么富饶的资源宝库，有心人的一声呼唤，无意人的偶然邂逅，都会引发出万千回音。所以，古镇古村落，承载历史，也承载创意，承载昔日辉煌，也承载未来梦想，承载古老传说，也承载新鲜故事。这样的古镇古村落，必须拯救和保护。

我和喜根是同道之人，他对古镇的感情和理解超过我。退休前，喜根是《江苏经济报》副总编辑，40多年的记者职业生涯，赋予了他更多观察、记录、思考的视角和能力。退休后，他游走在记者与作家之间，以"非遗"抢救志愿者的身份，到全国200个古镇古村落进行田野调查。中国的古镇古村落现状到底是什么样？究竟该拿什么来拯救我们的古镇古村落？他在调查中寻找答案，并拍摄了大量图片。多年探求，10年奔波，几番思考，3年书写，终于完成了这部20多万字、记录了100个古镇古村落的倾心之作。成书就是一件功德无量的大好事，相信此书出版发行后，会赢得读者的青睐和社会的好评，会催生出保护古镇古村落的诸多行动，更重要的是，会把古镇古村落的价值播种于无数人的心田。

（作者为江苏省新闻工作者协会名誉主席）

目录

CONTENTS

- 序一　拿什么拯救你，古镇古村落　　　　　　　　阮仪三 / 001
- 序二　古村镇，生命视野与文化星火　　　　　　　　周世康 / 004

1. 西递，首创"村民自治"　　　　　　　　　　　　　　/ 001
2. 宏村，变身"艺术小镇"　　　　　　　　　　　　　　/ 006
3. 龙川，弘扬祠堂文化　　　　　　　　　　　　　　　/ 011
4. 三河，赶上了好时代　　　　　　　　　　　　　　　/ 016
5. 唐模，热衷文化传承　　　　　　　　　　　　　　　/ 021
6. 渔梁，保持住优雅挺好　　　　　　　　　　　　　　/ 026
7. 查济，缘何这么"牛"　　　　　　　　　　　　　　　/ 031
8. 桃花潭，呼唤更多"翟教授"　　　　　　　　　　　 / 036
9. 许村，邂逅"首席导游"　　　　　　　　　　　　　　/ 041
10. 阳产，走近土楼保护第一人　　　　　　　　　　　 / 046
11. 乌镇，"明星代言"名声大噪　　　　　　　　　　　 / 051
12. 西塘，做足"活态保护"文章　　　　　　　　　　　 / 056
13. 安昌，古镇中的一股清流　　　　　　　　　　　　 / 061
14. 慈城，满街尽飘年糕香　　　　　　　　　　　　　 / 066
15. 溪口，巧打"民国风情"牌　　　　　　　　　　　　 / 071

16. 卢宅，木雕之祖根深叶茂 /076
17. 南浔，凤凰涅槃又新生 /081
18. 前童，打造有"烟火气"家园 /086
19. 塘栖，让乡愁变成永恒 /091
20. 游埠古镇，以"摄"汇友 /096
21. 冢斜，余茂法护村记 /101
22. 诸葛村，请别"八卦" /106
23. 周庄，陈逸飞彪炳千秋 /111
24. 巴城，"昆曲小镇"一枝独秀 /116
25. 丁蜀，"陶文化"留住活标本 /121
26. 光福，"百工之乡"今胜昔 /126
27. 缸顾，"垛田花海"誉满中华 /130
28. 惠山古镇，做看得见的传承 /135
29. 黄桥，续写烧饼与战役传奇 /140
30. 锦溪，"博物馆之乡"传美名 /144
31. 甪直，守住江南水乡"乡愁" /149
32. 千灯，点亮"千灯" /154
33. 溱潼，因会船名扬天下 /159
34. 邵伯驿站，古镇魂兮归来 /164
35. 大桥，亟待放大"名人效应" /169
36. 安宜，千年文脉源远流长 /174
37. 同里，感受"古镇保护公司" /179
38. 湾头，全力提升"玉文化" /184
39. 窑湾，悠悠古风扑面来 /188
40. 明月湾，走访"保护第一人" /193
41. 乡村书局，钱小华梦想成真 /198
42. 堂里，期盼"文化商人" /203
43. 安丰古镇，"拆"下留街 /208
44. 东村，别拿乾隆爷说事 /212

45. 赊店，"商帮文化"韵味长	/217
46. 神垕，展现千年钧瓷文化	/222
47. 朱仙镇，年画古老更淳朴	/227
48. 上庄，活着的古村落	/232
49. 平遥，阮仪三"刀下救城"	/237
50. 静升古镇，凭王家大院得宠	/242
51. 湘峪古堡，浴火重生	/247
52. 大东沟，文化强镇风生水起	/252
53. 爨底下，"京西布达拉宫"更古朴	/257
54. 枫泾，"三画一棋"交相辉映	/262
55. 金泽，"活着的江南桥乡"	/267
56. 七宝，修复改造承载历史	/272
57. 朱家角，闯出古镇保护模式	/277
58. 磁器口，留住旧日老时光	/282
59. 镇北堡，张贤亮打造银川神话	/287
60. 鸡鸣驿，再现昔日光彩	/292
61. 镇边城，巧做"红色旅游"	/297
62. 大汶口，山西街村仕博弈	/301
63. 二奇楼，唤起心底温暖的记忆	/306
64. 丽江模式，文化品牌的魅力	/311
65. 安仁，"文博小镇"的经典范本	/316
66. 李庄，"抗战文化"激活古镇	/321
67. 罗城，"船形街"破茧成蝶	/326
68. 华阳，古镇的美丽嬗变	/331
69. 丙安古镇，品味"奇古险红"	/335
70. 赤水大同，盐茶古镇"新活法"	/339
71. 地扪，侗娃迈向大世界	/343
72. 青岩古镇，保护升级进行时	/348
73. 天龙屯堡，悠悠乡情今犹在	/353

74. 西江，千户苗寨彰显原生态 / 358

75. 镇远，"东方威尼斯"风采依然 / 363

76. 龙脊梯田，守住文化把根留住 / 368

77. 瓜岭，铭刻华侨保家振乡史 / 373

78. 黄埔古村，光复乡贤文化 / 378

79. 龙湖，活着的千年古寨 / 383

80. 泥沟，很土很厚重 / 388

81. 陂头，续写和谐新乐章 / 393

82. 前美村，将金字招牌擦亮 / 398

83. 石寨，叩问文化的根与魂 / 403

84. 沟南许地，在"蝶变"中新生 / 408

85. 新塘，寻访"拾贝人" / 413

86. 长教古镇，借力《云水谣》 / 418

87. 五夫，"荷花节"鱼和熊掌兼得 / 423

88. 下梅，古村的涅槃之路 / 428

89. 东埠—高岭，船已走神还在 / 432

90. 篁岭，"晒秋"晒出美轮美奂 / 437

91. 洲湖村，创新"古、红、绿" / 442

92. 漳村，走过悠悠板凳桥 / 447

93. 钓源，古稀老人"唤醒"古村 / 452

94. 渼陂，可贵的古村保护意识 / 457

95. 石城，云蒸霞蔚迎"拍客" / 462

96. 钟贤古村，为有牺牲多壮志 / 467

97. 阎家河，且将珍珠穿成链 / 472

98. 黄花涝，一个镇与一个人 / 476

99. 凤凰古城，保护形式更保护内涵 / 481

100. 德夯，带你回到从前 / 486

后记 志愿者的自白 / 491

西递，首创"村民自治"

徽派古村落建筑群

在一个春雨霏霏的日子里，我踏进了西递村，第一感觉是：西递很整洁、很精致、很有韵味。穿行在古巷中间，似乎脚下触及的每一寸石板，掌心抚摸到的每一块砖石，都是古董，都是一段历史，一砖一瓦都隐藏着说不尽的故事。因为它完好地保存着明清徽派建筑风格，被海内外学者誉为"古民居建筑的宝库""东方文化的缩影""人类古老文明的见证"，有特色传统建筑的典型作品，人和自然结合的典

胡文光刺史牌坊

范"。清代诗人曹文埴便有《咏西递》:"青山云外深,白屋烟中出。双溪左右环,群木高下密。曲径如弯弓,连墙若比栉。自入桃源来,墟落此第一。"这是对西递人文景观全面而真实的写照。

2000年11月被列入世界文化遗产名录的西递村,是安徽省南部黟县的一个村庄,国家5A级景区,坐落于黄山南麓,距黄山风景区仅40公里,始建于北宋皇佑年间,发展于明朝景泰中叶,鼎盛于清朝初期,至今已960余年历史。西递村集牌楼、古民居、古祠堂为一体,是典型的徽派古村落建筑群。村中保存着古民居124幢,格局完整,道路、水系维持原状,古徽三雕、楹联点缀其间。2001年被列为第五批全国重点文物保护单位,2003年被列为首批中国历史文化名村。

在西递村口,在胡文光牌坊下,我流连许久。胡文光是嘉靖乙卯科进士,因其政绩显著,皇帝遂恩准敕建这座石坊。牌坊顶部石坊呈黑色——黟县也因黑石多而得名,牌坊正反面分别刻有"荆藩首相"和"胶州刺史"8个大字,两端石柱皆用抱鼓石狮装饰,中间两柱前后雕有两对栩栩如生的倒匍石狮。牌坊东西面匾额上每一处装饰图案都有寓意,四根主柱的东西两向共有12个穿椎,分别托起文臣武将和八仙人物雕像,意为:出者为将,入则为相;八仙过海,各显神通。特别是檐下斗拱两侧有32面圆形花盘,象征花团锦簇,后来竟意外地吻合了胡文光为官正好32年,这恐怕是天意了。如此精致的牌坊,在中国估计也是鲜有了,也是我所见过的最精致的牌坊之一。

西递的建筑,除了有代表性的西园、东园,还有胡氏家庭举行集体活动的胡氏宗祠、清末胡贯三的家祠——追慕堂、瑞玉庭、胡氏绣楼、大夫第等。这些建筑或宏大或精致或清幽或含意深远等等,不一而足,但不管哪一栋建筑都表现了曾经辉煌的徽派文化。

据当地老人介绍,西递村的旅游发展最早可追溯到 1982 年,当时村民接受清华大学一位老师的建议,在村口摆上"西递旅游接待点"牌子,村中老人义务做讲解,免费参观。1985 年"西递旅游景点管理处"正式成立,开始向游客收取门票。1986 年利用村石灰厂的收入修复古建,修建道路。1993 年 9 月,成立"西递旅游服务公司",通过村办公司的形式自主经营,并延续至今。在此期间,村委会和村民抵制了来自各方面的压力,多次拒绝有关部门想把旅游开发权收上去的要求,以及试图将西递旅游经营权承包给外地客商的做法。

随着旅游业的发展,大量游客带来的环境污染和白蚁等的自然侵害,对古民居保护构成了严重威胁。为依法保护、合理利用古村落,让每个村民参与到世界遗产保护行动中来,2002 年 6 月 21 日,西递村老年协会 179 名 60 周岁以上的老人向村民发出倡议:"依法保护文化遗产,共创人类美好未来,誓让青山常在、碧

徽派古村落建筑群

水长流、文明村落遗产永存！"并举行了隆重的千人签名仪式。

为维护和修复古村文化遗产，这些年西递投入了大量资金，令人难以置信的是，三分之一为村民无偿提供。保护古村文化遗产还被写进村规民约。遗产保护成了村民的自觉行动。

古民居修缮是慎之又慎的大事。西递村严格执行《安徽省皖南古民居保护条例》和《西递古村落保护规划》，景区内所有的建筑维修都严格履行申请报批手续：首先，修缮户主提交书面申请至遗产保护委员会，保护委员会工作人员实地勘查，发放修缮申请表。然后，保护委员会工作人员将书面申请和修缮申请表上报县遗产办进行审批。接着，县遗产办文物和规划管理技术人员来现场勘查、制定修缮方案、签署审批意见。在此基础上指定具有专业资质的古建公司做出修缮预算，并将修缮户主及修缮事项在村里公示一周，接受村民监督。最后，收取修缮总额70%的保证金，确保修缮方案按"修旧如旧"的原则不折不扣地执行。修缮完成后，经过保护委员会工作人员现场验收认定，方能退还保证金，并发放修缮补助金。

我十分欣赏他们的管理模式——村民按期选举村委会，由村委会代表村民利益，行使各项权利。作为古村落，除了古建筑外，西递村的旅游价值还体现在古村落的古朴环境、村民的恬淡生活状态、与古村落环境相适应的旅游活动编排等。村委会一方面代表全体村民行使对祠堂、牌坊、戏台、桥梁、水系、道路等集体资产的所有权，另一方面协调村民行使各自私有古民居的所有权时所涉及的诸多事宜。其次，他们的经营模式很接"地气"。村委会出面成立旅游公司，对全村旅游实行企业化经营。自1993年成立旅游公司以来，村委会通过公司对全村的旅游经营加以管理，由村支书担任旅游公司总经理，旅游开发经营的资金、人员、决策、管理等均主要来自村民群体内部；景区管理制度与村规民约等村民自治手段相互结合，对破坏行为视情况将停发、减发本年度的资源保护费和门前"三包"费，并处以不同金额的罚款。至于旅游收益分配，一切由村民大会说了算。每年公司门票收入，除上缴税收、文物保护基金（约占门票收入的20%，其中40%由旅游公司用于西递村遗产保护与维修，60%由县政府统筹安排用于全县旅游文物景点的管理与修缮等）之外，公司与西递村按照1∶1的比例分配。在利润收成中，20%留作村集体公益事业基金，其余80%在村民之间分配。村民之间的收入分配由两部分组成：按人口分配（以"门前三包环境保护费"的名义发放）和按房屋建筑面积分配（以"年终资源保护费"的名义发放，分一至五个等级），二者的比例为4.5∶5.5。

村民自治发展旅游，令西递村村民受益良多。除"人口分配"和"房屋分配"等形式的直接受益外，也间接地从旅游发展中获益：旅游公司为村民安装自来水，购买液化灶，兴建教学楼，开办福利院，开通有线电视和

绣楼

程控电话，改善村民的生活环境；2001年开始为全村劳动力购买意外险保险，18岁以上村民如外出打工发生事故，3000元以内可以允许报销；2003年开始为全村垫付电视费；2004年开始为全村建筑物购买财产保险；2005年开始为全村60周岁以上老人发放养老金。

多年来，西递村坚持"保护第一，合理开发"的原则，切实加强基础设施建设，打造了西递行馆、猪栏酒吧、三号小镇等旅游新业态，拥有桃源里人家和香溪谷度假村两个设施齐全的四星级酒店；新建的商贸区成了兴业富民的新乐土；政务中心率先从古村落迁出；对全村空调、水塔等现代设施进行徽元素仿古改造，坚决拆除违规建筑，恢复古戏楼，兴建文化广场、健身场所、老年人活动场所，完善了社会公益服务和经营性服务衔接的公共服务体系。在美好乡村建设中，西递村民像城里人一样享受着安全、舒适、惬意的现代文明生活。

宏村，变身"艺术小镇"

　　站在宏村南湖的石桥上放眼望去，鳞次栉比的层楼叠院与旖旎的湖光山色交相辉映，动静相宜，空灵蕴藉，处处是景，步步入画，碧透清澈的湖水倒映着粉墙黛瓦，俨然一幅完美的水墨丹青。在湖边，除了熙熙攘攘的游客，无论走到哪里，随处可见挥笔写生的绘画爱好者和用光影记录美景的摄影爱好者。据有关人士透露，宏村每年吸引全国200余家院校师生60余万人次来写生创作，年均接待摄影采风爱好者80余万人次。随着一幅幅艺术作品走向全国、飞向世界，宏村这个诗情画意的小镇，正以浓郁的艺术气息，吸引着来自全国乃至世界各地的游客和艺

处处是景，步步入画

术爱好者。

宏村，被联合国教科文组织专家评估考察定位为中国古村落的典型。而宏村的保护与发展模式，则是中国古村落发展可资借鉴的经典案例。

宏村有近千年历史，60%以上都是老房子，其中有明清时期古民居158幢。据当地村民介绍，20多年前，这里与许多古村落一样，面临着现代化冲击下的一系列问题：部分古建筑年久失修，风雨飘摇；各种新式建筑频频出现，与徽派传统风貌格格不入；许多村民外出打工，老房子人去楼空、日渐破败……

每年有师生60余万人次来此写生创作

北大毕业的诗人黄怒波却被这里独特的建筑和文化所吸引。"这么好的文化遗产，一定要保护起来。"基于这种想法，1997年，黄怒波携北京中坤集团来到宏村，投注400万资金，按照"政府主导、企业运作、村民参与"的方式，将抢救、保护和挖掘古徽文化，传承、延续博大精深的徽文化放在首位，对这个黄山脚下的无名小村进行文化保护和旅游开发。北京中坤和清华大学合作对宏村进行保护规

划，2000年11月，宏村被联合国教科文组织评价为"人类古老文明的见证，传统建筑的典型作品，人和自然结合的光辉典范"，成功入选世界文化遗产名录，成为全人类的历史文化瑰宝。游客纷至沓来，他们始终坚持保护第一的宗旨，精心呵护世界遗产，每年将门票收入的33%作为文物保护金返还用于古民居的维修。

粉墙黛瓦的明清徽式民居，是宏村古村落的标志，这些建筑有数百年历史。对于祖先们留下的历史文物，他们尊重它的原貌并加以修护，有效地贯彻了尊重历史的原则，避免了破坏性事件的发生。

为保存古村落的生产和生活方式，留住村庄的灵魂，不至于造成原有文化的流失，宏村鼓励继承发展传统技艺。村中竹材资源丰富，竹雕技艺有着悠久的历史传统，许多居民世代以此为业。宏村因此在村边建了旅游商品市场，为几乎每家每户开设一个摊位，使他们能有展示自己技艺的场所。

在保护世界物质文化遗产的同时，宏村高度重视非物质文化遗产保护工作，积极挖掘、整理及复活传统文化习俗。坚持用文化支撑、包装、拓展旅游，推出一批古黟特色的文艺表演活动，挖掘整理徽州祠祭、雉山凤舞、古黟民谣、婚嫁迎娶、际联斗鸟会等民间艺术和民俗风情活动，深受游人喜爱。

传统技艺、传统文化习俗极具画面感，宏村加以发挥，连续举办了12届国际乡村摄影节，吸引了美、英、德等40多个国家和地区的大批摄影家专程来采风。摄影节期间，邀请国内外著名摄影家、专家学者开展互动交流，组织摄影爱好者观摩摄影节作品，亲身感受体验黄山美食、农耕文化、民俗表演等。

艺术展览馆是宏村的地标性建筑，这里不仅能欣赏艺术作品，每年还举办写生艺术节，为更多喜爱艺术的人们搭建学习、交流的平台。颜值极高的宏村，让越来越多的艺术家心驰神往。他们来这里居住、创作，举办展览，组织沙龙雅集，汲取艺术养分、交流创作心得。吴大千就是其中的一位。

吴大千来宏村定居有20年了，来了就不想走了。他是清华大学客座教授、中国画研究院院士、《锦绣中华》万里画卷作者。当年吴大千徒步来到这里，诗情画意的美景激发了他强烈的艺术灵感，最终选择了雉山村创办自己的工作室。吴大千工作室位于雉山村村口，两层徽派民居古朴典雅，大大小小的书画作品挂满了宏村，变身"艺术小镇"

老屋的墙壁，他的绘画作品绝大多数取材于宏村。

不光吴大千喜爱这里，国内一大批艺术大师的工作室都纷纷落户宏村，千山艺术馆、归云山房、印象老屋、黄岳画院、黟山画院蜚声海内外。一批根植于徽州本土的艺术家也活跃在宏村，万春艺术博物馆、逸墨山房、国强工作室等逐步成为当地艺术创作、文化交流、学习培训的重要场所。

在吴大千的指导下，当地村民马三康的儿子马亮跟吴大千拜师学艺，现在也办起了自己的工作室和写生学校，不仅自己从事艺术创作，还接纳全国各地的学生来宏村写生学习。据统计，目前宏村镇培育艺术大师工作室23家、写生基地近60家。

该镇负责人告诉我，为了构建和谐宜居的美丽环境，近年来，宏村镇先后投入18.6亿元，进行了世界遗产的完整性、原真性保护工作，实施了宏村景区周边环境综合整治和镇域旅游服务环境改善提升工程，开展了镇区及村庄立面维护、

南湖书院

月沼，宏村古村落的标志

环境保洁、河流清理、景观营造等整治工作。下一步在不破坏山地、田园风光的基础上，宏村将采取嵌入形式，打造"宏村写生摄影文化产业园"，会议展示中心、摄影写生培训中心、文化艺术交易拍卖平台、艺术大师村落将一一亮相，以吸引更多的创作人群集聚，推动宏村艺术活动快速发展。

　　为了挖掘特色、精准定位，不久前，该镇还邀请了国内10多位专家学者、艺术大师现场把脉，建言献策。经过反复论证，一个集人文、艺术、品质、生态于一体的宏村艺术小镇将应运而生。

龙川，弘扬祠堂文化

对于胡氏子孙来说，绩溪是他们辉煌的家园。唐代，绩溪出了个散骑大将军胡宓；宋代，出了个以两劾秦桧而名垂青史的监察御史胡舜陟；明代出过奕世尚书胡富、胡宗宪；清代，出了徽墨名家胡开文、红顶商人胡雪岩；近代出了著名学者胡适，这一个个名字，在青史流芳，让胡氏家族熠熠生辉。清末，绩溪光胡氏宗祠就有30座，"龙川胡氏宗祠"堪称中国古祠一绝。

胡氏宗祠

宗祠是古徽州聚族统宗、维护宗族建宗法制的产物。祠堂文化，既是权利的网络空间，更是个多维的文化空间。祠堂文化与书院文化、家庙族府文化、地方庙宇文化等建构起地域性文化的立体形态，让身在异乡的海内外宗亲记住乡愁，成为海内外宗亲扯不断的根。

胡氏宗祠，位于安徽省绩溪县龙川村，是一处始建于明嘉靖二十五年（1546）的汉族祠堂建筑，属于汉民族祭祀祖先、议决族内大事的场所。祠内装饰以各类木雕为主，被誉为"木雕艺术博物馆"和"民族艺术殿堂"。1988年被国务院批准公布为第三批国家级重点文物保护单位。

肥梁瘦柱

龙川村是一个有着1600多年历史的古村落，这里原是一片长满黄荆条的荒河滩，因盛产黄金（荆）蜜而被称为荆林里。公元318年，胡焱以散骑常侍衔领兵镇守歙州。东晋咸康三年（337），胡焱游华阳镇至此，见地势东耸龙峰，西峙鸡冠，南则天马奔腾而上，北则长溪（登源河）蜿蜒而来，羡其山水清丽，便赴龙川之口荆林里，聚族而居，胡焱也就成了龙川胡氏始祖。

明代是龙川发展的鼎盛时期，村内人口众多，经济发达，且十分重视科举。先后曾有10多人中进士，其中最著名的是明成化十四年（1478）中戊戌科进士、官至太子少保和南京户部尚书的胡富，以及60年后于明嘉靖十七年（1538）中戊戌科进士、官至太子太保兵部尚书的胡宗宪。明代鼎盛时期村落建筑已经基本覆盖了龙川"船形村"的全部范围。清代以来，龙川逐渐衰落，村民仕途也不再像明朝那样显赫，人口慢慢减少，很多建筑逐渐坍塌，村落建筑覆盖范围也渐渐由整个船形村缩减为龙川河北部为主的聚落。村内不仅有龙川胡氏宗祠、奕世尚书坊，还有徽商胡炳衡宅和胡宗宪故居等。村东的龙须山，因盛产造纸原料龙须草而得名。山中多奇松怪石，珍禽异兽，山岭陡峭，古道崎岖，飞瀑流泉。上有龙台悬岩、石门洞天、仙人石屋、云崖石梯，西峰山腰有龙峰禅院、古樵庵，西麓有山间庵、宗宪墓、胡富墓等，是文化旅游、生态旅游和宗教旅游的绝好去处。

1997年以来，绩溪县人民政府根据国家、省政府有关历史文化名城保护的文件和规定，围绕龙川水街对龙川村制定了保护规划，重点强调对其历史脉络的尊重，围绕"徽风古韵、山水秀美、国之瑰宝、人杰地灵"四大主题进行设计，整体布局上延续了江南水乡、徽派建筑的自然格局，将古村历史保护与社会经济发展、

龙川古建筑群

祠堂文化弘扬、居民居住条件改善等方面结合起来，以适应小康社会建设和旅游业的发展。

1997年，龙川村严格按照"修旧如旧"的原则对古村进行恢复性重大保护改造。奕世尚书坊是明嘉靖时期的遗物，其盛明雄风至今犹存。由于数百年历史风雨侵蚀，牌坊已经开始倾斜。为了保护好这座古徽州最精美的石雕牌坊，村民们积极配合，将原来紧依牌坊而建的民居拆除，恢复了牌坊的雄姿，成为古村最亮丽的一道风景线。在恢复改造少保府过程中，村干部主动将自家的住房腾出来，为建造胡宗宪纪念馆之用，使之与少保府浑然一体，珠联璧合。

龙川水街

龙川胡氏宗祠始建于宋，明嘉靖年间大修。它将自然环境与人文建筑完美地融为一体，立面既具有徽派建筑的风格特征，又有自身的技艺展现，是徽派祠堂建筑中的优秀代表。它的装饰艺术达到了炉火纯青的程度，建筑上的雕刻件不仅数量众多，而且内涵丰富、技艺精湛，堪称传统徽派雕刻艺术中的极品。由于年久失修，屋顶蒿草丛生、瓦件散失，屋面开裂渗漏并导致木构件腐朽开裂，屋内砖石质文物风化严重。为了尽可能保存文物原有的历史信息，龙川村遵照《文物保护法》对胡氏宗祠进行抢救性保护。

修缮一新的胡氏宗祠气势磅礴、蔚为壮观：它的木刻花雕独树一帜。越过古祠的大天井便是正厅，乃族长举行祭典的大堂。它由14根直径166厘米的银杏树圆柱组成，柱基用枣木刻成莲花瓣托，架着大小54根冬瓜梁，结构为抬梁和穿斗式相结合，显得威武壮观。正厅的每根屋梁，两端皆有椭圆形梁托，梁托上雕刻着彩云、飘带，中间分别镂成龙、凤、虎，檩上镶嵌片片花雕，连梁钩均刻有蟠龙、孔雀、水仙花、万年青，仰首凝望，玲珑别致。正厅两侧和上首的花雕更是别具一格。两侧各 10 扇落地窗门，以"出淤泥而不染"的荷花为主体图案，花形千姿百态，妙趣横生。正厅上首一排落地窗门的花雕却是一幅"百鹿图"，衬以各种山光水色，东南西北方的竹木花草，各种形态的梅花鹿惟妙惟肖。登上台阶，来到古祠后进，这里又是一个仙境。一排排落地窗门全是花瓶雕刻世界，有六角、八角、半圆、菱形、大口、长颈等各种形状，千刀细刻，精致可爱，瓶口刻有四季花卉，梅、兰、竹、菊、牡丹、玉簪、海棠等，可谓"天上人

奕世尚书坊

可代，人工天不如"。从正厅出来，走进正祠东侧的边房，其结构分上下堂，高度仅有正祠一半，木雕简陋，另有风格。古祠自明代大修之后迄今 400 多年，竟找不到一只蜘蛛。有人认为，这与选用优质木料有关，也有的人认为是古祠地处风水宝地的缘故。谜虽未解开，但没有蜘蛛网侵蚀，花雕更显风采。

出于对徽派木雕艺术的喜爱，不少国内外人士出差皖南或游览黄山，都要赶到龙川村品味一番。古祠的木雕艺术、祠堂文化，吸引了众多观赏者。目前，龙川已成为安徽省历史文化保护区、安徽省历史文化名村和全国特色景观旅游名村。2007 年度被评为"安徽省十大美丽乡村"，2008 年获全省首批"安徽旅游美丽乡村"，2010 年荣获"全国特色景观旅游名镇（村）"，2012 年被评为国家 5A 级旅游景区，2013 年龙川水街入选第五届"中国历史文化名街"。

三河,赶上了好时代

"从肥东到肥西,买个老母鸡",这是一句典型的安徽话,能把这句话说得很地道,说明你掌握了安徽话的精髓。三河是肥西县的一个古镇,因丰乐河、杭埠河、小南河三水流贯其间而得名。小南河穿镇而过,河上古桥横跨,水中游船荡漾,河边垂柳拂水,岸上却是古老的徽派建筑群和百铺相连的古大街,前门店铺,

古城墙

后门码头,依河傍水,河街相连,俨然一幅现代"清明上河图"。

三河镇源于水,灵于水,活于水,盛于水,通江达海,水运是三河兴隆的主要原因。由于地理位置独特,三河镇成了历代兵家必争之地。从公元前537年楚灵王熊围发动的鹊岸之战到公元1858年太平天国的三河之战,绵延两千年烽烟不断、战乱不绝。同时这里也是万商云

民俗园

集、货通八方的水码头,明清时期已发展到"五里古街",成为"皖中商品走廊",其繁荣兴旺可见一斑。

古老的历史文化使三河古镇成为钟灵毓秀、人文荟萃之地,也留下了许多历史遗迹、名人故居和历史文物。镇内现存清代的古井、古炮、古城墙、太平军英王府,以及国民党唯一出身西点军校的高级将领、抗战中驻缅甸远征军司令孙立人和诺贝尔奖获得者杨振宁客居处。

过三县桥,进古南街,这里最出名的莫过于"一人巷"和在这个巷中走出去的杨振宁博士。古镇有10条街、26条巷,其中最古老、最悠长也最著名的"一人巷",巷子非常窄,只能容得一个人通过。杨振宁的母亲罗孟华是三河人,杨振宁出生后,父亲杨武之出国留学,母亲时常带他回三河小住。1937年,抗日战争全面爆发,北平沦陷,杨振宁随父母返回合肥,在庐州中学就读。为躲避敌机轰炸,学校转移到三河张家祠堂,杨振宁一家在三河镇租住了一座院落。从1937年11月至次年1月,杨振宁在这里学习和生活了两个月。

悠久的历史,厚重的文化底蕴,给三河留下了宝贵的历史文化遗产,尤以古城墙、古河、古桥、古街、古茶楼、古民居、古庙台、古战场等"八古"景观而著称于世,是皖中地区反映晚清时期历史风貌、保存古徽派建筑特色最完整的水

小南河穿镇而过

乡古镇。

为了科学合理地实施古镇保护与建设,2004年,三河镇聘请上海同济大学阮仪三、李秉毅教授认真修编了《三河镇总体规划》和《三河镇历史街区保护规划》。规划三河镇的城镇性质为:合肥市中心镇,以旅游业为中心,逐步争取为省级、国家级历史文化名镇。规划以突出千年古镇为主线,以贯穿地方文化、历史文化为重点,突出城镇的个性特色和地方产业特点,并与自然资源、人文资源、历史文化、地方文化的保护利用有机结合,凸显自然人文、历史文化特征,展现皖中民居特色。在总体规划和保护规划的指导下,三河镇的古镇保护与建设卓有成效,先后荣获了中国历史文化名镇、国家4A级旅游景区等多项殊荣。

2009年,《三河镇历史文化名镇保护条例》列入合肥市人大立法计划,明确了三河古镇保护范围、保护主体、保护责任和"抢救第一,有效保护,统筹规划,合理利用,加强管理"的保护原则,古镇保护纳入法制化轨道。他们将全镇划分为三类区域进行分区保护:第一类是文物保护点,包括太平天国城墙、英王府、古民街(含刘同兴隆庄)、一人巷、古宅群(含杨振宁旧居)、郑善甫故居、孙立

人故居、古桥（三县桥）等。对文物保护点的保护不得随意改变现状，不得施行日常维护外的任何修建、改造、新建工程及其他任何有损环境、观瞻的项目。对现有保护点内影响文物保护的居住办公设施、工厂等予以搬迁，恢复其原有功能，并加以维修整理。第二类是核心保护区，范围包括北起三杭路、西起小南河、南至东街、东至护城河的古城墙外10米以内部分。核心保护区的建设活动以维修、整理、修复及内部更新为主，建筑形式为坡屋顶，色彩以黑、白、灰、灰褐色、原木色为主色调，建筑高度控制为一至二层，一层檐口高度不超过3米，二层檐口高度不超过5.5米。第三类是建设控制区，指历史文化名镇保护范围内除核心保护区以外的所有区域。该范围内任何修建性活动必须在镇政府的指导并同意下进行，建筑的形式及色调必须符合规划要求。

近年来，三河镇经多方争取，通过政府投入、国债项目、政策引导、市场运作等多种形式，先后投入资金2亿多元用于古镇的保护与建设，使古镇的面貌发生了很大变化。在对古镇整体格局、传统风貌和历史街区进行全面保护的同时，他们对一些与历史文化有关的古迹进行重点修复，增添了新的文化内涵。修复孙

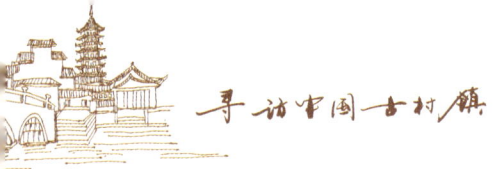

一人巷　　　　　　　　　　　　　　　　　　　　　　　　　　雨后老街

立人故居、刘秉璋故居、杨振宁旧居，弘扬名人文化；恢复建设"小辞店"，弘扬庐剧文化和民俗文化；恢复建设三河大捷战前指挥部（淮军文化纪念馆），弘扬太平天国和淮军文化；恢复建设天然楼、新华春茶楼，弘扬独具特色的三河饮食文化，让到访三河的游客不仅能欣赏到古韵犹存的建筑美景，而且能品尝到闻名遐迩的三河美食。

为了让古镇文化与现代科技接轨，2014年古镇启动"智慧景区"建设。以往人们到三河欣赏的是小桥、流水、人家，如今他们又多了一种选择：在景区官方微博、无线 WiFi、手机 APP 等信息化产品的帮助下，体验一次千年古镇"智慧游"。眼下，三河古镇正在完善"智慧旅游"细节，实现古镇文化与现代科技的紧密结合，将"智慧旅游"打造成为千年古镇文化的展示平台，努力把古镇建设成面向海内外的旅游、休闲、度假式名镇。

唐模，热衷文化传承

走进徽州唐模古村，扑面而来的园林是一派古朴典雅、安详宁谧的徽派风格。村中的小溪穿过一座座小石桥，翻越一道道拦水坝，形成一道道人工瀑布，哗啦啦奔流不息，两岸数十株巨大的樟树遮天蔽日。尤其那株"决定"汪氏家族命运的银杏，历经1300多年的风风雨雨，依然枝繁叶茂、生机盎然。据说，唐越国公汪华后裔汪思立精通阴阳八卦，曾运用堪舆之术选中三村各植银杏一株，欲择成

唐模水街

活处定居，结果中汪村（今唐模村）一株茁壮成长，遂举族定居于此。

唐模，始建于唐，发展于宋元，盛于明清，因其经济活跃、民风淳朴，被誉为"唐朝模范村"，是徽州悠久历史、深厚人文积淀的见证。历代唐模人通过选择、营造、完善生存空间，以规划布局整体村落方面的创举，缔造了皖南古村落典范。4处省级文物保护单位、4处清代祠堂、100多幢清代民居，田园风光幽雅别致，亭坊街桥古韵悠悠，青山绿水，粉墙黛瓦，特别是别样的古老水街，使人备感吉祥平和。唐模素有"风雅山水田园，徽派古建长廊"美誉，堪称徽派气息浓郁的典型古村落，跻身中国历史文化名村、全国文明村、安徽省优秀文明示范景区行列。如今，保护传统村落的文化理念逐渐深入人心，但如何传承和发展村落文化、重塑乡村价值，还是摆在唐模人面前的一道复杂的命题。

根据黄山市古村落保护规划，唐模人对古村落原生态文化、民俗风情等非物质文化遗产进行了有效的抢救与保护，大力传承独具唐模魅力的祠堂文化、水口文化、孝文化，推出特色乡村旅游，为古民居保护和新农村建设开辟出一条新路。

唐模小西湖

唐模，热衷文化传承

巍峨牌坊

在中国古代封建社会，家族观念相当深刻，往往一个村落居住着一个家族或几个家族，他们大多建立自己的家庙，这种家庙一般称作"祠堂"，分为宗祠、支祠和家祠。在特别崇尚程朱理学的徽州，祠堂是祭祖、正俗、教化等事务的圣地，它集宗教、伦理道德、法律于一身，是一个宗族最高权力的象征。不少宗祠附设学校，族人子弟就在这里上学，正因为如此，祠堂建筑一般都比民宅规模大、质量好。有权势和财势的家族很讲究祠堂的建造，高大的厅堂、精致的雕饰、上等的用材，成为家族光宗耀祖的地方。明清两代徽州有大大小小祠堂10000多座，现在各县村还有数量可观的祠堂存在。唐模村4处清代祠堂中，许氏宗祠被称为"徽歙祠堂的典型"。虽然如今祠堂渐渐离我们远去，但它所积淀的古徽州民间文化，以及徽州祠堂文化、建筑风格、徽派雕刻艺术，都是后人用之不竭的宝贵财富。

许氏宗祠在太平天国年间毁于战火，从遗址的现存建筑面积和规格上，我们依然可以看出它昔日的宏大规模。三进七大开间，前后有32根大青石柱，甬道自

许氏宗祠

大门直通石阶。拾级而上，便是宽敞的祭坛，祭坛与神龛之间以30扇槅窗相隔，里为享堂，外为祀堂。神龛中为"报本"，东为"忠烈"，西为"节孝"，主次分明，工艺精湛。头门额枋上，四攒九踩四翘，品字斗拱，复有二攒九踩四翘，各托流线优美、结构相称的飞檐，参差映衬，布局宏伟。门首上方"许氏宗祠"4个斗大楷书横匾，与"钦点翰林"蓝底金字竖匾，加上祠前宽敞的青石广场，以及广场前"一"字形排列的石墩旗杆，显示了许氏宗族祖业的显赫。门前的石阶门槛和多层飞檐、翘角组构的门楼，其高度、气势以及大门首抱鼓石的规格、工艺，反映了徽州祠堂严格的等级观念和本宗本支当时的政治地位，从而为后人研究徽派建筑艺术和封建宗法制度提供了翔实的资料。

"水口文化"换作现代话来讲就是生态文明，是风水学中一个重要的要素。所谓"水口"，指水源所从出之洞口，在徽州村落建设中是一项重要设施，对绿化和生态环境优化有着典型的意义。徽州人之所以热衷于在村口建造水口，主要是因为受风水理论的影响，他们认为水是财富的象征，为了防止它外流就应该修建"水口"，将水留住则财富用之不竭。水口多选于山脉转折、流水环绕之处，辅以庙、亭、堤、桥、树，营造人文气息，加深水口的锁钥气势。唐模水口建于村东，既有水口又有园林，形成了古徽州独特的具有代表性的水口园林——檀干园。檀干溪和进村的古驿道穿园而过，河溪两岸数十株百年古树浓荫蔽日，充分利用天然的湖山坡地，因地制宜，将山水、田野、村舍融于一体，形成独特的皖南古村落的水口园林风格。檀干园的空间组织非常成功，整座园林连同村落，恰似清奇诗篇，起承转合，余音袅袅。檀干园的造园艺术反映了"贵自然"的审美观点，园内的景致与四周的百年古树，形成"全村同在画中居"的绝妙画面，置身其中，"喜桃露春浓，荷云夏净，桂风秋馥，梅雪冬妍，地僻历俱忘，四序且凭花事告；看紫霞西耸，飞布东横，天马南驰，灵金北倚，山深人不觉，全村同在画中居"。

"孝"是中华文化传统提倡的行为，"百善孝为先"反映了中华民族极为重视"孝"的观念。作为唐模水口园林的主要部分，建于清初的"小西湖"，如今演变成孝文化教育场所，更是让人驻足忘返。据村史记载，当时该村一许氏富商常年在杭州经商，其母思子心切，每欲前往终不能行，为娱老母，特投巨资，模拟杭州西湖景致，依水流山势建造了唐模小西湖，后将该处作为"许氏义塾"，用作后世子孙接受教育的场所。周边遍植檀木，希望后裔刻苦学习，努力进取，成为国之有用人才。小西湖占地10余亩，三塘相连，自然形成三潭印月、湖心亭、白堤、玉带桥、镜亭等景观。尤其是镜亭内的18方明清时期刻制的石碑，分别将朱熹、苏轼、米芾、黄庭坚、祝枝山等名家诗词手迹镌刻留真，铁画银勾，真草隶篆，既是文物精品，又是书法佳作。一室之内竟珍藏如此之多历代书法大家世擘之精品，简直像一个书法珍品博物馆，足见当年徽商经济的繁荣和由此带来的文化的昌盛。

渔梁，保持住优雅挺好

渔梁老街

安徽歙县境内的渔梁古镇真的很小，但它集皖南的所有特点于一身，有山、有水、有古民居和悠久的徽商文化。渔梁虽小，但徽商从这里起航，并雄霸明清商界300多年，至今保持着古代街衢、水埠和码头的风貌。

歙县文友程瑞嘉，曾在徽城工商所供职，对渔梁古镇的前世今生了如指掌，有他做向导，我们真正体验到了古镇的优雅。

新安古道从歙县古城南门起，蜿蜒数里，穿过古代繁华商埠渔梁镇,通向渔梁坝下的水埠码头。这条古道依山傍水,逶迤如带,古朴素雅,沿江筑有石质扶栏,似一条璀璨的缎带,缀连起众多建筑,从而构成一幅古徽州民俗民风的艺术长卷。

在江边一座三角形小亭前,我们停下脚步,程瑞嘉告诉我,这便是著名的太白问津处。据宋《太平广记》记载,唐天宝年间,大诗人李白在洛阳到同华传舍里看到许宣平的一首题壁诗:"隐居三十载,石室南山巅。静夜玩明月,闲来饮碧泉。樵人歌垅上,谷鸟戏岩前。乐矣不知老,都忘甲子年。"

水巷

李白惊叹"真仙人诗也!"于是欣然动身寻访许宣平。李白沿新安古道来到渔梁古镇,登上一翁独撑的渡船。在船上,李白向老翁打听许宣平的住处,老翁笑答:"门前一杆竹,便是许翁家。"李白访仙心切,一时竟没有悟出话中含义,待下船后才想到"门前一杆竹"不就是渡船吗?原来撑船老翁便是仙人许宣平。回头再找,老翁和渡船早已不知去向,后人便在此修建了李白问津亭。

渔梁镇曾经是商人、水手、脚夫云集之处,也是各类货物的中转之地。徽商最兴盛的时候,码头上时常停靠着300余艘大小船只,宽阔的新安江上千帆竞渡,挑夫与商人穿梭在码头与商行之间。解放前后,歙县修建了通往杭州的公路,新安江下游又建起了大型水电站,渔梁通往钱塘江的水运航线被人为割断,繁荣百

渔梁坝

年的渔梁自此衰败下来。我们走在渔梁街上，见两边清一色的旧式板房古色古香，许多古店号、老庄号依稀可辨，仍能品味出浓浓的徽州韵味。据程瑞嘉介绍，古镇内传统古建筑占建筑总数的65%。其中保存较为完好的有320处。沿江有一条东西向主街，垂直于老街则衍生出10余条小巷，一色的木排店面，一色石板卵石路面，繁荣的商业街和宁静的巷弄，构成了渔梁镇颇具特色的街巷空间。

渔梁镇上保存最为完整的是同和堂，年过七旬的徐光富老人是同和堂第六代主人，他的孙辈算起来已经是第八代传人了。同和堂有大小10个房间，空间布局开阔，可以看出当初建房人的阔绰程度。虽经百年风雨沧桑，老宅仍保存完好，窗棂、门柱上的雕刻十分精美，镂空部分完好无损。这得益于全家人的拼死保护。在极左年代，他们用泥巴将房子的雕刻糊上，再贴上标语，老宅的雕刻才逃过一劫。老街已经失去了往日繁华，但在这里住了一辈子的徐光富却不愿离开，他喜欢这老房子，喜欢新安江江水的味道。

渔梁老街的房子最有特色的一点是"亦店亦宅"，有前店后宅式、前店中坊后宅式、下店上宅式和坊宅混合式。巴道夫运输过塘行则是一座典型的前店中坊后宅式建筑，"巴道夫"为人名，"过塘行"为货物中转批发店，巴道夫运输过塘行是渔梁街上最大的商行，主要经营茶叶，也兼营其他杂货。

老街上的巴慰祖纪念馆坐落在渔梁街中端，经巴氏后裔精心修缮而成，里面摆放着康熙皇帝送给巴慰祖爷爷的"莲淑长春"匾额，还有乾隆皇帝赐予巴慰祖"星

璨南天"匾额。这座院子三进二层4个天井,足见主人地位之显赫。

类似这样有着重大保护价值与历史人文价值的古建筑还有很多,但是它们都是清一色的木结构建筑,这个特色也为防火带来了巨大的难题。街区里居住的多为老人与小孩,街道的电线线路则像蜘蛛网一样在古建筑间穿行布设,由于屋屋相连,一旦发生火灾后果不堪设想。所幸,渔梁街被列入国家级历史文化街区,老街的保护和防火问题已经引起各方关注,街区里安装了消防栓,并制定了防火预案,防火成为老街保护的重中之重。

提起渔梁老街就不得不提渔梁坝。国家著名古建专家郑孝燮称这一古代水利工程"设计、建设和功能,均可与横卧岷江的都江堰相媲美"!它是新安江上游最古老、规模最大的古代拦河坝,可蓄上游之水,可缓坝下之流,无论灌溉、行舟、放筏、抗洪,都能兼而利之。渔梁坝长143米,底宽27米,顶宽4米,全部用清一色的坚石垒砌而成,每块石头重达吨余。垒砌的方法科学、巧妙,每垒10块青石,均立1根石柱,上下层之间用坚石墩如钉插入,这种石质的插钉称为"稳钉",也称"元宝钉"。这样上下层如穿了石锁,互相衔接,极为牢固。每一层各条石之间,又用石锁连锁,这样上下左右紧连一体,构筑成了跨江而卧的坚实渔梁坝。坝中间有开水门,用于排水。每逢春夏水涨,湍流沿三道水门飞泻而下,涛声轰鸣,雪浪排空,十分壮观。

站在石坝上,举目四顾,江水碧波如镜,鱼翔深潭,渔舟拨浪,激起涟漪,

徽州古道

戒碑

十分恬静安闲。坝下乱石嶙峋，浪峰咬石。西岸巍然屹立着紫阳山。据说宋代大儒朱熹之父朱松，来此游玩，乐而忘返，便结庐而居，在此专心治学，入闽后仍念念不忘紫阳山，以"紫阳书院"镌为印章。朱熹本人自闽来游，也流连忘返。后人为纪念朱松父子，在紫阳山麓建立了"紫阳书院"。2001年6月，渔梁坝作为唐至清时期古建筑，被国务院批准列入第五批全国重点文物保护单位名单。

"渔梁"的本义就是指筑堰拦水捕鱼的一种设施，正是因为先有了渔梁坝创造的良好环境，人们在此设立渡口，走南闯北。渔梁坝边也逐渐繁华，织席贩履之辈形成集镇，文人墨客流连于此中山水，久居于此。随着水运的逐渐衰落，昔日徽商往来奔走于江浙与徽州间喧闹一时的新安古道已残破寂寥，渔梁古镇也不再是车水马龙，房屋斑驳如古旧的水墨画，但依然保持着优雅的状态。后人对故土的眷恋与生俱来，幸福源自筚路蓝缕的艰辛，他们精心维护着这里的风貌，不愿失去先人的印记，能保持住这份优雅挺好！

查济，缘何这么"牛"

长年供职于新闻媒体，我手持记者证，来到旅游景点，证件一亮，立马放行。10年前来到皖南查济村，村里人却牛气冲天，不买门票休得闯入。与之理论，村民振振有词："这是我们自己投资抢救和保护下来的古村落！"

宝公祠

村民自发抢救古村落，查济人令我肃然起敬。

查济村位于皖南泾县西南，南连黄山区，北临青阳县，处于两山一湖的怀抱中。据《查氏宗谱》记载，该村建于唐武德八年（625），迄今已有1300余年的历史。在中国历史文化名村保护规划中，该村核心保护区面积就达到40.80公顷，建设控制地带有90.22公顷。

查济是查村、济阳两个村子的合称。村子有多大呢？有一首古诗说："十里查村九里烟，三溪汇流万户间；祠庙亭台塔影下，小桥流水杏花天。"整个村子呈长

四水归堂

条形，绵延 10 里。钟秀门是东边进入村子的必经之路，另外三面分别有平岭门、石门、巴山门，与村中的巴山塔、青山塔、如松塔合称"四门三塔"，构成了独具特色的村落建筑。2001 年 6 月，查济被列为第五批全国重点文物保护单位。

查济几乎所有的明清建筑都雕梁画栋、翘角飞檐，其中德公厅屋、诵清堂、爱日堂等住宅更是高大宏伟、结构精致。尤以德公厅屋为最，四柱三层牌坊式门楼，五朵斗拱屋面略带翘角分三层覆盖门楼，古朴典雅、雄浑大方。背面以镂雕工艺雕出二龙戏珠、丹凤朝阳、鱼跃龙门、狮子滚绣球等吉祥图案，手法娴熟，形制精美，石雕、砖雕、木雕随处可见。门窗扇格的木雕、厅堂柱础的石雕、门楼门汇的砖雕，均繁刻精镂，玲珑剔透，画面各异，或花鸟，或禽兽，或人物，无不栩栩如生；房屋结构为多进式，或三进，或四进，进间有"四水归堂"式的天井，沿天井二楼廊廓置有"美人靠"；条石砌就墙基，柱基为圆形雕石，墙体青砖，屋上黑瓦。传统的双披屋顶半掩半露，躲在重重叠叠的山墙后面。高出屋顶的山墙既可阻止火势蔓延，又具防盗作用。山墙造型丰富，有云形、弓状、阶梯式等，墙头呈翘首长空的马头状。

这些古代民居的外表全是青砖黛瓦，并非古代查济人没有财力或不具审美意识。明清时期，查济人多在外经商，不乏富商巨贾，且查济文风极盛，其中松塔、青山塔、巴山塔这三座塔，就是查姓家族为振兴查济文风，于清嘉庆年间兴建的。

为什么不把住宅装潢得异彩纷呈呢？原来中国封建社会对色彩的使用有着极其严格的等级区分，平民百姓，纵有万贯家财，也绝不允许在住宅上使用各种金碧辉煌的彩画与装饰。虽然住宅是统一的青砖黛瓦，但聪明的查济人巧妙布局，"依山造屋，傍水结村"，运用中国古典园林艺术的借景、对景等手法，形成"门外青山如屋里，东家流水入西邻"的天人合一格局。房屋间有街巷相通，岑河、许河、石河三水合一而成的查济河逶迤穿村而流，石渠绕户而过；查济河因落差较大，清澈的河水叠瀑式地流淌，沿河错落有致地建

拱石桥、板石桥、洞石桥将两岸民居相连

有多道拱石桥、板石桥、洞石桥，将两岸民居相连。饱经沧桑的石桥，藤萝缠绕，远望犹如碧玉横架水上，与两岸青砖黛瓦遥相呼应。据说，查济村原有108座桥、108座庙、108座祠堂。时至今日，查济村虽历经百年风雨沧桑，不复往日风采，却仍存有红楼、天申、灵芝等15座桥和10余座祠堂、庙宇。其中规模较大的宝公祠、洪公祠、二甲祠，飞檐鎏金、画栋雕梁，人们不难想见查济村的昔日繁华。悠远独特的建筑文化，钟灵毓秀的山水意境，叫人怎能不赞叹祖先的勤劳与智慧？国务院参事、中国民间艺术家协会主席冯骥才曾经说过："深藏山水间的古村落，它们各有各的特色，它们是我们民族文化遗产所剩不多的家底儿了。"为了保护好"家底儿"，早在2005年泾县政府就成立了查济古民居保护和开发利用办公室，强化对查济村的文化遗产管理。一部分退休干部、教师自发组织起来，成立查济古

青砖黛瓦临水居

建筑群保护协会，为查济村的文物保护出谋划策。查济村委会把对古村的保护纳入村规民约，突出历史的原汁原味，打好生态牌、文化牌。政府主导、社会参与、民众支持，从而为查济村未来的发展奠定了良好的基础。

10多年前，古镇古村旅游热尚未形成，涌进查济村的不速之客绝大多数是美术学院来写生的学生，这些安安静静写生的学生无形中也成了古村中的一道风景。而今，每年有近10万艺术类学子、摄影爱好者前来写生、体验生活，他们在给查济带来巨大人气的同时，也成了查济古村落文化的传播使者。针对这一现象，他们努力打好"中华写生第一村"这张牌，利用查济村独具特色的山水环境、传统的建筑风格、独特的民风民俗，将查济村打造成全国大专院校的实习基地、影视拍摄基地、画家聚集的创作基地。

然而，随着查济逐渐为人所知，游人纷至沓来，这片尘封的古村落在摆脱交通闭塞、经济落后的同时，也出现了破坏性修建、现代建材的不合理使用等现象，甚至出现违章建筑,严重损害了查济"借山为景、引水为曲、结桥为诗"的生态、人文古村落的魅力。2012年,安徽省住建厅、省文物局等组成的评审专家组,对被誉为"中国古建筑活化石"的查济村的抢救和保护进行论证,并委托上海同济大学城市规划设计研究院编制《查济村保护规划》,以保护历史真实载体、保护历史环境以及合理利用、永续利用为原则,旨在保护古村风貌,继承传统文化,提高环境品质,促进古村繁荣。

10年后,当我再次走进查济这个由老宅、石桥、溪水构成的古村落,如同步入山水画廊。她悸动神经的古朴、扑面而来的墨香、吸引眼球的原生态,令"中华写生第一村"名副其实,查济古村比10年前更"牛"了。进入核心景区前的查济新街道,集住宿餐饮购物休闲为一体,仿古的小楼、鹅卵石的路面、地方特色的小吃店、徽味十足的古玩店,吸引着络绎不绝的游人。相信随着查济古民居保护和开发的进一步深入,她一定会焕发出更加迷人的风采,今后越来越"牛"!

依山造屋,傍水结村

桃花潭，呼唤更多"翟教授"

2010年重阳节，安徽建筑工业学院退休教授、古建筑专家翟光奎感到特别开心，因为他刚从安徽泾县桃花潭镇政府那里得知：该镇两处明代古祠不会被迁建至在建的旅游文化开发项目中，且镇政府正在制定当地古建筑保护规划，对全镇近百处古建筑进行保护。

2009年7月，古建筑专家翟光奎应泾县桃花潭镇政府邀请，参加"中国桃花潭文化艺术中心"开发项目的评审论证活动。得知该项目将镇里"两个无人管且屋顶有点漏水的祠堂"异地重建，翟光奎当即表示反对。

这两个被旅游开发商看中的祠堂分别叫"前份祠"和"中份祠"，均为明代建筑，"墙和主体梁柱均完好，只是一些梁、檩因为屋漏而有些霉变"。翟光奎坚称，古

桃花潭

建筑是"不可移动的文物",一旦脱离了它赖以生存的自然和历史环境,其所包含的最重要也是最珍贵的历史文化信息就会随之丢失。

评审活动结束后,翟光奎给泾县一位朋友打电话,让他对这两个祠堂拍照留存。同时,他给主管省级历史文化名镇建筑物的安徽省建设厅厅长专门去信,详细陈述反对异地重建古建筑的理由。得到厅长"再组织专家论证"的回复后,他依然放心不下,又通过各种渠道去省建设厅及县政府等处游说。由于翟教授的力谏,旅游开发商不得不放弃原有方案。

桃花西岸

翟光奎对此十分欣慰:"文物保护,最关键和最难的是提高人们的认识,我希望这件事能起到这样的作用。"

桃花潭有诗仙李白亲自做广告代言,曾经迷倒天下多少文人骚客!10年前,我慕名前往一睹桃花潭风采。据清代诗人袁枚在《随园诗话》中记载,唐天宝十四年(755),李白来到当涂县投靠在那里当县令的叔叔李阳冰。汪伦原是泾县的县令,后来辞官寓居在桃花潭畔。他很敬仰李白,对李白的诗更为欣赏,所以他盼着有一天能见到大诗人。当他得知李白来到当涂县,便书信一封托人交给他,信中说:"先生好游乎?此地有十里桃花。先生好饮乎?此地有万家酒家。"李白看了信,非常高兴,此地有花有酒何不去畅游一番?于是应汪伦之邀来到桃花潭。来了之后才知道此地并没有十里桃花,只是在十里之外有一个渡口名为桃花渡,

十年前衰状

修复后的老街

此地也没有万家酒家，只是有一家酒店的店主姓万。李白并没有生气，还很感激汪伦的这番盛情，便在桃花潭逗留了数日。在与汪伦的相处中，两人感情与日俱增，建立了深厚的友谊。后来李白要走，汪伦赠名马8匹，官锦10端。临别时又在桃花潭岸边的石板上踏地为节挥手作歌，边歌边舞送别李白。李白被深深地感动，船行桃花潭便诗兴大发，吟出"李白乘舟将欲行，忽闻岸上踏歌声。桃花潭水深千尺，不及汪伦送我情"。一首《赠汪伦》道出了李白与汪伦之间的深厚情谊，更让桃花潭名扬天下。

桃花潭镇在唐代叫南阳，在东晋叫广阳，在汉代叫陵阳，可见这是一座有一千多年历史的古镇了。这里物华天宝，人杰地灵。镇内有保存最完整的皖南古民居群，计有明清建筑700余处。

去桃花潭必须先经过古镇门楼和老街。这条老街不是很宽敞，却显得很幽深，路面上铺满了鹅卵石,街的两边店店相连,很窄小,却显得很别致。走过老街便是踏歌岸阁,是明代为了纪念李白与汪伦而建,现在是省级文物保护单位。踏歌岸阁的旁边是梦潭轩,里面陈列着近年来收集的石坊、匾额。前院、后院和后庭有花草树竹以及假山盆景,院墙上还嵌有几块石雕,工艺精湛,令人叹服。

到了久负盛名的桃花潭,这里潭水清冷净洁,江心小洲芦苇簇拥,临风摇曳,芦叶萧萧。立身潭上,看潭面小船悠然而行,踏歌岸阁傲然耸立,西岸的怀仙阁亭亭玉立。两岸民宅粉墙黛瓦,鳞次栉比,错落有致。远处的田垄层层舒展,一抹远山,苍黛宜人,其景致仿佛是一幅浓墨淡彩的田园风景画。

与踏歌岸阁隔潭对峙的是怀仙阁,顾名思义是为怀念诗仙而建。红色怀仙阁立于绿丛中,分外醒目,正像李白逸然超群、脱颖而出的儒雅风度一样。登阁远眺,静静的桃花潭尽收眼底。

桃花潭景区有翟氏宗祠、汪伦墓、汪伦别业居、石平桥、骑马楼、燕儿洞、神仙洞、

汪伦墓

太白楼等景点。不过，10年前当我步入桃花潭西岸古村落，这里的衰败景象实在让人触目惊心：古村寂静得叫人发怵，随处可见房屋坍塌的废墟，青石铺就的街巷石缝里长满了草，家家户户关门闭锁，一蓬蓬青草从门槛边斜出，清楚地告诉人们，主人背井离乡已久。穿过一个狭窄的巷道，我跨过天井，在后面厨房里见到几位年迈的老人。老人印证了我的猜测：年轻人都到外面打工了，留守的老人眼看着古村一天天衰败，已无力回天。这里交通还算便利，为什么没有人青睐这块热土呢？

在农耕社会逐渐瓦解的今天，古村落保护的确是一道难题。所谓招商引资，大家熟知的套路是：地方政府搞旅游开发，客商招来了引来了，开始谈条件，划地给我搞建设，项目建设中如果碰到文物，请给我让路。谈来谈去，大家都觉得不吃亏，这就叫双赢。新项目上马前，得请专家来点评，某大学张教授或某研究院李教授应邀前往，转悠两圈，忽悠两句，迎合附和，项目"经过专家充分论证"顺理成章通过，举杯称庆，皆大欢喜。

古镇古村搞旅游开发，招商引资、双方互利、富民惠民，当然是功在当代、利在千秋的好事。可是，对古镇古村古建筑的保护利用过于草率，往往适得其反。桃花潭镇政府在项目论证中，邀请的是老家在泾县的翟教授，偏偏他是个极其顶真的主儿，结果捅了"马蜂窝"。

通过此事，桃花潭镇政府吸取教训，有了足够的警醒。他们对全镇古建筑等历史文化遗产，采取从宏观层面到微观层面的分级定级保护的措施，形成长效机制，以真正保护好各类历史文化遗产。当然，他们更应当感谢翟光奎教授，没有这样有良知、执着的古建筑保护神，古镇古村落保护则成为一句空话。

桃花潭呼唤更多的"翟教授"！古镇古村落保护需要更多的"翟教授"！

许村，邂逅"首席导游"

来歙县许村之前，听说该村"首席导游"许老师十分了得，十几年来，他热情地为游客义务当导游。许村的历史文化和民俗风情，他烂熟于心，描述起来绘声绘色，讲到精彩处边说边唱边表演，令游客流连忘返。我和好友熊梅生、张彭等人慕名而来，很想一睹许先生风采。当我来到薇省坊下，神采奕奕的许强明老师竟出现在我们面前。

我们一见如故，边走边聊，得知许强明是土生土长的许村人，已年届古稀，为许氏第38代传人。受祖辈崇文尚教的影响，许强明从小立志苦读，成为村里同龄人中的佼佼者，17岁时考上了当时徽州地区响当当的徽州师范，成了一名人人羡慕的中师毕业生，跳出了"农门"。到徽州师范后，从小对音乐感兴趣的他还拜师系统学习了音律，通晓乐理的许强

大郡伯第

五马坊

明成为村里人交口称赞的"秀才"。1968年,许强明毅然回到贫困的家乡当上了"孩子王",一干就是40年。

许村是中国历史文化名镇,现有明清建筑221座,15处古建筑群被国务院公布为国家重点文物保护单位。许村古名"富资里",源于东汉,距今1800多年。南朝梁时,新安太守任昉看中富资山水风光,辞官归隐于此,后人为了纪念这位归隐太守,改为任公村。唐朝末,尚书许儒徙居于此,嗣后经济繁荣,人丁兴旺,以许氏为主,改名为许村,至今已逾40余代。历代名人辈出,人文荟萃。宋仁宗钦赐为国捐资的许克复为"大宅世家"。宋王安石撰《古歙许氏宗谱传》,欧阳修撰许氏系表,朱熹、文天祥等人也作了序、跋。南宋以后,徽商崛起,"往来淮楚间,起家累巨万"。元代徽商许友山修任公桥,建高阳桥,行善乡里,其孙许伯升兄弟五人,尽卖田产、倾其积蓄资助朱元璋。明朝建国后,许伯升任福建汀州知府,恪守"多索一分一厘是祸国殃民,少一冤一枉乃是为官正道",百姓称之为"青天知府"。许伯升病故后,皇帝特恩,为他修建五马坊。现存的观察第、大墓祠、大郡伯第等皆为其家族的宗祠。其家族后世子孙中名声显赫者极多,不断为各朝表彰,现存的许世积双寿承恩坊、许琯薇省坊,便是历史的见证。走进许村,我们看到村前的古牌坊和石德桥依然耸立,古桥、宗祠、徽派民居坐落其间,构成了一幅清新自然的水墨画卷,让人备感乡村气息的芬芳。

出于对家乡许村的深厚感情,许强明退休后继续发挥余热,不仅成为山村留守孩子的"爱心家长",而且成为许村景区年纪最大、热情最高的"首席导游"。朴实的山里人称他为"退休不退岗的老黄牛"。2011年他获得歙县"优秀爱心家长"

称号,2012年被推举为"黄山好人",2015年成为歙县第二届"助人为乐"道德模范。

说话间,许老师带我们跨进了大邦伯祠,这是明嘉靖年间为福建汀州府知府许伯升一裔所建的支祠。虽说是支祠,却是村中规模最大、雕饰最为精美的一处建筑。跨门槛时,我发现脚下十分费力:这家祠的门槛高度怎么与膝盖齐平?许老师告诉我,在古代中国,森严的等级制度渗透在社会中的各个角落,建筑也不能例外,形制再高也不能高过皇室、孔庙。许氏大邦伯祠四柱五檐的门楼、齐膝的门槛、宽敞的大厅、幽深的天井,种种奢华显示了这个家族的雄厚财力与显赫地位,这是恃仗天高皇帝远,超越等级、典型的"违章建筑"。

祠堂内除了精美的砖雕、石雕、木雕,还摆放着"板凳龙"的道具。据许老师介绍,"板凳龙""大刀舞"作为许村的非物质文化遗产,内涵厚重,为许村一绝。舞"板凳龙"是许村人延续千年的习俗。相传很久以前,遇上大旱,东海的一条水龙不顾一切跃出水面,下了场大雨,拯救了禾苗,拯救了万物,拯救了苍生。但由于水龙的行动没有得到玉帝的同意,违反了天条,被剁成一段一段撒向人间。

许村牌坊

许世积双寿承恩坊

老百姓十分心疼,他们把龙体放在板凳上,并把它连接起来,不分昼夜地奔走相告,他们要救活这条好心的龙,救活自己的恩人,重新获得丰收的希望,于是舞"板凳龙"习俗由此产生。每年正月十五,村民们自发组织表演,众多游客、驴友以及摄影爱好者齐聚许村,在感受别具一格的年俗的同时,纷纷用镜头记录下那扣人心弦的精彩画面。

不知不觉地,我们来昉溪河边。河边耸立着一块巨石,相传南朝新安太守任昉就是相中了这里的风水,在此隐居垂钓。如今太守隐居的遗址尚在,流淌了千年的昉溪依然碧波如许。

不远处为仪耘小学,它是近代徽州的第一所洋式学堂。许村尊师重教,文风昌盛,绵延千年而不绝。南宋时,许著的家塾双桂堂培养出 4 位进士,其中宰相程元凤声名显赫。明代,"四山楼"培养了三朝元老许国。民国初,两淮盐运使许家泽,受陶行知"乡村教育"思想的启发,行善重教,创办了仪耘小学堂,学生免费入学,民国大总统徐世昌题词"节励松筠",董必武题词"敬思堂",其人才辈出的遗风一直延续到近代。现在能见的部分许氏家谱中就记载有 27 位进士、11 位举人。许老师回到自己教书育人、奉献毕生精力的地方,感慨良多。他说,他之所以退休不退岗,其实是舍不得村里那些留守孩子,孩子家长成年累月在外打工,没有人关爱怎么行？为此，他创办了"留守儿童之家"，给孩子们耐心地讲述许村的历史文化和民俗风情，培养出了一批"编外小导游"。许村的15处国宝、12处景点，孩子们如数家珍。遇到外地游客，他们热情地充当义务讲解员，成为许村的一道风景。

"能给下一代多灌输一点历史文化知识，是我最大的享受，也是对我最大的回报。在这个过程中，给我们厚重的徽文化做宣传，也给我们这个古老文明的古镇做宣传，我何乐不为！"听到许老师这一番肺腑之言，我们感到不枉此行。

仪耘小学

阳产，走近土楼保护第一人

产阳古村

汽车在风雨中疾驶。午饭前，我们驶过崎岖陡峭的山路，来到安徽歙县阳产土楼，终于见到了"阳产土楼保护第一人"郑小河。

阳产村是一个有着悠久历史的古村落，现有土楼房320幢，全村196户500多口人，都姓郑。郑姓于宋时由歙北迁移定潭而居，后迁阳产，为郑半洲再能公之后。据传，郑公狩猎到阳产，跟随的猎犬卧于阳产山凹不愿返回，郑公见其四面环山，山泉清澈，古木参天，经几番审视，认为是块风水宝地，遂迁移定居于此。阳产是一个依山而建的山寨，由于地势高交通不便，数百年来，山民就地取材，采周边青石铺路架桥，取红壤木材筑巢而居，形成了鳞次栉比、错落有致、质朴壮观的土楼群。许多专家见阳产土楼保存得如此完好，赞叹不已：徽州阳产土楼建筑群,是徽派建筑又一奇葩,是徽州山越人智慧的结晶,是落后生产力和高度文明两者奇特的结合,是东方生土建筑文化艺术的殿堂。

阳产虽美,却是典型的贫困村。由于山高路远、山多地少,村民的主要经济来源只有少量的茶叶和养蚕收入。2012年,黄山市农民人均纯收入达到8000元时,

阳产全村的人均收入也不过2000多元。由于生产资料匮乏,一个500人的村子有400人在外务工,使阳产成为一个空心村、留守老人村。

初次见面,我很难把郑小河老农的形象和书画家身份联系在一起。走进他家中,只见屋内悬字挂画,各类书画获奖证书摆了一大摞,俨然一位隐居在深山中的智者。在阳产,郑小河受人尊敬,不仅因为他擅长书法,更令人佩服的是,他是当地土楼保护发起者和宣传阳产第一人。郑小河年过七旬,3岁时被过继到阳产村"做种"。养父母待他胜过亲生,不但送他读书、学手艺,送他当兵、娶媳妇,最后把自己的祖屋也留给了他。郑小河退伍后回乡当过教师,之后去了马鞍山钢铁公司,一干就是32年,做过工人和管理者。1997年退休后,他不顾家人的反对,从城市

土楼群

回到阳产村,决心替继父守好祖屋,并把它一代一代传下去。

2011年,鉴于地质灾害频发,阳产村被定为地质灾害点,政府规划将村民整体迁出,将古村落废弃。在这个特殊的时刻,郑小河急了。他四处奔走呼吁:"土楼就是文化,一定要保住这个村!"他不仅在镇村集市人多的地方张贴倡议书,而且通过报刊、网络发表文章,邀请摄影圈里有名气的朋友制作影像资料,向外宣传阳产土楼。同时,他给市领导写信,大声疾呼保护阳产土楼文化。他在信中说:"阳产与世隔绝,风景秀美,特别是我们的土楼建筑,虽不及福建圆形土楼那么出名,但是我们的土楼贵在有规模、有气势,老祖宗们以前在山头上建房子,虽没有什么设计院和高级设计师,但是它却建得错落有致、质朴壮观、大气磅礴。阳产土楼是徽州祖先留下的一份珍贵遗产,是我市目前保护最为完好、土楼数量最多的村庄。什么是文化?我认为先辈传承下来的土楼文化就是最好的文化。"市领导深深为他的执着所打动,市长和市委书记先后登门到他家拜访,认真听取他保护土楼的意见。阳产土楼保护由此进入健康轨道,"皖南第一土楼群"声名鹊起,这个小山村以近乎隐世的古朴吸引了大批国内外游客慕名前来观光。阳产土楼的价值终于得到认同,土楼群留住了,各大媒体也纷纷聚焦阳产。随着乡村旅游热升温,阳产土楼备受自驾游客、驴友、写生画家和摄影爱好者青睐。

郑小河对自家的"土楼王"更是情有独钟:"你看看我家的土楼,到现在有300多年历史了,依然坚固耐用,冬暖夏凉。我们的土楼很质朴、很实用,木头是本地的，石头也是正儿八经的原生态。我们这里土质好，30公分就能盖上去，而且可以盖三四层。生活在这里的人寿命很长，最高90多岁，80多岁常见，古里古怪的病很少，这和我们的生活环境有很大关系。住在土垒的房子里，身体可以天天接触到泥土，这就是接地气。"

  祖籍歙县的90后女导演解修远为郑小河的传奇故事深深吸引，耗时5年，拍摄制作了一部93分钟的纪录片《做种》。该片通过郑小河和老伴保护阳产土楼的真实事件，抓住极细微的生活细节并将其编织成为令人莞尔又富有意味的故事，生动展示了一个阳产农民的梦想和追求，平凡朴素的生活场景中蕴含着最深刻的人间情感。由于这部纪录片思想的独立，让人得以思考更多关于乡村变迁的社会问题，深刻揭示了徽州乡村文化的精神内涵，无论看故事、看人情，还是看问题、看社会，都提供了一个丰满的样本。此片继入围2016年度四川国际电视节和广州国际纪录片节，以及荣获深圳青年影像节评委会特别奖之后，又在第四届镇江西津渡国际纪录片盛典上荣获定制片一等奖。

土楼群

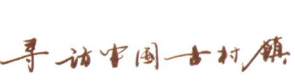

郑小河

如今的阳产，路虽然还是那条路，但加宽了一些，增加了不少会车点。村口新建了两个停车场，村里原来散乱的高压线、电话线、电视线已全部落地，原来濒临倒塌的阳产小学重新得到修缮。为了打响"皖南第一土楼群"这张名片，县、乡两级政府投入资金近百万元建起2个公厕、4个观景台，建立了村旅游接待中心，星罗棋布的农家乐广告牌给村里带来了生气。原村支书郑权利是郑小河土楼保护的得力助手，他告诉我们，自从市领导提出要保护并利用好阳产土楼，阳产开始发生变化。仅2013年，全村的人均收入已增加到5000元。村民们尝到了办农家乐带来的甜头，乡村旅游像鲜花悄然绽放。目前，全村18户农家乐，绝大部分已经盈利。他们真诚希望地方政府，从战略高度保护和开发好这一资源，让"皖南第一土楼群"在黄山大地绽放得更加绚烂。抚今追昔，郑小河内心得到了慰藉，他说："作为一个老人，作为一个阳产人，我对阳产土楼心存敬畏。守住了土楼，就守住了阳产的精气神，守住了文化，当地发展乡村旅游就有希望了，农民的幸福生活就有了盼头。"

乌镇,"明星代言"名声大噪

沉醉温柔的水,

宁静的时光,

又回到梦里的乌镇,

亲切的微笑绽放在我的心里,

人生就是一路不断的惊喜,

一刻轻松的停留,

真能尝到生活的滋味,

似水年华的美好回忆,

照亮着记忆的角落,

我不再是过客。

来过,便不曾离开——乌镇!

2010年5月17,在上海世博会城市最佳实践区,以"历史遗产保护与再利用"为主题的乌镇案例馆揭开神秘面纱。展馆展示了实体搭建的乌镇水阁、天人合一的保护模式、古色生香的古厅民居,以及乌镇皮影戏表演,砖雕、木雕、竹雕演示和乌镇影像图片,再配上台湾影视歌三栖明星刘若英代言的旅游宣传片,雨巷、书馆、双桥……水乡古镇的美景,与刘若英温婉细腻的表演相映生辉,令乌镇名声大噪。

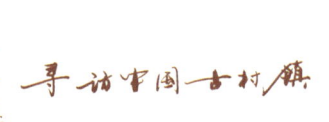

静谧的古镇

乌镇，具有6000余年的悠久历史，是典型的江南水乡古镇，有"鱼米之乡，丝绸之府"之称。它完整地保存着晚清和民国时期水乡古镇的原有风貌和格局，以河成街，街桥相连，依河筑屋，水镇一体，组织起水阁、桥梁、石板巷等独具江南韵味的建筑因素，体现了中国古典民居"以和为美"的人文思想。乌镇清晨与傍晚堪称最美的时刻。清晨，河道上会漫起薄薄的雾气，仿佛梦境；傍晚，夕阳西照，游人散尽，呈现出江南水乡的空间魅力。

为了保持千年古镇的原貌和韵味，乌镇人进行了有效的探索，积累了成功的经验，成为全国古镇保护开发中成功运作的典范，被联合国教科文组织专家誉为"乌镇模式"。

"乌镇模式"就是，承接古镇文脉，保持古镇风貌，力求原汁原味，做到"整旧如故，以存其真"。具体的做法可归纳为"迁、拆、修、补、饰"5个字。所谓"迁"，搬迁历史街区内必须迁移的工厂、大型商场、部分现代民居；"拆"，拆除必须拆除的不协调建筑；"修"，用旧材料和传统工艺修缮破损的老街、旧屋、河岸、桥梁等；

"补",恢复或补建部分旧建筑,填补空白,连缀整体;"饰",各类电线、管道全部地埋铺设,空调等现代设施全部遮掩。这"五字法"是乌镇的创意之举,较好地恢复和保持了古镇的原真风貌,得到国内外专家的肯定和赞誉。乌镇成功的经验吸引了外地同行纷纷前来参观借鉴。当地人揭示了一个有趣的内幕:那些老街上的石板、老房基石和驳岸老石头,有相当一部分是从周边古镇古村落三文不值二文收购来的,那年头城乡到处搞拆迁,被人家当垃圾一样遗弃了的东西,乌镇人却当成宝贝捡了回来。

坚持"历史遗产保护和再利用"是"乌镇模式"的精髓。在开发中,乌镇人实施了遗迹保护工程、文化保护工程、环境保护工程等"三大工程",让乌镇充分再现了19世纪末20世纪初的水乡古镇风貌,形成一个吃、住、行、游、购、娱为一体的休闲观光区。此外,乌镇注重在完善和充实景区品牌文化内涵上进行创意突破,除向世人展示乌镇特有的民居水阁、老宅深巷、船拳皮影和民间作坊以外,还深层次地挖掘了民间传统文化,把许多鲜为人知的民间节俗、寿俗、礼俗、婚俗、衣俗等和丰富多彩的"蚕文化"推向旅游前沿,让茅盾笔下的"老通宝家乡风情"走出千百年尘封的古镇。

要说乌镇形象代言人刘若英,她与乌镇的渊源极深。早在2003年,由她领衔拍摄的隐忍淡雅的乌镇式爱情剧《似水年华》,便深深地感染着观众,剧中的一句对白"我知道你会来",仿佛成了到乌镇之旅的召唤。邀请刘若英担任乌镇形象代言人,对于地方政府发展旅游而言,乌镇算是找到了自己的灵魂。刘若英本身所

刘若英代言乌镇

水街畅游

具备的气质是恬静的,给公众邻家大姐般的感觉,她的气质与乌镇所要表达的意境浑然天成,能够抓住受众的内心,足以打造成旅游品牌。2007—2010 年刘若英正式成为乌镇形象代言人,旅游宣传片、大幅广告铺天盖地,乌镇声名鹊起。明星代言成为全国旅游推广的样板,乌镇游客量在十几年间翻了近百倍。

2017 年,乌镇再度邀请刘若英担任乌镇形象代言人,刘若英重返乌镇拍摄旅游宣传片。对于喜欢她的歌迷影迷而言,这次回归无疑是巨大的惊喜。

第二位"明星"便是世界互联网大会。该大会是由我国倡导并举办的世界性互联网盛会,旨在搭建中国与世界互联互通的国际平台和国际互联网共享共治的

枕河人家

乌镇，"明星代言"名声大噪

中国平台，让各国在争议中求共识、在共识中谋合作、在合作中创共赢。放眼世界的乌镇人看到了世界互联网大会的含金量，先声夺人，将具有中国江南韵味的乌镇奉献出来。世界互联网大会会址永久确定在中国历史文化名镇乌镇，被网络空间称为"乌镇峰会"。乌镇让最先进的世界文明成果与最悠久的中华文化交流融合，让现代信息文明与传统历史文明交相辉映、棋高一着。

第一届大会于2014年11月19日在乌镇召开。它以"互联互通、共享共治"为主题，有来自100个国家和地区的1000多位政要、企业巨头、专家学者等参加，不仅成为中国举办的规模最大、

老染坊

层次最高的互联网大会，同时也成为世界互联网领域一次盛况空前的高峰会议。第二届大会吸引了2000多名中外嘉宾，其中有8位外国领导人、近50位外国部长级官员，包括俄罗斯总理梅德韦杰夫、巴基斯坦总理谢里夫、哈萨克斯坦总理马西莫夫、吉尔吉斯斯坦总理萨里耶夫、塔吉克斯坦总理拉苏尔佐达等。第三届大会，在全球范围内邀请了1200位来自政府、国际组织、企业、技术社群和民间团体的互联网领军人物。阿里巴巴董事局主席马云在开幕式上40分钟的主题演讲，从乌镇传向全球，给世界带来不小的震撼，马云一不小心也成了乌镇形象代言人。

如今的乌镇，除了头顶的日月天空、脚下的河湖港汊，已经现代化，从原生态古镇到旅游热门景区，再到"智慧小镇、网络名镇"，用"古色古香的现代化小镇"来定义它或许更准确一些。

西塘，做足"活态保护"文章

这些年，随着社会经济的迅速发展，江南水乡古镇受到了市场经济的巨大冲击，不少古镇的建筑风貌不复存在，民俗风情荡然无存。而中国十大历史文化名镇浙江西塘，自 20 世纪 80 年代中期以来，科学合理地对古镇进行"活态保护"，从而

活色生香的江南古镇

使原汁原味的水乡风情"活"起，让人们在炊烟袅袅的街巷里触摸到了中国文化的灵魂。

西塘地处浙东北水乡，与江沪交界，属嘉善县，素称"吴根越角"。大约在四五千年前，这里已有人类休养生息。相传春秋时，伍子胥佐吴，兴水利、通漕运，引胥山之水灌溉成塘，即西塘。唐代就已建有大量村落，人们沿河建屋、依水而居。南宋时村落渐成规模，形成了市集。元代（1430）建镇后，一直是杭嘉湖平原的商业重镇。

"多桥、多弄、多廊棚"，是西塘自古以来的特色。在这河巷交织的西塘，100多座形态各异的石桥，便是连接两岸的纽带；120多条宽窄各异的街弄，通街连河。因水成街，因水成市，因水成镇，以水环境为主体的自然景观资源，形成了古镇独特的江南水乡风貌。

古镇区格局基本延续了清代的风貌，前店后宅、下店上宅、前店后坊，集商业、居住、生产为一体，在中国规划与建筑

进城去

惬意生活

史上具有重要的地位。俯瞰古镇，古色古香的建筑沿河沿街而立，造型精练简洁，色彩淡雅宜人，轮廓柔和优美。天井、长窗将室内外相连，形成了人与自然和谐的居住环境，完美地体现了古代"天人合一"的思想。

放眼全国，古镇旅游开发和保护普遍存在一道难题："原住民"怎么办？西塘把古镇开发和居民原地安居乐业一起考虑，充分体现人与自然、人与环境、人与建筑的协调发展。让一代代人在其中生活劳动、传承文化，是不断续承古镇文脉的重要一环，更是西塘脱颖而出的关键一步。

为正确处理好保护与适度开发之间的关系，早在1986年，西塘就提出了"保护古镇、开发新城"的新思路,科学编制城镇建设总体规划,优化镇域功能布局结构。古镇区以"保护为主，开发为辅"，新区则以"开发为主，保护为辅"。2000年，西塘获准为省级历史文化保护区。当年5月，罗哲文、郑孝燮、谢辰生、马旭初、何俊寿、孙大章、王其明等一批专家、学者集聚西塘古镇探讨古村镇保护，并为西塘申请国家历史文化名镇发起联名倡议。2003年，他们又编制了环保规划，修编了"古镇保护区保护规划"，增编"旅游发展总体规划"，进一步科学规划新镇区和老镇区，古镇秉承"活态保护"的理念，以科学规划为基准，"保护古镇、开发新城"，坚持"修旧如旧，以存其真"；传统和现代融合为理念，把保护放在首位；抢救性挖掘整理为核心，再现古镇多彩文化；以居民为载体宣传古镇保护的重要价值，走出了一条江南古镇原生态保护之路。西塘人将它概括为"123"："确立一个基本认识"，就是古镇保护要原汁原味。西塘古镇首先是一个社区，其次才是有着生活内涵的景区。景区与社区共建共融，是西塘区别于江南其他古镇的最大特色，使得源源不断的游客追寻生活的气息而奔向西塘。"坚持两个理念"，合理追求GDP，保护文化DNA；古镇保护的核心是生活。当GDP与文化DNA发生冲突时，首要的就是保护后者。如今，这一理念已成为居民生活的自律行为。经多年抢救性挖掘整理，西塘一直传承着古镇多彩的民俗文化。如西塘田歌、七老爷庙会、跑马戏、剪纸艺术等，原真性地存在于博物馆，存在于本地居民的演绎中。由西塘田歌改编的音乐剧《五姑娘》，还在中国国际艺术节上荣获大奖。"处理好三大关系"，就是"保护与开发、政府与群众、历史与未来"。西塘人认定一个理，即只有保护好古镇,才能将"保护与开发"做到平衡补充;政府是古镇保护的主要责任人,居民是古镇的灵魂,以原住民为主体,不搬不离、和谐人居,传承好历史,才有真正的未来。

"春秋的水,唐宋的镇,明清的建筑,现代的人。"这是对西塘古镇历史沿革最为恰当的概括。古镇不光有几百年的建筑,更为宝贵的是延续了几百年的生活形态。沿街而行,摇橹船、善酿酒、雕花马桶、砖雕瓦当等随处可见。在西塘的保护与开发中,可贵的是全民参与氛围好。西塘不仅有1000多家民居客栈,还有近40家酒吧。入夜,酒吧一条街驻场歌手轻吟浅唱,沿河大红灯笼透亮,倒影被游船划碎又收拢。喜欢幽静的游客,寻一处小茶楼就着特色茶点吃碗茶,传统民俗与现代生活在西塘古镇水乳交融。古镇尚有2600户居民在镇内生活,保存着往昔的民间风俗。传统的江南水乡文化,渗透在居民的生活里,种花养鸟、吟诗作画、品茗下棋、收藏古玩,构成了西塘独特的风情韵味,延续着古镇的历史文化脉络。

与此同时,西塘还以特有的气质吸引着全世界的客人。自2004年起,国际旅游小姐大赛活动就连年在西塘举办,来自世界各国的佳丽们云集古镇,吸引了众

西塘晨曲

西塘夜色

多中外游客接踵而至，让旅游小姐们亲身感受中华古国的风情，为在世界范围内宣传西塘、倡导保护古镇取得了意想不到的效果。

经过多年坚持，西塘获得了惊人的成就：2001年西塘列入中国世遗预备名单；2003年荣膺"首批中国文化名镇"，同年底又获得"世界遗产保护杰出成就奖"；2005年被评为国家4A级旅游景区；2007年入选"中国十佳古镇"；2009年荣膺"中国最美的十大古镇"；2011年获央视"乡土盛典最具人文底蕴古镇"；2013年获最美中国·文化魅力主题特色旅游目的地，旅游票房年收入突破亿元！厚实的物质基础，有力地促进了古镇的可持续保护。

如今的西塘，通过"活态保护"，活着的千年古镇那种生生不息的气韵，宛如一抹永不消退的西窗晚霞，长久地抚慰着城市人无处安放的乡愁，以特有的文化气质，吸引着世界各地的人们。西塘先民创造了古朴素雅的古老城镇，现在的人们则创造了传统田园牧歌和现代时尚生活相融合的现代城镇。

安昌，古镇中的一股清流

如今，古镇开发越来越受游客诟病，它们似乎都浸染上世俗的气息，变得俗不可耐。但在鱼龙混杂之中，总有一些地方不与世俗同流合污，成为古镇中的一股清流，它就是浙江安昌古镇。

安昌古镇是绍兴四大古镇之一，是浙江省第一批公布的历史文化名镇。它的面积并不大，占地仅24平方公里，比起乌镇、同里，只能算小家碧玉。一条曲折的河流蜿蜒而过，河水流经的部分是古镇的精华所在，两岸古老的建筑古朴典雅、交相辉映，精致玲珑的拱桥横跨其间，仿佛在水上架起了一道道彩虹，褐色的乌篷船穿过

商泽遗国

带着顶棚的长廊

狭窄的水道悠悠飘来，伴着河水与岸边的垂柳，如同奏响一曲悠扬婉转的水乡之歌，构成一幅醉美的江南水墨丹青，简直美得过分。友人透露，这里最美的是雨天，雨水将老街的污渍冲洗得干干净净，古镇变得洁净如初，倘若遇见年轻美貌的女子，穿着旗袍，撑着花纸伞，款款走在青石板路或古桥上，那就更让人迷离沉醉。

安昌镇北濒杭州湾，古为浅海滩涂，西周晚期至春秋初，境内大和山南麓白洋村已成为聚落。相传，大禹曾在镇东涂山娶妻成家。公元896年，钱镠奉唐王朝之命屯兵该地平董昌之乱，因此将其家乡命名为"安昌"。安昌镇始建于成化年间（1465—1487），后因战乱，多次焚毁，于明清时期重建，其建筑风格传承了典型的江南水乡特色。古人根据水乡的特点，濒河设街，街河相依，形如新月。店铺民居依河面水，骑楼雨廊连缀街市，素有"家家面水、户户枕河"之说。古镇西起清墩桥，东迄高桥，全长1747米，小河把古镇一分为二，两岸之间有古桥相连。河之北有带着顶棚的长廊，遮阳挡雨，各种传统特色的店铺作坊、翻轩骑楼错落有致。河对岸则是青石板小路，古朴旧貌的民宅，逼仄幽深的小弄，粉墙黛瓦、弓檐马头、硬山屋脊的民居鳞次栉比，石库台门古朴庄严，一般二至四进，各进之间有明堂。在这些深宅大院内，当地人注入"非遗"元素，相继开辟了师爷馆、婚俗馆、石雕馆、钱币馆，足以让游客沉浸在浓浓的水乡风情之中。然而，安昌最有特色的是小桥，拱、梁、亭造型各异，古朴典雅，素有"碧水贯街千万居，彩虹跨河十七桥"的美誉。其中最著名的为福禄、万安、如意3座桥，古镇人家

嫁女儿时,都要在3座桥上绕一遭。

多年来,安昌古镇注重原生态保护,保护这里的原住民,将这里打造成活着的历史文化古镇。2002年,安昌镇邀请上海同济大学城市规划设计研究院,编制了"安昌古镇保护规划",为指导安昌古镇保护和开发的协调发展、统筹安排保护区内的各项保护与建设提供技术法规依据。2003年,在古镇保护规划的基础上,他们又通过浙江大学亚欧旅游规划设计研究院制定了"古镇保护与开发可行性研究报告",为古镇可持续开发提供了依据。2004年7月,古镇保护规划通过省政府批准。2005年通过浙江工商大学旅游学院编制了"安昌古镇旅游开发总规",2007年初通过评审,为古镇的进一步保护与开发工作提供了科学保障。2018年经过中国品牌促进会评价,安昌古镇品牌价值为139亿元,这也是浙江省唯一的历史名镇品牌。

安昌历史上是仕宦、商贾聚集之地,

穗康钱庄

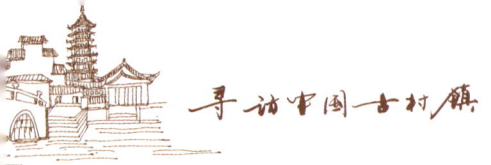

耕读之风历盛,民风淳朴,名人不少,师爷颇多。在中国明清两朝的政治舞台上,曾经活跃过一群被称为"师爷"的人物。人说天下师爷出绍兴,但很少有人知道,绍兴师爷多出自安昌。200年间由这里出去的师爷据说不下1万人,如今河道两侧还星罗棋布地分布着众多的师爷故居。"绍兴师爷"显然跟绍兴特定的文化、经济条件和历史、地理环境是分不开的。绍兴历来是文化之乡,读书郎特别多,但能当上官的比例毕竟很低。退而求其次,还是当幕友,既与读书相近,也有一定的社会地位。绍兴人还有个特点,就是处世精明、办事审慎、善于言辞、工于心计,是智囊人物的理想人选,易得幕主的欢心和信任。如今,安昌人依托娄心田师爷的故居开辟了"绍兴师爷博物馆",展示师爷这个中国封建社会晚期历史上特殊的社会群体、特殊的政治文化现象及其在安昌的深厚根基。在师爷馆内有一组彩塑作品,表现了清代地方衙门的官员升堂审案时的情景:原被告跪在堂前,三班衙役持棒伺候。明镜高悬,正襟危坐,惊堂木一拍威风八面,喝令一声地动山摇,

喧闹的老街

但是且住,真正的主心骨却是坐在堂后的师爷。因为没有官方身份,所以师爷只能坐在后面听审,一旦发现当事人的证供有问题,就差人递条子,遇到大老爷意气用事,更要及时提醒。

宣卷作为绍兴五大曲种之一,以其大众的身份、亲民的姿态、通俗的语言和朴实的表演赢得了自己的生存空间,保持着比较纯粹的草根性和原生态,2008年经国务院批准列入第二批国家级非物质文化遗产名录。为进一步做好国家级非遗项目绍兴宣卷的保护、传承和展示工作,2014年10月,占地面积900余平方米的绍兴宣卷馆开门迎客,该馆是非遗保护部门设立的第一家非遗专题展示馆,人们除了通过展板文字、图片等认识了解这门古老的曲艺艺术外,还可以走入传统宣卷场景、观看宣卷演唱视频、欣赏宣卷绘图唱词,一睹"戏曲之祖"的风采。

中国银行旧址

目前,古镇旧石板路、翻轩骑楼、店铺作坊、拱桥石梁、台门弄堂等保存完好,风貌古朴依旧。沿街各式传统老店鳞次栉比、千姿百态,销售的当地土特产品琳琅满目,尤其是百姓现场制作的传统食品香肠、扯白糖等,风味独到,颇有地方特色。这里的居民仍延续着最自然的古镇生活,腊肠、鱼干挂在家家户户的门前,成为一道温馨的风景。古镇人做香肠、卖香肠、吃香肠,形成了一条特色产业链。每年隆冬时节,这里都要举办"腊月风情节"。节日期间,人们漫步安昌老街,更能体味到喜庆祥和、古老淳朴的水乡风情:久违的老行当箍桶、竹编、打铁、纳鞋、挑花边、纺棉花重新回到游客身边;社戏、莲花落、腰鼓、猜谜、水乡婚礼、水乡寿宴,散发着醇厚的水乡民俗味,一股清流在古镇中荡漾,也在游客心中荡漾。

慈城，满街尽飘年糕香

浙江慈城，史称"句余""句章"，建城于2500年前的春秋时期，从唐代开元二十六年（738）为慈溪县治，至今已有1200多年的悠久历史。作为中国传统县城的典范，慈城仍完好地保留着县治背山面水、公共建筑左文右武及街巷双棋盘

城隍殿古戏台

布局，充分体现了古代县治规划者的传统风水布局考虑和天人合一的思维模式。慈城历史文化底蕴深厚，文物古迹灿若云锦，2.17平方公里的古县城内，保留有唐代的街巷格局，存有大量的书院、藏书楼、药铺、庙宇、官宦宅地、陌巷民居等传统建筑，面积约60万平方米。著名的古建筑有古县衙、孔庙、考棚、甲第世家、福字门头、布政房、姚状元宅、符卿第、向宅、冯宅、俞宅等。2006年慈城古建筑群被列入国务院批准的第六批全国重点文物保护单位。慈城文化荟萃，人才辈出，历史上曾出过5位状元、1名榜眼、3名探花、519名进士，当代有著名京剧大师周信芳，金融界领袖秦润卿，中科院院士谈家桢、颜鸣皋、朱祖祥等，还有著名作家冯骥才等。深厚的历史底蕴，丰富的人文资源，使慈城如同玉石一般闪耀着迷人的光芒。

打年糕的石臼

慈城是我国江南地区目前保存最为完整的古县城,置身慈城古县衙"公生明""廉生威"石碑前，能够亲身感受到古代法律的威严。古县衙创建于唐开元二十六年，占地4万多平方米，中路主体建筑包括大门、仪门、六部房、大堂、川堂、二堂、清清堂；东路为县丞署建筑群，整组建筑气势宏伟，形制严格。仪门和大堂间的大院分别是东西科房。东科房为户房、钱科、粮科，西

冯骥才祖居博物馆

科房则是吏、礼、兵、刑、工五房。县衙最珍贵的是一段唐代的砖砌甬道，这些一千多年前的砖头，呈深灰色、方形，只有一指宽，一层层排列整齐，堆积起一条倾斜的1米宽的狭长甬道，是盛唐时期县衙门大堂的遗迹。

出了古县衙，我们来到慈城民主路"冯骥才祖居博物馆"。慈城是一个很有故事的地方，冯家无疑是慈城最具声望的大家族之一。药商是慈城的一抹亮色，冯家乃慈城药商的佼佼者。据介绍，冯氏起家源于药业，北宋年间，慈城望族五马桥冯氏就以经营药业致富，至明清之际，蔚为大观。在清道光、咸丰年间，家产竟达2000万两白银，成为全国首富。冯骥才祖居博物馆由冯家祖宅和新馆两部分组成，冯骥才的祖父冯家蕇、父亲冯吉甫都曾在这里生活。这座被当地人称为"五马桥花园冯家"的晚清建筑，寄托了冯骥才浓郁的乡愁，也无声地见证了一个以药业起家、底蕴深厚的文人家族的辉煌历史。

近10年来，慈城古县城实行国有企业投资经营、政府参与协调管理的工作机制，协调慈城古县城保护、开发建设和管理，2009年古县城保护工程荣获"联合国教科文组织亚太地区文化遗产保护荣誉奖"。如今，慈城不仅拥有"中国历史文化名镇""全国文明镇""全国特色小镇"等"国"字号头衔，而且头顶"中国年糕之乡"的桂冠。

据当地人介绍，宁波一带民间有"年糕年糕年年高，今年更比去年好"的民

古县衙

谚。人们还用年糕印版压成"五福""六宝""金钱""如意"等外形，象征"吉祥如意""大吉大利"；有的则做成"玉兔""白鹅"等小动物，构成真正意义上的内容与形式的完美结合。慈城年糕生产历史悠久，距今有上千年的历史。相传春秋末期吴国大夫伍子胥在宁波慈城作战失利，临死前对部下说："如果国家有苦难，百姓断粮，你们到城墙下挖地三尺可得到粮食。"伍子胥死后，他的部下被越军包围，城中断粮已饿死不少人，有人想起了伍子胥的话，就去挖城墙，挖了3尺多深，果然挖到了许多可吃的"城砖"即年糕，结果打了胜仗。原来，伍子胥在慈城督造城墙时，已做好了屯粮防饥的准备。从此以后，每逢过年慈城家家户户都做年糕，年夜饭就吃年糕汤来纪念伍子胥。

慈城水磨年糕以优质粳米和水为原料，经种、选、浸、磨、蒸、舂、印等10道工序，以纯手工技艺制作而成。著名民间文艺家冯骥才说："年糕是慈城食文化的历史名牌，是先人留给我们的遗产。"慈城水磨年糕手工制作技艺因此列入浙江省非遗名录。

慈城古城保护与开发研究的文化顾问、台湾《汉声》杂志董事长兼发行人黄永松，对慈城年糕情有独钟。他的团队选择了"年糕"这一主题，走访了宁波地区的农友、水库、作坊、百姓人家及新加坡、加拿大、美国、澳洲等国家和中国香港、台湾等地区的"阿拉宁波人"，采集相关信息，集结成书。一部装帧精美的《慈

古县衙遗址

城·宁波年糕》，完整地呈现了宁波年糕浸米、水磨、蒸煮、捣揉等步骤的加工过程，记录了46道年糕菜，详细描述了年糕煨、烤、爆、火靠、煮、烩、蒸、炒、煎、蜜汁、拔丝的等烹调全过程，图文并茂、浅显易懂，真乃色香味俱佳，让人馋涎欲滴。

来到慈城，自然不会放过品尝年糕。年糕店老板提起慈城年糕，口若悬河、如数家珍：慈城人吃年糕咸甜皆宜，林林总总不下数十种，但主要还是炒、汤为主。雪菜炒年糕、荠菜炒年糕、梭子蟹炒年糕，味道最佳。民谚说得好："荠菜肉丝炒年糕，灶君菩萨伸手捞。"青菜肉丝年糕汤、雪菜肉丝年糕汤可谓家常便饭，汁水年糕汤是家家户户除夕夜的必备食品。

为保护并弘扬慈城水磨年糕手工制作技艺，慈城镇将年糕文化与古镇文化、年文化结合起来，近年来，推出年糕贺年卡，将宁波的年糕文化传送到北京、上海、杭州等城市。慈城镇每两年举办一次大型年糕文化节，年糕文化节上有春年糕比赛、年糕切片比赛、垒年糕比赛、中外人士做年糕迎新年等活动，游客们可以在糯米特有的浓郁香气中，通过摘、搓、揉，亲手做出状如猪、羊、鱼、元宝、如意的年糕，还可以品尝到原汁原味的特色民俗小吃。在第二届年糕节上，慈城民间艺人曾做出长5米、宽1.15米、高0.35米，重2300公斤的"最大的水磨年糕"，创下了吉尼斯纪录。据说，这个"大块头"由18位师傅加班加点整整做了5天，光米就用去了1600公斤，能供3000人吃上一天。

溪口，巧打"民国风情"牌

史学界有句老话："一座北京城，半部明清史。"在浙江奉化溪口，一处处保存完好的民国历史文化遗迹，让这座地处东海之滨的古镇，拥有了"民国风情第一镇"的美誉。

当我跨入溪口锁钥武岭门，算是真正走进了现实中的民国风情小镇。剡溪在小镇静静地流淌，面对时代的变迁不为所动，一心向海。这也形成了溪口这座小镇特有的气质和风华，安静地隐匿在历史的角落里，荣枯随缘，冷暖自知。小洋房就坐落在剡溪旁，抚摸着灰白的墙面，似乎可以想象当年蒋经国坐在书桌旁静心研读的场景。小洋房一旁则是文

蒋氏故居

民国大杂院

昌阁，记录了蒋介石和宋美龄新婚后的浪漫时光，依水而建的"憩水桥"留下了那个年代清逸时光的纯净。

沿着溪口老街，时光好似不曾溜走。在老街的另一头坐落着蒋氏故居，屋顶的瓦楞间碧绿的青苔恣意横行，这里是蒋介石的出生地，承载了蒋氏一族的兴起与衰落。

民国时期溪口镇名声远扬，一个重要原因就是蒋介石在雪窦山建造了妙高台别墅。蒋介石一生3次下野，每一次下野都会回到妙高台。1949年，人民解放军进行渡江作战，第三次下野的蒋介石仍在妙高台通过发报机指挥国民党军队。4月23日，人民解放军占领南京，蒋介石深知大势已去，在慈庵拜别了母亲的坟墓，最后一次眺望溪口，在无限惆怅中，乘坐竹筏从剡溪出发，永远离别了家乡。20天之后，人民解放军解放奉化，毛泽东主席发出命令，不要破坏蒋介石的住宅、祠堂及其他建筑物。如今，这座因蒋介石而闻名的溪口古镇已经不仅仅是一处独具特色的旅游胜地，每年都会有来自台湾的蒋家后人来溪口祭拜祖先，溪口成了

溪口，巧打"民国风情"牌

连接海峡两岸70余载乡愁的精神纽带。

溪口古镇拥有优越的自然生态，承载着厚重的人文历史底蕴，当地政府因势利导，坚持高起点规划，在确保原有风貌的基础上，深入挖掘沉淀人心的文化韵味，提倡"慢下来"的休闲生活理念，打造真正凸显个性的"民国风情小镇"。

在古镇，我邂逅了一场"重返1930，最美民国范儿"的主题摄影比赛。浓郁民国情怀的建筑和街道，配上精心设计的布景，一群身着长袍马褂旗袍或西装革履的俊男靓女款款走来，吸引了大批摄影爱好者疯狂拍摄，众多游客将现场围得水泄不通。一位游客感慨：以往对于民国的印象仅仅停留在影视作品中，在这里我感受到了那个时代传统文化和西洋文化冲撞融合的独特魅力。当地友人告诉我，溪口几乎每个周末都会上演"民国真人风情秀"，身着民国服装的演员与游客擦肩而过，让人穿越时空，仿佛回到那个传奇绚烂的年代。

层层千层饼，尽是乡土情。到溪口的人，都要品尝当地最地道的千层饼，加

武岭门

小洋房

工它需要18道工序,历经手与面的较劲才能出现口感上的惊喜。糯而不腻的芋艿头,带着大地的气息破土而出,清蒸后蘸糖,别有一番滋味。香甜的水蜜桃是夏天的琼汁,给舌尖带来一丝丝清凉。友人请我品尝了"蒋家宴":曾备受蒋介石推崇的溪口亭下湖里的胖鱼头制作的鱼头煲,味道鲜美爽口;一道奉化火缸腔骨芋艿,颇具特色;蒋家大肉圆、野鸡蛋炖蛤蜊、笋干菜烧土猪肉、清蒸黄鱼,保留了老祖宗传下来的淳朴味道,它是溪口山水赋予溪口人的最佳馈赠。

俏立剡溪边的民国大杂院,作为浙江省非物质文化遗产旅游景点,与蒋氏故居隔溪相望,是国内首家汇聚民国风情的主题文化园。如果说丰镐房遗存的是民国重大历史的印痕,这里演绎的则是民国繁复多姿的民俗风情,使游人增强了对民国文化的感性理解。

民国大杂院的前身是一座闲置多年的西游记主题游乐宫。2005年初,台州商人李正通看上了这块风水宝地,经过北京、奉化朋友牵线搭桥,双方一拍即合,溪口七彩江南文化旅游经营有限公司与李正通名下的武汉黄鹤楼旅游开发公司投资3000万元,共同创建清末民初的360行主题文化公园。2月21日,项目如期签约,5月1日便开工建设。这对于始终强调"旅游兴镇"的溪口来说,是一件值得庆幸的事，奉化市各级领导在招商引资、规划建设、项目指导上提供了实实在在的帮助。溪口风景区管委会、行政执法中心、市旅游局、溪口镇政府、溪口旅游集团、风景区所在村为景区的顺利建设提供了大量便利。溪口人一心想通过该项目，为今后外来投资者投资溪口旅游树立一个典范。正是这里优越的旅游环境和良好的投资环境，使李正通对投资溪口充满了信心。

2005年10月，在一次实质性规划论证会上，项目的起名引起了不小争议。当初取名"七彩江南"，主要为凸显江南的物阜民丰、民间传统工艺和文化多姿多彩。但也有人提出，作为以民国时期民间360行传统工艺为主题的景点落户溪口，是对溪口作为"民国

蒋介石出生地——玉泰盐铺

第一镇"景点及历史人文景观内涵的充实，增强人们对民国文化的理解和领悟，其名称和景点建设应与溪口民国文化相匹配，于是有人提议取名"民国民间文化园"。双方争执不下，只好通过媒体和网络向公众有奖征集，"民国大杂院"应运而生。

人们进入这个近两万平方米"回"字形大杂院，七大功能展厅和室外娱乐区展示了45 000多件藏品，以及难得一见的传统工艺。其中有传统作坊40余间，参与、娱乐项目30余个。大杂院以弘扬传统文化、寓教于乐、打造旅游平台、推进旅游发展为宗旨，以《天工开物》为引子，以徽派院落建筑风格为背景，以传统360行、三教九流、五行八卦、民间作坊为主线，成为国内首家集民国时期传统文化之大成，融观赏、体验、购物、娱乐为一体，充分展现历史上溪南的繁华市井，以"大、杂、奇、怪"独领风骚。在这里，风情万种的《夜上海》《夜来香》等民国歌舞，光怪陆离的古老中幡、肚皮拉车等民间杂耍，拍案叫绝的皮影戏、木偶戏等民间戏剧，如火如荼的斗鸡、斗狗表演异彩纷呈，让游客流连忘返。

卢宅，木雕之祖根深叶茂

入夜，友人卢景山领我们走进了流光溢彩的龙游县龙天红木小镇，沿着衢江1000多米的长廊一路走来，翘角飞檐、画栋雕梁，苏式彩绘与湖光山色交相辉映，具有唐、宋、明、清风格的木雕、砖雕、石雕得以完美呈现，个个彰显文化气息，处处充满诗情画意。尤其那座彩虹桥，居然用3000多立方米红木精心打造，精雕细琢，尽显"工匠精神"。红木小镇，乃浙江年年红家具集团耗资30多亿元打造的紫檀文化产业园。卢景山是东阳人，在盛赞红木小镇视觉享受的同时，由衷地发出感叹：木雕之根在东阳，在卢宅。

次日清晨，我们驱车100公里来到东阳卢宅寻根问本。浙江东阳木雕，自唐

"民间故宫"卢宅

至今已有千余年的历史，是中华民族最优秀的民间工艺之一，被誉为"国之瑰宝"。当明代盛行雕刻木板印书后，东阳逐渐发展成为明代木雕工艺的著名产地，主要制作罗汉、佛像及宫殿、寺庙、园林、住宅等建筑装饰。至清代乾隆年间，东阳木雕已闻名全国，当时约有400余名能工巧匠进京修缮宫殿，有的艺人被选进宫雕制宫灯及龙床、龙椅、案几等，后来又发展到在民间雕刻花床、箱柜等家具用品。据当地人介绍，东阳木雕的传统风格主要有"雕花体""古老体"，以后又产生了戏文化的"徽体""京体"、画谱化的"画工体"。东阳木雕注重创意和绘画性，题材内容多为历史故事和民间传说，图案装饰丰富而有变化，"满花"中穿插内容丰富的雕饰，加人物、山水、花鸟、走兽等。在艺术手法上，东阳木雕以层次、高远、平面分散来处理透视关系，并以中国传统绘画的散点透视或鸟瞰式透视为构图特点，它所表现出来的内容可以比西洋浮雕更为丰富，且可以不受西洋雕刻与绘画规律的束缚，充分展示画面内容，可谓"画中有画，景中有景"。传统工艺以平面浮雕为主，其多层次浮雕、散点透视构图、保留平面的装饰，形成了自己鲜明的特色，又因色泽清淡、保留原木天然纹理色泽、格调高雅而称"白木雕"，具有较高的艺术价值。2006年5月，经国务院批准，东阳木雕被列入第一批国家级非物质文化遗产名录。

卢宅位于东阳东郊卢宅村，这里是中国除故宫和孔府以外唯一拥有九进院落

东阳木雕绝品:九狮戏球三架梁

的豪宅。卢氏自宋代定居于此,世代聚族而居,从明永乐十九年(1421)卢睿成进士起,到清代中叶科第不绝,陆续兴建了多座规模宏大的宅第,形成一个较完整的明清住宅建筑群,也是典型的封建家族聚居点。卢宅拥有房屋数千间,现存自明景泰至民国初的建筑20余座。卢宅总布局以卢氏大宗祠为中心,复荆、肃雍、树德三堂三足鼎立,园林、牌坊、厅堂更是层层叠叠、错落有致。其中肃雍堂四周雅溪环绕,厅堂宅地构筑宏伟,装饰雕刻豪华艳丽,建筑风格凝重古朴,浓缩了中国古代社会千年精华,成为江南的名门望族、钟鸣鼎食之户,代代豪爵,地位显赫,这座建筑群便有了"民间故宫"之称。其实卢宅既有故宫之名,也有故宫之实,它集国内民宅之神韵,具北京皇城之理念,是国内唯一拥有九进纵深的古民居,堪称江南民宅之首。前后轴线纵深320米,空间序列与北京故宫极为相似,充分显示了卢宅故人的豪气,我国古建筑专家称它为"具有国际水平的东方住宅"。1988年1月卢宅被国务院公布为全国重点文物保护单位,2006年被列入世界遗产基金会"世界100大濒危文明遗址"。

卢宅与江南建筑不同之处,在于它既有北方的大气布局,又有南方的精雕细刻。厅堂宅第广泛采用东阳的木雕装饰,体现了东阳木雕的最高水准。"文革"期间,许多文物古迹在劫难逃,但卢宅是幸运的,数以万计的木雕几乎毫发无损。

清·九狮戏球檐檩

卢宅不仅见证了东阳木雕的兴衰与变迁，而且成为各种雕刻艺术品的珍藏库。如今卢宅的雕刻工艺，无论是建筑上的斗、拱、枋、梁、雀替、牛腿、隔扇、门、窗，还是室内的家具，都巧构细接，《岁寒三友》《渔樵耕读》《福禄寿喜》等图案随处可见。在一片片不起眼的隔扇、裙板和绦环板上，就有《八仙过海》《水浒》《百寿图》《姜子牙遇文王》等多种透雕浮雕，留神细看，件件神品。肃雍堂现存一盏大堂灯尤为华丽典雅，令人叹为观止，宝盖下中间用羊皮、料丝、羊角3盏大灯上下相接，外围垂6串24盏羊角小灯和珠篮灯。这架大灯高4.5米，重255斤，用40万颗彩色玻璃珠穿就，如今已载入世界吉尼斯纪录。卢宅肃雍堂还藏有一件东阳木雕绝品：九狮戏球檐檩，它是用1.7米以上的整块樟木雕成，高达1.5米。古代艺术家采用深浮雕、透雕和圆雕等技法，把狮子雕刻得形神兼备、栩栩如生，堪称东阳木雕巅峰之作。

近20年来，由于人们生活方式发生了变化，传统木雕不再用来装饰现代建筑，东阳木雕逐渐失去了赖以存在的环境，传统技艺走向衰落。为了保护、传承并发展东阳木雕，2016年1月，东阳木雕小镇被列入全省第二批历史经典产业特色小镇创建名单。当地政府计划投资55亿元，打造独具东阳本土特色的历史文化产业新标杆，它集木雕艺术创意设计、生产销售、展示展览、休闲旅游、行业研

精雕大床

讨、木材交易等功能为一体,将成为木雕产业创新研发基地、跨界融合平台、信息传承交流中心。同时,他们努力把最优秀的人才招引进木雕小镇,给木雕大师提供良好的生存发展空间,也为有志于木雕传承的年轻人打造创新平台,让木雕小镇成为传承发扬东阳木雕文化的摇篮。

如今,东阳木雕根深叶茂,这里从事木雕生产的企业有140余家,家庭作坊2000余家,从业人员就有两万余人,产品已发展到七大类3600多个品种,年产值20多亿元,木雕已经成为东阳五大支柱产业之一。这些年,东阳木雕精品迭出,《文姬归汉》《黄山风景》《甘露寺》《三英战吕布》等名作被列入国家收藏珍品。杭州灵隐寺内用26吨樟木雕刻而成的《释迦牟尼大佛像》、新修雷峰塔内的巨型壁挂《白蛇传》,都出自东阳木雕大师之手。有了木雕小镇这一平台,木雕大师纷纷表示,加倍努力让东阳真正成为传承东阳木雕、传承中国"工匠精神"的载体和平台。

肃雍堂大堂灯

南浔，凤凰涅槃又新生

与国内其他受到追捧的古城、古镇相比，浙江南浔古镇的气质明显有些不一样，少了喧嚣的商业氛围，多了恬淡、古朴、沉稳的自然流露，也许这正是大多数游客心目中的理想状态。

南浔隶属浙江省湖州市，是浙江接轨上海的东大门，拥有国家5A级旅游景区、中国魅力名镇、国家卫生镇、江南六大古镇等诸多荣誉称号。自南宋淳祐末年建镇至今，南浔已有760多年历史。在约700平方公里大地上，分布着大小河流1000多条，南浔成为名副其实的水乡。自明代海路贸易开通以后，陆上丝绸之路逐渐退位，鸦片战争后，湖州丝商抓住机遇，借助发达的水系，开创

嘉业堂藏书楼

了近代中外贸易的先河，使湖丝在海上丝绸之路中一直居于主要地位。以"四象八牛七十二金狗"为代表的南浔丝商群体，在近代史上写下了辉煌的一笔，同时为南浔留下了70多处高质量的文化遗存。

南浔又是著名的园林之镇，宋都南迁之后，最盛时拥有大小花园达26座之多，内有保存完好的小莲庄、宜园、适园、留园、东园等"五巨构"名园，包括嘉业堂藏书楼、觉园、桃园等一批住宅园林。有关专家指出，南浔不仅仅是文化古镇，还是个从文化古镇中脱颖而出的中国现代城市的雏形。在中国大地上，像这样兼具文化古镇和现代城市双重身份的地方已不多见，完整地保护南浔的原貌意义重大。

而10多年前，南浔可谓"满目疮痍"，除小莲庄、嘉业堂藏书楼庭院保存较为完整外，颖园尚存，述园踪迹可寻，适园只剩下一座长生塔，宜园仅留遗址供人凭吊，面积20亩的庞家花园只存孤零零两口大池塘，昔日湖光山色尽相映的优美风光早已荡然无存。7000平方米的庞家大宅断壁残垣，破败不堪；被法国建筑家齐哈称作"完全是法国土鲁兹式的、在中国小镇重现真是奇迹"的西洋楼梁木崩坏，墙体开裂，大厦将倾；金绍成旧居大厅千孔百疮，"二进"灰飞烟灭，"三进"岌岌可危；张石铭旧居虽几经修缮，但6000平方米中仍有塌损面积300平方米；闻名遐迩的丝业会馆、广惠寺门窗不全，楼面腐烂，木雕、石雕、砖雕破损

残缺。这些国宝级的文化遗存如不及时修复,将一一消逝,豪宅名园将成为明日黄花。文化部部长孙家正当年接受记者采访时十分感慨:"这些遗产是我们和遥远的祖先沟通的唯一渠道,是人类灿烂历史中留下的稀世物证。文化遗产是一个民族文化传承的血脉,这个血脉不能中断!"

南浔人有南浔人的自尊,南浔是人类历经上千年淘洗而留存的文明成果,如果我们不能继承和保护,将愧对祖先、愧对子孙。保护南浔古镇、抢救文化遗产刻不容缓!

跨入21世纪门槛,南浔被批准列入世界文化遗产预备清单,机遇摆在南浔人面前。南浔人以新的眼光来重新审视古镇,以更高的标准来直面这一个个崭新的课题:南浔古镇的原真性、唯一性在哪里?古镇如何充分保护?保护与利用如何达到多赢共荣?

然而,文保单位的修复较之其他同等体量的保护项目费用要高若干倍,这意味着南浔的古镇保护、开发需要投入数额巨大的资金。从1987年起,南浔停止在古镇保护范围内新建建筑物,古镇保护区现存传统建筑规模81 000平方米;2000年,镇政府委托上海同济大学城市规划设计研究院、国家历史文化名城研究中心编制了《南浔古镇保护规划》。1998至2000年南浔投入巨额资金用于古镇保护,先后对小莲庄、嘉业堂藏书楼、张石铭旧居、张静江故居以及9座古桥等文物展开了

水上迎亲表演

小莲庄　　　　　　　　　　　　　　　　　　　　丝业会馆

重点修复,对被部分单位租用、占用的传统民居、园林古迹和不相协调的建筑有计划、有步骤地开展了清理和搬迁工作。修复工作在艰难中前行,资金却捉襟见肘,要全面恢复南浔古镇历史风貌,仅仅依靠自身的力量显然十分困难。

通过吸纳国内企业的巨额资金,组建股份制公司,对古镇进行保护性开发和整体包装,保存一个典型又完整的南浔古镇形态,这是发展的基础,是南浔发展的最佳选择。2004年11月,经浙江省政府批准,南浔区政府与上海博大公司签订协议,投资23亿元,用5年时间,联合保护性开发南浔古镇,打造"中国南浔江南大宅门"。

南浔的唯一性在哪里? 庞大的丝商群体、中西合璧的大宅门、翰墨清香的花园书楼,2平方公里的完整古镇格局,在联合申遗的六大古镇中是独一的,在全国也是罕见的。

南浔古镇保护性开发规划,依托南浔固有的景观环境和历史文化背景,围绕"江南大宅门"这一主题,挖掘南浔大宅门文化内涵,赋予大宅门时代精神,以传统的观光旅游为基础,面向新兴的休闲旅游、度假旅游、文化旅游、体验旅游、商务旅游等,通过科学的功能配置、优秀的环境规划与深度的文化挖掘,将古镇南浔建设成为集旅游、休闲、餐饮、娱乐、购物、度假为一体,以全方位体验、互

庞家大宅

动型消费为特色,具有独特文化形象与旅游内容的精品旅游胜地。

根据这一目标定位,按照《南浔古镇保护规划》,本着保护为主、修旧如旧、整旧如古、建新如旧、营造氛围的原则,他们着力处理好每一个细节,保留住古镇的每一处记忆,实现传统风貌保护与现代功能开发的完美嫁接,营造经典,唤回"原生态",让浸淫着南浔韵味、细节之美的城市设施更富于人性化、更富有人情味地融入市民的日常生活,使这座江南古镇日益焕发出古韵今风两相宜、实用与审美相统一的迷人魅力。

南浔是幸运的。在经济快速发展的大背景下,能从容地以新的保护理念、技术及方法去保护它、呵护它,避免了其他古镇保护开发中的缺憾,不愧为"凤凰涅槃"!"十三五"期间,南浔计划投资80亿元,力争用3年时间,努力打造属于自己的"南浔模式",以古镇城市复兴推进旅游产业提升发展,以旅游发展促进古镇整体有机更新,初步建成国内一流旅游度假目的地、国际知名古镇休闲旅居区,成为中国古镇复兴的经典样板。

前童，打造有"烟火气"家园

浙江前童，是一个有"烟火气"的古镇，是一座不凡的江南明清时期的民居原版，一幅古韵浓重的乡村画，一段优美动人的江南丝竹调。童姓祖先按照"回"字九宫八卦原理，把白溪水引进村庄，潺潺溪水挨户环流，人人可在溪水中洗菜净衣，家家有流水小桥，户户通卵石坦途，青藤白墙黛瓦，石头镂花窗户，雕梁画栋门楼，它们虽历经风吹日晒依然古风犹存。走进古镇，你可以看到原住居民在老房子里生活的画面，他们可以不被游人的目光打扰，在外人杂沓的脚步声里心安理得地过着自己的日子。前童以民居布局奇特、明清古建筑群保存完善以及人才辈出而闻名遐迩，先后被命名为"浙江省历史文化名镇""浙江省旅游城镇"和"中国历史文化名镇"。

民俗博物馆

前童，打造有"烟火气"家园

前童镇西北与东南边境群山环列，主要溪流有白溪和梁皇溪。白溪由西面岔路镇进入境内，流经前童村前，然后东出竹林村。梁皇溪源出梁皇山东南麓，经前童村后，迂回至竹林村后，汇于白溪。明代地理学家、旅游家徐霞客曾到过梁皇山、前童镇，现存有徐霞客当年住过的驿馆、徐霞客走过的古驿道、徐霞客经过的千秋稳镇桥等。"癸丑之三月晦（明万历四十一年，1613年5月19日），自宁海出西门。云散日朗，人意山光，俱有喜态。三十里，至梁隍山（即梁皇山）。闻此地於菟夹道，月伤数十人，遂止宿。"这是《徐霞客游记》的开篇句。从此，徐霞客开始了长达28年行程2.6万里的纪游历程，写就了60余万字的长篇巨著，为后人留下了宝贵的财富。前童南岙山麓还保存着明初儒士童伯礼营建的石镜精舍，方孝孺曾在此讲学。塔山、鹿山峙立东西两侧，景色秀丽，孝女湖、庙湖、致思厅、学士桥、南宫庙等古迹至今尚存，已引起国内外专家的高度重视和赞赏。

前童经历了760余年的发展，目前仍保存有1300多间各式古建民居。这批明清古建筑以古祠、旧宅和老街为主，其中童大宗祠建造于明初洪武十八年（1385），占地1.2亩，檐头四注，两廊发阁，南设戏台，北存祀室。环村而筑的"俨思祠""永言祠""崇本祠"等数十座小祠，分别建于明天启、清顺治、清乾嘉年间，历经数百年轮廓依旧。古祠周围是黛青粉墙的四合院，"群峰簪笏""职思其居""欣所寄"等40余个院落，几乎完整无损地保留着清代乾嘉年间的风貌。泽思居号称"江南第一雕花大楼"，建于清代初年，因主人官居一品，故称"宰相府"。走进泽思居，

家家流水，户户垂杨

发现此宅檐头四注，马头墙高耸，整个建筑气势恢宏，院内厅堂轩敞，廊柱挺拔。整栋房子"无梁不雕、无雕不精"，进门正梁上刻有"四仙迎宾"，体现了主人的待客之道，正厅东首梁上刻有5只仙鹤，既说明了主人是文官而不是武官，又体现了他的"五岳朝天"的志向。

据当地人介绍，前童是"五匠之乡"，非物质文化遗产相当丰富，传统文化保护氛围良好，拥有国家级非遗项目前童元宵行会，市级非遗项目把酒舞、工艺竹编、龙舟雕刻技艺，还有县级非遗项目前童三宝制作技艺、朱金漆木雕技艺等。北京故宫博物院收藏的一顶花轿和一张木雕嵌镶床便出自前童。前童元宵行会是童氏族人每年元宵节期间举办的迎神祭祖、欢庆佳节的传统民俗活动，至今已有500多年的历史。行会每年正月十四至十六以鸣群锣、抬鼓亭、放铳花等程式进行。届时，手提的、肩挑的、车推的数百面铜锣齐鸣，声若万马奔腾；入夜，抬出18杠造型精致、风格各异的鼓亭，缓步而行，鼓亭上戏曲人物或立或坐，灯饰高挂，宛若金龙狂舞，气势磅礴；尔后，用硝磺、木炭等自制而成的铳花筒（类似于今天的焰火）搬上高棚施放，色彩缤纷，别具一格。行会旨在纪念祖先童濠带领族人开渠凿碚灌溉农田的功德，祈愿年景丰收。2014年，前童元宵行会成功入选第四批国家级非物质文化遗产代表性项目名录和扩展项目名录，成为一张熠熠闪光的文化"金名片"。

作为历史文化保护区，如何处理好保护和开发的关系？这是摆在前童人面前的复杂命题。许多上百年的古建筑已经年久失修，成了危房；前些年，因为人们缺乏古镇保护意识，拆旧建新，一些砖混结构混杂在古建筑群中，与古镇的整体形象格格不入；古镇核心区和外围区域基础设施薄弱、脏乱差，严重不适应现代旅游发展的需求。为解决这些难题，当地政府坚决执行省政府决定，2013—2015年开展旧住宅区、旧厂区、城中村改造和拆除违法建筑（简称"三改一拆"）行

宰相府"泽思居"

前童非遗项目"元宵行会"

童大宗祠

动，在 0.9 平方公里核心保护区则以改为主，一方面通过政策杠杆撬动民间资本在遵守保护规划的前提下改造老宅，另一方面由政府出资大力修缮文保单位，努力改善古镇面貌，打造一个有"烟火气"、能让人住下来的特色家园。

焕然一新的花桥街，是前童古镇最美的一条街巷，街巷两边景点也较多，地方政府大力招商引资，着力在花桥街及周边重点打造特色民宿，在保持古镇原始风貌的前提下，通过重建修缮和改建，打造出尺木草堂、花桥游居、鹿山别院、上木堂等 6 家古镇特色民宿。从 2014 年启动民宿改造至今，古镇已有民宿 23 家，床位 240 余个，每到节假日则一房难求。

2016 年，前童镇又在古镇核心区外围启动粮库文化市集、前童文化、古镇商业三个主题区建设，拆除历史违建 9 处，腾出建设用地 7900 平方米，建设以旅游住宿为形式、以文化展示为吸引、以消费购物为目的的历史文化街区，建设元宵行会、工艺竹编、木雕龙舟、前童三宝等非遗传承基地和非遗展示馆。元宵行会是该镇打造的主要文化品牌项目，镇上投资 1000 万元建成了鼓亭馆，对鼓亭、抬阁、秋千集中进行保护和展示，前童民间艺人在继承传统的基础上，不断创新表演形式，吸引了中央、省、市各级媒体竞相报道，尤其是中央电视台《记住乡愁》播放了前童镇专题、直播了前童元宵行会盛况，进一步扩大了古镇影响力。前童利用"非遗"资源的深远影响力，不仅成功打造了国家 4A 级景区，而且蜚声海内外。

塘栖，让乡愁变成永恒

漫步古镇塘栖，广济桥如飞虹卧波，连接南北两岸，运河水悠悠流淌，运通东西。穿过古戏台、闹堂，在白墙黛瓦间，江南独有的韵味豁然呈现，这里有着流动的遗产、活着的历史，更有着从古至今绵延不尽的传奇。

历朝历代，塘栖均为杭州市的水上门户，文学大师丰子恺称之为"江南佳丽

临水人家

地"。在北宋以前,塘栖为一渔村,到明清时期富甲一方,贵为江南十大名镇之首。塘栖的近代工业在浙江省境内起步较早,清光绪二十二年(1896),南浔富商庞元济和杭州殷富丁丙合伙在塘栖镇东的日晖桥畔开设"大纶丝厂",这是浙江省境内最早的3家机器缫丝厂之一,开了民族工业的先河。嗣后,祥纶(1925)、崇裕(1926)、华纶(1929)等丝厂纷纷在镇内创办,使这个水乡小镇成了全省蚕丝工业的重镇。1929年,浙江省政府举办西湖博览会,塘栖有3家丝厂的蚕丝产品应邀参展,相继获得特等奖和一等奖,一时声名鹊起,产品远销海外。1935年,据当时的浙江省政府建设厅调查:全省境内共有机械缫丝厂29家、机械缫丝车7598台,塘栖一镇就分别占据了全省的13.8%和19.8%,成了全省著名的机械缫丝重镇。

塘栖是个典型的江南水乡,以前的沿河老街多有廊檐,遍布古镇的廊檐是塘栖的特色,尤其在水南街,廊檐几乎将所有的街道连成一片,走在这样的街道上,夏天不用戴草帽,雨天不用撑伞,清代诗人王拭赞曰:"摩肩杂沓互追踪,曲直长廊路路通。绝好出门无碍雨,不须笠屐学坡翁。"古镇因水成街,以廊檐、美人靠、72条半弄、36爿半桥而闻名于世。现有广济长桥、乾隆御碑、郭璞古井、市南街廊檐、老巷、古宅、水北明清一条街等遗存保留完好。

来到塘栖,不得不说广济桥,可以说塘栖是有了广济桥才开始繁盛的。广济

桥曾名通济桥、碧天桥，俗称"长桥"，古人诗赞广济桥："虹桥亘鳌柱，呼吸通座侧。灏气冲星辰，水天长一色。"它是古运河上仅存的一座七孔石拱桥，也是大运河上保存至今规模最大的薄墩联拱石桥，1989年被列为省级文物保护单位。

广济桥始建于唐代宝历年间，明朝时桥毁，后于1498年复建。桥水平全长78.7米，桥面两段宽6.12米，顶宽5.2米，南北各设踏步80级，中孔跨径15.69米，矢高7.75米，其余六孔南北对称。石栏板素面，栏板两端为卷云纹抱鼓石，共有望柱63根，四角望柱上刻覆莲。广济长桥势如长虹，造型秀丽，历经500余年仍雄踞京杭大运河之上，成为历史沧桑的真实见证，连同江南的富庶、繁盛，和着桨声、船夫号子声写进了京杭大运河500年的兴旺漕运史中。

广济桥作为运河申遗的遗产点，桥上的一砖一石都是跨越世纪的美丽。塘栖人清醒地意识到，大运河文化带建设的根本性原则，就是敬畏为先、保护为先。近20年，受运河航运和自然因素影响，运河水质浑浊、含泥沙量高，部分河段垃圾堆积。为了保护此桥，1998年，杭州市政府出资8000万将运河改道，对老航线实施封航，使广济桥免受繁重航行压力，文物得到有效保护。当地政府则加快实施河道疏浚工程步伐，使运河水环境、广济桥及两岸环境得到明显改善，如今此桥已经成为全国重点文物保护单位（大运河—广济桥），它一手牵着古色古香的水北街，一手系着时尚新潮的水南街。"左岸历史，右岸未来"的格局在广济桥畔

御碑

和谐共生，相得益彰。广济桥是塘栖人的骄傲，至今民间还保留着走桥祈福的习俗：每年正月十五元宵节，除了吃元宵、迎花灯、猜灯谜，人们成群结队，提着花灯在桥上来回走动，走得越多，得福越多，远远看去，煞是壮观。

乾隆御碑，位于广济桥北岸的水北街原杭州府水利通判厅遗址内。此碑高达 3.35 米，宽 1.4 米，厚 0.5 米；碑身添有碑额，镌有双龙抢珠石刻，高 1 米，宽 1.5 米；碑身下有碑座，碑座出土高度 1.1 米，宽 1.8 米，厚 1 米。碑正文 429 字，款 10 字，碑文四周镌有云龙纹，立于清乾隆十六年（1751）正月初二。说起此碑来历，还真有点戏剧性。过去水北街分属德清、杭县两县管辖，碑东为杭县，碑西为德清县。后来此碑被住户砌入围墙，只露出顶端一截，天长日久，人们一直认为此碑是两县的分界碑。1985 年，塘栖进行文物普查，觉得此碑不像界碑，爬上去观察，认出"钦此"两字，于是拟文向县、镇反映。镇上派人将碑文拓了下来，历经数月，终于查实此碑竟是块御碑：乾隆十六年（1751）弘历帝南巡，考查江苏、浙江、安徽三省交纳皇粮情况。查得苏、皖两省积欠额巨，而浙省未予拖欠。为表彰浙省，皇帝大笔一挥，蠲免浙省地丁钱粮 30 万两，并将"圣谕"刻石，晓谕官民。2002 年，当地政府出资 20 余万元，拆除了御碑旁的房屋，使尘封已久的乾隆御碑重见天日。

如今的塘栖，早已是杭州北部一个经济、旅游重镇，其"鱼米之乡、花果之地、丝绸之府、枇杷之乡"之美誉名冠一时。塘栖除盛产稻米、蚕茧、鱼虾、菱藕、青梅、杨梅、荸荠外，还有许多著名土特产，其中塘栖枇杷以其皮薄、汁多、味鲜而享誉海内外，每年的"中国塘栖枇杷节"盛况空前，吸引着大批中外嘉宾惠顾。

塘栖，让乡愁变成永恒

为了传承古镇千年历史，提高城镇品位，2009年当地政府特邀上海同济大学修订编制了城镇建设总体规划，以高起点、前瞻性的设计理念，充分发掘和保护利用古镇历史文化遗存资源，着力打造宜游、宜业、宜居的"江南佳丽地，塘栖品质城"，塘栖先后获全国千强镇、浙江省文明镇、浙江省综合实力百强乡镇、浙江省十大历史文化名镇等荣誉称号，2010年底成为浙江27个小城市培育试点镇之一。

跨过广济桥150余级青石板台阶，便是塘栖最热闹的水北古街。南北纵深几百米的老街，两边都是当地特产，热气腾腾的粢毛肉圆、香气扑鼻的麻糍、味甘醇香的枇杷酒、色泽金黄的细沙羊尾，将古镇运河沿岸非遗项目、传统文化融入古镇生产生活之中。"江南好，风景旧曾谙。日出江花红胜火，春来江水绿如蓝。能不忆江南？"江南古镇塘栖，让乡愁变成永恒！

御碑码头

游埠古镇,以"摄"汇友

游埠古镇,以埠为名,顾名思义,是一个水边码头形成的小镇。这是一个被水浸润的小镇。水,是游埠的灵魂。

游埠镇位于浙江兰溪西南角,文化资源丰富,古风古韵浓厚,自唐宋以来,就是重要的水陆码头和物资集散地。明清时期,因人烟稠密、商业繁华,成为浙江四大千年古镇之一。至今,宗祠、庙宇、牌坊、鼓楼等多数保存完好。横贯镇内的游埠溪上有清代所建的太平桥、永安桥、永济桥、永福桥、潦溪桥,总称"五马归槽",堪称一绝。在小巷深处,还分布着不少古民居、宗祠等建筑,白墙灰瓦,连绵成片,仍较完整地保留着传统风貌与历史格局。置身于游埠老街,恍惚间仿佛闯进一部明清题材的黑白电影,街上的木板房、雕花窗、鱼鳞瓦、素墙雕梁、排门店铺犹如一帧帧褪了色的照片,昭示着

葆滋堂

游埠古镇，以"摄"汇友

一个江南古镇在历史长河中曾经的显赫和生机。

游埠古镇是我好友叶国昌的老家，他的青少年时代便在游埠度过，我跟随着他穿行在老街古巷里，香烟缭绕处是一处佛寺，贯休祖庭。贯休（832—912）俗姓姜，字德隐，又字德远，太平乡登高里人，7岁于和安寺出家为僧，天资聪敏，日诵《法华经》千字，过目不忘。作为唐末五代著名画僧，唐亡后他于晚年入蜀，被前蜀主王建封为"禅月大师"。他以诗著名，同时也是画家和书法家，有《禅月集》存世。他所画罗汉，状貌古野，绝俗超群，在中国绘画史上有着很高的声誉。他爱憎分明，关心人民疾苦，痛恨

贯休祖庭

贪官污吏。他的《酷吏词》，愤怒谴责了贪官污吏欺压百姓的暴行。他又有不畏权势的傲骨，在杭州时曾给吴越王钱镠写诗《献钱尚父》，钱镠读后大喜，但要他把诗中的"十四州"改为"四十州"。贯休说："州亦难添，诗亦难改；闲云野鹤，何天不可飞耶？"拂袖而去。蜀永平二年，贯休病卒，次年建塔葬于成都北门外。佛堂里传出悠扬的梵唱，听了让人心灵归于平静。

佛寺旁便是郎静山纪念馆，看了郎静山的事迹展及郎静山的照片，我觉得这位世界著名摄影艺术大师真的不容易。郎静山，1892年生于江苏淮阴，祖籍浙江兰溪游埠镇郎家村。郎静山的父亲喜欢收藏书画、唱戏和照相，使他从小就受到了艺术的熏陶。12岁时，郎静山进上海南洋中学读书，在图画老师李靖兰处学会摄影原理、冲洗和晒印技艺，于是和摄影结下了不解之缘。后来，郎静山先后进

豪华五进拔步床

入上海《申报》和《时报》,成为中国最早的摄影记者。他虽以摄影记者为业,但却以仿画摄影作品见长。他借鉴传统绘画艺术的"六法",潜心研习,加以发挥,摄制了许多具有中国水墨画韵味的风光照片,自成一种超逸、俊秀的风格。郎静山一生共有1000多幅次作品在世界的沙龙摄影界展出,他最早将中国绘画的原理应用到摄影上,他创立的集锦摄影在世界摄坛上独树一帜,曾经获得美国纽约摄影学会颁赠的"1980年世界十大摄影家"称号。1991年5月,上海、北京、兰溪隆重举办"郎静山百龄百幅作品展",郎静山亲临展会,并回到阔别60年的祖居探亲祭祖,手捧《宗谱》昭示儿女:这里是你们的根,切勿忘记这方热血地!郎静山于1925年首创"中国摄影学会",为中华民族奠定世界摄影永垂不朽的根基。1995年4月13日,105岁的郎静山在台北与世长辞,但他的精神仍然与海峡两岸摄影家长相左右。

为了让孩子们走进大自然,走进社会,用镜头去发现身边的美,传承静山故里摄影小镇的摄影文化,当地摄影家协会牵手游埠镇中心小学,创办了"郎静山摄影学堂"。2017年5月,郎静山的小女儿郎毓文女士走进游埠镇中心小学,走进"郎静山摄影学堂",并观看了孩子们的摄影作品。面对这群热爱摄影的孩子,郎毓文情不自禁地和孩子们聊起了父亲练眼力、练刀、练棍、练身体的往事。

郎静山纪念馆是摄影爱好者心灵的殿堂,内设中国摄影报摄影创作基地、游埠镇摄影俱乐部,游埠则成了摄友心中的朝圣之地,"拍客"的鱼米之乡。当地政府顺势而上,努力为广大摄影爱好者提供创作服务,国内外摄影家纷纷用相机记录游埠的自然风光和风土人情,不仅提高了游埠的知名度和美誉度,也推动了古镇向外界展现良好形象。"穿越古镇民国风"大型活动的举办是游埠古镇进一步推进古韵风情游、打造"江南特色摄影小镇"的大胆尝试。2017年国庆期间,来自全国各地的300多名摄影家齐聚游埠,举行游埠古镇一日摄影抓拍赛,用手中的相机记录游埠古镇别样的风情与美景。

早晨,小镇在食物的香气中悄然苏醒。游埠人有吃早茶的习惯,豆浆、油条、烤饼、炒面、汤面、酥饼、一杯清茶。老人慢悠悠走进茶馆,点上一杯茶,听说书人说书或者和老兄弟谈年景。街边传统制秤、篾匠、箍桶匠、老剃头、泥塑、糖画、烫画等小铺子,手艺人专注地做着手中的活,传承着祖辈留下的老手艺。"3秒钟后下一个镜头,大家准备。"在中山街上,古镇的黄包车夫吸

郎静山纪念馆

郎静山纪念馆

着旱烟侧坐在车身上，不时摆起各种炫酷造型，早就架好"长枪大炮"等候的摄影爱好者占据有利位置，赶快抢抓瞬间，咔咔咔不时按下快门。畅游在古镇老街上，除了黄包车夫外，随处还可以看到身着旗袍的民国江南美女、走街串巷兜售香烟的烟贩、来回巡逻的民国警察和其他具有民国风特色的代表人物，一组组民国人物让摄影爱好者们举起相机竞相追逐，同时也让镜头下的古镇秒变"网红"。活动持续了两天，除开拍仪式外，还精心设置了快拍游埠、传统手艺、乡村小吃、旗袍走秀、茶韵道情、八狮迎瑞、布龙祈福、腰鼓踩街、渔家撒网、梨园婺曲、冬夜古桥等街拍采风，并开设"名家授课"纪实摄影讲堂，举办影友擂台赛。

通过"穿越古镇民国风"大型活动，游埠人以"摄"会友，不仅让更多人了解游埠，也吸引了越来越多的人来游埠玩穿越。尤其在这自媒体时代，持有手机的人便是"准摄友"，图片拍好网上一发，摄友接踵而至，游人饶有兴趣地品尝当地特色小吃，细细体味老街、古桥、传统手艺的完美融合，游埠古镇美誉度不胫而走，游埠旅游业越发红火。

冢斜，余茂法护村记

八老爷台门

2012年4月12日，对绍兴县人大常委会原副主任余茂法来说，是一个刻骨铭心的日子：这一天，他由县官变身村官，成为该县稽东镇冢斜村党支部书记。

难道他犯错误受了处分？不是。用他妻子的话说"这是自讨苦吃"。这一年，余茂法年届57岁，人大任期结束。作为从冢斜走出去的山里娃，他是古村的骄傲，从县农业局副局长、劳动局副局长、政协办公室主任、组织部副部长、水电局长一路走来，2007年当选县人大副主任，多少年来他难以割舍乡情亲情，矢志不渝地关注着家乡古村落的保护和发展。而今他退居二线，本想清静几年，偏偏这时冢斜村因党支部书记人选犯了难，村里的乡贤和村干部联名上书县委县政府，要求让余茂法回村当书记。这是余茂法万万没有想到的，他曾自嘲：为保护古村，保来保去，竟把自己给绕进去了。

稽东镇冢斜村，全村有256户，村域面积3.8平方公里，是大禹后裔余氏集聚地，禹妃墓葬地，越国初都所在地。冢斜村历史悠久、人才辈出，先后出过状元、河

南布政使、北平市长等人物，文化底蕴深厚。冢斜村青山环抱、绿水环绕，自然风光秀丽。冢斜村是第五批中国历史文化名村和第一批中国传统村落。

余茂法参与冢斜村古村保护，发端于 2002 年，当属民间人士的义举。这帮民间人士均为冢斜余氏后裔，曾供职于行政或企业单位，饱含浓厚的人文情怀，乐于为家乡作出无私的奉献。除了余茂法，他们当中还有担任过绍兴市党史办副主任的余一苗、绍兴电力局高级工程师余汉庭、稽江乡原副乡长的余生木等退休人员。这些人为了保护古村的共同目标走到一起，自发组成了民间保护团队。

2002—2003 年，这帮民间人士做了一件天大的好事：续修冢斜村中断了 83 年的家谱！经过仔细查找，村里发现了仅存的一部《冢斜余氏宗谱》。遗憾的是，12 卷家谱缺失了 1 卷。苍天有眼，一位乡贤在上海图书馆找到了散失的那一卷，《冢斜余氏宗谱》得以完璧。续修宗谱，从而掀开了冢斜村沉睡已久的神秘面纱，极大地激发了余氏后裔的自豪感、荣誉感和责任感。

然而，还没等余茂法高兴起来，一个晴天霹雳几乎把他打懵：2004 年省道绍

古戏台

甘线公路拓宽改造工程即将开工，设计施工方案线路走向直接经过冢斜村八老爷台门和永兴公祠这两处重要的古建筑群体，如果这两处古建筑群体被拆除，冢斜古村则毁于一旦。余茂法知道此事时，工程已经完成了招投标，开始房屋征迁工作。眼看着冢斜古村即将消失，余茂法痛惜之情油然而生。第二天，他找到分管城建的副县长和分管该项目的县交通局副局长当面陈情，第三天又把交通局长请到现场踏勘，紧接着再向县里递交了关于要求绍甘线（冢斜段）改道的报告。经过一系列努力，最终绍甘线拓宽改造工程绕村而过，硬是把冢斜古村从生死线上拉了回来。

永兴公祠

在修谱和公路改道两件大事完成后，余茂法要做的头等大事便是古建筑的抢修。冢斜村古建筑众多，有始建于唐贞元九年（793）的永兴公祠，有建于明早期的上道地"轿屋"，有建于明嘉宗十六年（1643）的余氏老台门，有建于清乾隆庚辰年（1760）的余氏宗祠，还有建于清代晚期的上大院、下大院、高新屋、朝南台门、朝西台门和建于民国的歪台门等8处古建筑。这些古建筑属于不同的主人，每一座都有它的历史渊源和动人故事，从石刻、木雕等细节处仍然可以找到它曾经的辉煌。长期以来，这些古建筑是村民的寄居之所，如今年轻人纷纷进城打工，它们大多成了空关房，常年风吹雨打、虫蛀霉变，房屋摇摇欲坠，破败景象惨不忍睹。而2003—2010年的冢斜村是隶属于车头村的自然村，村级经济一贫如洗。钱从哪儿来？这帮民间人士伤透了脑筋。根据实际情况，他们把两处最有价值、集体产

103

余氏宗祠

权和矛盾较少的余氏宗祠和永兴公祠列为首要目标。为了引起各级领导重视和社会关注,他们自发开展古村的推介和宣传,只要有适合的场合,余茂法会不失时机地推介古村。一有机会,他就邀请县委、县府、人大、政协各套班子领导和有关部门领导考察冢斜。一次偶然的机会,余茂法从县文保所得到信息:县级文保点可以享受总维修款40%的财政文物专项资金的补助,其他60%的资金由所在镇、村负责。余茂法如获至宝,当即向文保所提交了两祠申报文保点的报告,2004年8月两祠成为首批县级文保点,并于2005年和2007年分别得到修复。

  在经历了公路改道、两祠维修事件后,余茂法得到的最大启示是:古村保护必须有"牌子",有了"牌子"既可以争取专项资金,又能获得各界重视,才能增强古村落保护的有效性。余茂法带领民间人士,以志在必得的勇气和毅力,克服重重困难,于2010年7月终于将冢斜村成功入选第五批中国历史文化名村,这是绍兴唯一获此殊荣的古村。

余茂法

国家历史文化名村的获得，为古村保护和发展开辟了广阔的空间。为了实现冢斜古村保护从民间到政府、从眼前到长远，为古村保护探索可持续发展路径，2012年4月，余茂法不负众望，返乡担任村党支部书记。5年中，他勇于担当、敢于开拓、无私奉献，带领大家克服种种困难，实现了古村保护和开发利用的历史性跨越。他利用各种渠道、各种方法筹措资金4000多万元，先后完成了包括古村管线入地、卵石路面、老绍甘线油路、新村环线路连接、永兴大道、村委办公楼、下新屋大厅、村民自来水、村污水收集、水库加固、祠堂广场、大小西岭古道、包公殿、永兴牌楼、水文站、永兴公祠和余氏宗祠文化布置、8个台门的200多间古民居维修等共计20多项工程，村风村貌大大变样，古村的知名度大大提高。

2015年余茂法正式退休，2016年他辞去党支部书记职务，但他仍时刻关注冢斜古村保护和发展。谈起人生感悟，他坦言：保护古村落是我一生不变的追求，奉献是人生最大的快乐。我们的始祖大禹，"三过家门而不入"，厚德明志、乐善好施，作为后人，我们的一言一行上要对得起祖宗，下要对得起子孙后代，经得起历史的检验！

诸葛村,请别"八卦"

当初来到浙江金华兰溪市,就是冲着诸葛八卦村而来的,许多宣传资料说,诸葛村最大的看点是八卦式布局,村中建筑格局按"八阵图"样式布列,且保存了大量明清古民居,是国内仅有、举世无双的古文化村落。

阴阳太极水塘

诸葛村，请别"八卦"

据当地史志记载，诸葛亮14世孙诸葛浰（952）宦游山阴（绍兴）后任寿昌县令，卒于寿昌。其子青由寿昌迁往兰溪西陲砚山下，传至27世孙诸葛大狮（1280），因原址局面狭窄，故觅得地形独特的高隆岗，不惜以重金从王姓手中购得土地，从此诸葛亮后裔们便聚族于斯、瓜瓞绵延。到明代后半叶，已形成一个建筑独特、人口众多、规模庞大的村落。

走进诸葛村，首先看到村中影壁墙上大大的八卦图，村子中央的大池塘钟池一半填上一半没填，隐约构成一个八卦图。整个村子坐落在几条冈阜上，自西北走向东南。为了不占农田、水塘，也为保存风水上的"明堂"，房屋多数造在山坡上，因此，村子的主要脉络是顺着冈阜延伸，并不像人们传说的按照九宫八卦传统风水格局而建，其基本结构是团块式：一个房派的成员的住宅簇拥在这个房派的宗祠或者祖屋的周围，这些团块再组成村落的主要部分。团块内部，参差不齐、跌宕起伏的建筑围绕着池塘分布，从每个里巷走进去，出来以后还是回到池塘。这种结构原则体现出了血缘村落的宗法组织关系。村中有18口池塘、18口井。除了五六个团块开放旅游，村内大部分团块是封闭的。村中古建筑总面积达6万多平方米，其中厅堂、民居多，宗祠的规模宏大，各种

大公堂

明代古宅

建筑的木雕、砖雕、石雕工艺精湛,建筑豪华。

专家学者们称,诸葛村是一座中国江南地区古村落的典范。这座有700多年历史的村落,是目前全国保护最好、群体最大、形制最齐、文化内涵很深厚的一个古村落,村落格局及大部分建筑均完好,历史信息丰富独特,意义重大,堪称研究中国文化史的重要实物载体。

然而,诸葛村的保护并非一帆风顺。据有关人士介绍,在30多年的保护道路上,可以说磕磕绊绊、异常艰辛,有成功的经验,也有惨痛的教训。

1981年,全国实行农村联产承包责任制,分田到户后,生产队集体经济体制随之瓦解。原生产队集体公用的厅堂无人管理,有的濒临倒塌。诸葛村有每年祭祖的传统,为了祭祖,村民们自发地投入到家园维护中去。从1988年至1995年,通过筹款募捐的办法,村民们先后自发性抢救维修了崇信堂、尚礼堂、大公堂等厅堂。

1991年,诸葛村抢修大公堂时,正值清华大学3位教授带领学生来到村子进行乡土建筑课题的研究,那保存完好的古建筑和自发修缮的村民,令他们深受感动。从此,清华大学教授每年都带学生来到村子,免费测绘,提出保护建议。

1995年,村干部下决心要把诸葛村保护好,让百姓因为保护而致富。然而,当年村级集体经济年收入8万多元,旅游门票收入仅2万元,面对大量需修缮的老房子,简直是杯水车薪。

村委会向银行贷款,向全球的诸葛家族后裔募资,借来一笔钱,就修一部分老屋。村里还成立了修缮队,村中老工匠对古建筑熟悉又有感情,不给钱也干。1996年,在专家的呼吁下,诸葛村被国务院列为全国重点文物保护单位。1997年,由清华大学建筑学院编制的《诸葛村保护规划》正式完成,这也是全国首例古村落整体保护的规划。

1958年,诸葛村上塘被填,水阁楼大部分被拆除。2000年村里投巨资复原上塘古商业街,重新挖出上塘,整修了口岸和路面,修复古店铺、住宅。复原后的古商业街,店铺一间紧挨一间。商业街上的排门式店铺二层略向上挑出于底层,木板墙开有窗子,或实板推拉式或格扇式,窗的下栏有装饰性的花格栏杆,上下层的牛腿和骑门梁都刻有与商业性质相合的蝙蝠衔钱、古老钱串、元宝、聚宝盆

影壁墙

诸葛村上塘

等,石库门式的店铺两进三进较多,临街一进大多三间二搭厢,后进为作坊或住宅。这种店铺,在堂屋内设柜台,主要开设当铺和药店,现今古街上有葆仁堂药店、寿春堂药店、浦江水晶、苏州刺绣、永康锡器、龙泉宝剑、古董店、字画店、百货店。万源庄、永裕号、永泰昌、义生昌、笔耘轩等老字号招牌店铺都已恢复。沿街连片的水阁楼搭在靠岸的水面上。上塘水阁楼基本建于太平天国之后,全用木结构,如木桩、木柱、木梁、木地板、木墙壁、木排门等,统一连排建造,上下两层,临水有挑台。以经营茶和小吃店为多,有馒头店、馄饨店、面条粉干店、烟酒店、理发店,形成了一个丰富多彩、琳琅满目的旅游服务中心。上塘古商业街是考察中国农村从纯农业经济向商品经济发展的难得史料,也是诸葛村从血缘村落向业缘村落过渡的见证。

诸葛村的文化,是融传统文化、民俗文化、农耕文化和市井文化为一体的村落文化。在诸葛村农坊馆里,有古老的织布机、碾坊、碾盘、油坊、炒锅、小手磨等等,人们可以亲身感受诸葛亮历代后裔宁静淡泊的村居生活和积极进取的民俗风情。

诸葛村整体保护成功,与其独特的机制是分不开的。诸葛村实行的是"村党支部和村委会+旅游公司+文保所"模式,其中旅游公司是诸葛村村民委员会、村经济合作社所辖的经营型企业,公司资产归属行政村经济合作社所有,村委会同时是诸葛村旅游发展有限公司的董事会。村里每年的旅游收入除了一部分用于继续修缮，剩下的用于改善村民福利。诸葛村不追求旅游的最大值，自1996年被国务院批准为全国重点文物保护单位后，全村人依托古村落资源优势，坚持以保护为主、合理开发、有序利用、可持续发展原则，大力发展旅游业。经多年不懈努力，诸葛村已成为享誉国内外的国家4A级旅游景区、全国首批特色景观旅游名村、全国生态文化村。2014年，诸葛村跻身第二批中央财政支持范围的中国传统村落名单。村在上海、杭州等地设有办事处，游客都是从这些地方组团而来，散客较少，可控制游客数量。景区年旅游综合收入3000多万元，村集体固定资产比1995年增长100倍，取得了良好的社会效益和经济效益。

"诸葛八卦村"从何而来？一位老村民听了愤愤不平："那个八卦是人为造出来的！我们早晚要将八卦统统拆掉！"

诸葛村旅游收入突破千万元后，市、镇政府决定收回旅游经营权，搞大规模商业开发。他们想拆古建筑，但村民坚决不同意。于是，当地政府就把村前的山炸了一小片，建起了仿古街。刺眼的白墙与水泥将后面的风景挡得严严实实，这40间一长溜房子，开间高矮一样，村民戏称其为"火车皮"，严重破坏了诸葛村原有水口景观。

为了尽快发展旅游，满足人们的好奇心、新鲜感，市里一位有身份的官员在考察诸葛村之后，脑袋一拍，便将诸葛村改成了"诸葛八卦村"，以八卦作为诸葛村的旅游卖点，并通过媒体大肆宣传。为了自圆其说，他指令，将诸葛大公堂前的椭圆形水塘（钟塘）填埋一半，搞出个"太极阴阳八卦图"的模样来呼应八卦村名。由于缺少文物保护的知识，村民也只好听任其编造假村名、假景观，原有村落的真实面貌破坏了，大量游客甚至一些专业工作者纷纷上当受骗。

有专家指出，保护古村落，首先就是保护它的历史证迹。诸葛村基本而主要的价值，是它蕴含着丰富而真实的历史文化印迹，所以破坏它们的真实性是最愚蠢的，这个村子是富有历史意义的无价之宝，用"风水"术中的"八卦"之类的无稽之谈，来满足游客的好奇心，这种无中生有的做法，不仅破坏了它的历史文化价值，简直就是犯罪。

周庄,陈逸飞彪炳千秋

2005年4月10日,著名旅美画家陈逸飞先生病逝于上海华山医院,从此放下了他手中的画笔,告别了他执着追求的艺术人生。

斯人已去,双桥依旧。4月14日夜晚,江南古镇周庄1000多名民众,为了

陈逸飞笔下周庄

追思这位致力于艺术创作、传播古镇诱人魅力的画家,在双桥桥头点燃起无数支蜡烛,人们深情地凝视着陈逸飞的遗像,抚今追昔:我们要更加珍爱这座年代久远的双桥,更加珍惜由双桥打响的"中国第一水乡"的品牌,让陈逸飞伴随他精心创作的《故乡的回忆》的缕缕情愫安息于此吧!

双桥是一位饱经沧桑的历史老人,它也会从内心深处感谢陈逸飞为自己揭去神秘的面纱,让世界各国人民认识中国优秀传统文化的丰富内涵,了解江南古镇的旖旎风光。是的,陈逸飞因双桥名扬天下,陈逸飞也成就了周庄。

周庄是中国江南一个具有900多年历史的水乡古镇,古称"贞丰里"。北宋年间,周迪功朗(官名)在此辟田设庄,于宋元祐元年(1086)舍田宅200余亩捐于当地全福寺,遂有"周庄"之称。周庄位于上海、苏州之间的江南水乡腹地,四面环水,港汊分歧,咫尺往来皆须舟楫。20世纪70年代末,周庄的贫穷是方圆几十里出了名的,那时没有一条公路通向这里。古镇在历史上曾吸引一些江南巨商藏富于此,由于地处偏僻,偏安一隅,大量的明清建筑得以完整保存,也正由于此,全镇的经济发展比周围慢了半拍。直到20世纪80年代末,一条公路终于修到了周庄,人们惊异地发现,在繁华的上海和苏州边上竟然有一个如此典雅和安逸的所在。

为了保护好古镇,当时周庄文化站多次向上级部门打报告,终于从江苏省文

陈逸飞画笔下的双桥

化厅争取到4万元资金。他们根据历史资料精心维修沈万山故居,将它变成一处重要的人文景观。同时镇上征购了部分民居,注册了一家旅游公司,以0.6元的价格卖出了第一张门票。80年代后期,周庄本着"谁开发谁受益"的原则,鼓励三产办、文化站、街道投资开发张厅、澄虚道院、迷楼等景区,周庄如同拂去灰尘的明珠,光彩逐渐展现在世人面前。

时任周庄文化馆馆长、镇长庄春地,是最早接待陈逸飞的周庄人。1984年春天,陈逸飞先生到周庄写生,庄春地全程陪同。当时,庄春地对古镇保护充满热情,但由于家底太薄,对周庄未来发展感到迷茫。在和陈

水上舟楫如梭

逸飞聊天中,他发现陈先生对中国历史文化充满敬畏,真切感受到了陈逸飞的个人魅力:"周庄是不可多得的财富,你看,站在周庄的任何一个角度,都是美的!""修葺要按照原来的模样,整修要用原来的材料!""周庄要增加文化内涵,保持原形!"

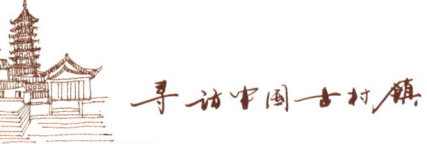

一番语重心长的话语，鼓起了庄馆长保护古镇的信念。时至今日，庄春地仍坚定地认为"陈逸飞是影响我一辈子的人"！

双桥，由一座石拱桥世德桥和一座石梁桥永安桥组成，清澈的银子浜和南北市河在这里交汇成十字，河上的石桥联袂建筑，显得十分别致。因为桥面一横一竖，桥洞一方一圆，样子很像古代人使用的钥匙，当地人称之为"钥匙桥"。双桥最能体现古镇的神韵，碧水泱泱，绿树掩映，欸乃声声的小船在桥洞穿过。陈逸飞坐在小船上，无法用画板写生，只好用相机记录周庄，周庄的小桥、流水、人家景致深深吸引了陈逸飞，他仿佛回到了记忆中的童年。于是，他以双桥为背景，创作了一幅名为《故乡的回忆》的油画。

同年10月，陈逸飞把《故乡的回忆》连同其他37幅作品在纽约美国西方石油公司董事长阿曼德·哈默所属的哈默画廊展出。这幅运用油画和中国传统水墨画技法创作的作品，描绘了姑苏的小桥流水、江南的田园风光，将美国观众带到

水乡水韵

了神话般的境地，引起极大轰动。11月，阿曼德·哈默访问中国，将他以高价购藏的《故乡的回忆》作为礼物送给邓小平，被传为佳话。1985年，《故乡的回忆》成为当年世界联合国协会的首日封。从此，双桥走向世界，周庄的名气越来越大。

如今，双桥已成为周庄的象征，大凡美术、摄影作品，皆以双桥为背景，突出双桥的神奇和美妙。双桥成了周庄的代名词，中外人士涉足周庄，往往直奔主题，先看双桥，在双桥上流连，再在双桥前合影留念，以获得最大的快慰与满足。周庄老百姓的讲话最朴实："是陈逸飞的双桥油画成全了周庄，为周庄带来了游客，让老百姓过上了想都不曾想过的好日子！"

2001年中国入世前夕，外经贸部副部长龙永图带领来上海参加会议的各国外长走进周庄。面对来宾惊讶的目光，龙永图有感而发："我要告诉世人，在经济全球化的今天，一个国家照样可以保留自己的民族文化。中国的改革开放，不是以牺牲文化为代价的，国际大都市上海的边上，照样保留着一个千年古镇。"

周庄出名后，陈逸飞仍然保持着每年回周庄看看的习惯，并对古镇的保护和发展提出中肯的意见。"我们应该考虑500年以后，我们这一代人留给子孙的是什么样的礼物！""我们一定要保持古镇的宁静、典雅的水乡氛围，在商业发展上要有所限制，千万别人为地制作那些蹩脚的景观破坏水乡神韵。"这就是陈逸飞对周庄人的嘱托。

为了纪念陈逸飞，2006年4月7日在陈逸飞逝世一周年之际，周庄双桥"逸飞之家"正式开馆。这是位于双桥边、陈逸飞生前选定的一个公益性、展示陈逸飞艺术成就的地方，一楼门厅，陈逸飞亲笔题写的"我爱周庄"4个大字赫然在目。周庄人在这里展出他的画作并放置资料，继续讲述陈逸飞和周庄的情缘以及他关心、保护周庄的故事。

巴城,"昆曲小镇"一枝独秀

巴城老街

巴城,隶属于江苏省昆山市,早在4000年前新石器时代的良渚文化时期,巴城地区就有人类活动,史前文化遗存主要有绰墩遗址、黄泥山遗址、龙潭湖遗址、勤丰遗址和朱墓墩等,其中以绰墩遗址最具代表性,是太湖地区发现的文化序列最为完整、文化遗存极为丰富的一处重要史前文化遗址。遗址东西长500米,南北宽800米,中心区面积29万平方米,距今已有6000余年。文化内涵从下至上依次为马家浜文化、崧泽文化、良渚文化和马桥文化。特别是由水沟、蓄水坑等组成的农田灌溉系统,代表了整个江南原始文

巴城昆曲"一枝花"

化,对研究原始社会的自然环境、人口比例、社会结构及人类生产生活诸方面具有重要价值,被国家文物局评为2000年中国重要考古发现,2006年5月被国务院核定为第六批全国重点文物保护单位。

翻开古镇历史,建置已有2500年,传说春秋吴越相争时期,吴王夫差为防越国进攻,在姑苏城周围筑12个小城,巴城为12个小城之尾。巴城被阳澄湖、巴城湖、鳗鲤湖、傀儡湖、雉城湖五湖相抱,境内大小河道纵横交错,处处小桥流水,景色十分秀丽。巴城老街建于清代光绪年间(1875—1908),街道两边均为清至民国时期建筑,东西向全长200米,宽仅容三人并肩同行,为了充分利用空间,两边民居、商店屋檐都向中间挑了出来,使老街显得更加狭窄,故巴城老街有"一线天"的别称。老街老房子临河而筑,面街枕河,鳞次栉比,沿河一窗,粉墙黛瓦,石岸斑驳,河埠错落有致,杨林塘水色清冽,舟楫如梭,一派江南水乡风情。1997年巴城老街被昆山市人民政府批准为昆山市文物保护单位。2005年巴城镇党委、政府把古镇与老街的修复改造列为惠民实事工程，组建相关机构，负责对古镇与老街的河埠驳岸、石板街两旁的清代和民国时期的古建筑进行修复与改造。为了营造老街浓郁的文化氛围，打造"水乡古镇、文化老街"，他们本着修复如旧、尽量保存老街原貌的原则，春和面馆、龙云崛茶楼、书画苑、老街酒楼等有着悠久历史的建筑恢复营业，玉峰古文物展览馆、蟹文化博物馆、江南木雕馆等一批有着深厚文化底蕴的精品藏馆先后在老街落户。著名作家杨守松也将自己的工作室"酬途楼"安在老街，成为文人墨客雅集的空间。

　　巴城拥有阳澄湖9.5公里长的湖岸线。阳澄湖风光旖旎、景色秀丽、放眼五湖、水天一色，湖水水质清丽、浪恬风轻、水草丰茂、虫食充足，给巴城提供了优越的生态环境，是"阳澄三宝"虾、蟹、鳜鱼的主产地。20世纪90年代初，独具慧眼的巴城人发现了阳澄湖大闸蟹潜在的经济效益，率先在螃蟹上做起大文章。当地友人吴学军向我透露，这里孕育的优质大闸蟹个头重、八爪挺坚、肉质鲜美、黄腴充实，享有"蟹中之王"的美称，其外形青背、白肚、黄毛、金爪、体壮。烧熟后，显纯红，红得鲜艳，那桔红色的蟹黄、白玉似的脂膏、洁白细嫩的蟹肉，造色、香、味三者之极，鲜盖百味，也非其他湖蟹可比，被誉为"天下至鲜"。近10年来，大闸蟹经济所产生的效益占全镇农民人均收入的44%，全镇围绕螃蟹做

巴城,"昆曲小镇"一枝独秀

餐饮的大小饭店达1200多家,有12 000多农户直接或间接参与到大闸蟹经济产业链中。大闸蟹给巴城带来了无限商机,巴城政府适时推出了一年一度的蟹文化节,以蟹会友、以蟹兴文、以蟹招商、以蟹兴镇,成为江南水乡独有的民俗风景线。因此,巴城镇先后获得了国家卫生镇、国家园林小城镇、国家级历史文化名镇等称号。

昆曲是联合国教科文组织命名的第一批"人类口述和非物质文化遗产代表作"。昆曲姓昆,源头在巴城,继而走出农村,发展在城市,辉煌于宫廷,历经数百年兴衰,成为一门精深博大的学科。据专家介绍,早在1200多年前,唐代宫廷乐师黄幡绰吸收民间歌调在巴城传戏,并创作"傀儡戏",逐步发展为"昆山腔"。元代文化大家顾阿瑛在阳澄湖畔组织的"玉山雅集",与东晋"兰亭雅集"、北宋"西园雅集"并称中国文化史上三大雅集,为"昆山腔"融合发展厚植了文化底蕴,促进了昆曲的流传发展。明代戏剧家巴城人梁辰鱼用明代戏曲家魏良辅的"水磨腔"填词,创作了《浣纱记》,使昆曲正式登上舞台,演变为昆剧。"百戏之祖"在巴城完成了"靡靡之音—昆山腔—水磨腔—昆曲—昆剧"的华丽演变,巴城人扛起保护与发展昆曲的大旗义不容辞。

当地政府根据历史文物保护条例,保护历史文化,丰富古镇内涵,不仅对国家级文物保护单位绰墩山遗址进行规划保护,同时全力打造昆曲特色小镇,为昆曲传承注入新的活力。为了传承昆曲艺术,培养戏曲人才,2000年,石牌中心小

巴城水街

崇宁塔院

学率先建立"小梅花艺术团",培养昆曲新蕾,继而正仪、巴城小学纷纷效仿。10多年来,不少人已走上全国舞台,成为当家"生""旦"和影视新星,"小梅花"被誉为名满江南的"一枝花",成为巴城文化的一大亮点。

目前,巴城镇正努力使昆曲融入生活创新发展、旅游转型发展、规划特色发展,正在加快建设昆曲文化遗址公园、西浜曲社、昆曲大剧院、顾卫英工作室。2017年10月,巴城镇"昆曲小镇·巴城重阳曲会"拉开帷幕,80余位专家学者、33个昆曲学社100余位爱好者,共同探究昆曲渊源,研讨昆曲文化,弘扬中华瑰宝。巴城籍演员俞玖林、顾卫英,以及从"小昆班"走出的袁彬、钱瑜婷等昆曲演员为昆曲爱好者举行专场演出,表演《西游记·借扇》《牡丹亭·寻梦》《玉簪记·偷诗》等节目,展现巴城籍演员传承昆曲发展的成果。在地方政府的倡导下,从2018年起,巴城重阳曲会专门设立昆剧"梁辰鱼奖",每年曲会期间围绕昆剧创作、表演、传播等开展评奖活动,以此将"昆曲小镇"的昆曲文化活动进一步做大、做强、做优。

丁蜀,"陶文化"留住活标本

宜兴丁蜀镇,是一块泥土与火焰交织的神奇之地,6000年窑火生生不息,陶业代代相传,陶艺创作异彩纷呈,紫玉金砂享誉世界。由于陶瓷产业发达,丁蜀很早就形成了一定的城市规模,奠定了丁蜀较好的工商基础和人文基础。改革开放以来,20多万丁蜀人艰苦创业、奋力进取,综合经济实力始终位居全省百强镇前列,成为中国民间艺术之乡、江苏省历史文化名镇、江苏省群众文化先进镇、江苏省文明镇。

在当地友人史惠明的引领下,我们步入古色古香的蜀山古南街,它东接东坡书院,南临蠡河,北依蜀山,街长达千米,宽仅三四米。街坊的建筑,均为砖木结构二层

顾景舟大师故居

楼,邻里晒衣服,只需将一根竹竿从自家窗户架到对面人家的窗户即成。自然平衡的临街风景线,日复一日在延续着老街如江南细雨般湿漉漉的故事。紧闭的门,虚掩的窗,泛着粼光的石条路,依着蜀山的墨绿山影,就着蠡河的汩汩水流,数千年来,古南街曲曲折折的破旧屋檐以自身浑厚的民俗文风积淀,养出了陶都的性灵,育出了紫砂壶的浑厚。

紫砂,发端于北宋,成熟于明清,鼎盛于当代,在数百年的薪火相传中,紫砂壶艺"冠绝一世,独步千秋",成为无与伦比的陶中瑰宝。作为江苏省第一批古建筑保护单位和宜兴市文物保护单位的蜀山古南街,过去曾是远近闻名的"紫砂一条街",当时名家高手在这里聚集,紫砂大师吴云根、裴石民、顾景舟、徐汉棠、汪寅仙、毛国强在这老街上做过"生活"。他们的紫砂精品曾作为国家外交礼品赠送外国友人,部分流入民间藏家手中,如今已成"天价"。宜兴紫砂制作技艺在传承和发展中续写了它的辉煌,2006年列入国家首批非物质文化遗产名录。

建于明代的龙窑

丁蜀，"陶文化"留住活标本

漫步蜀山古南街，老街显得那么孤独落寞和微不足道，但还有不少经营和制作陶瓷的作坊，随处敲开一扇门，就有可能直接与大师对话。顾景舟大师的旧居进深很长，摆放着很多老式家居，还有一些制壶用的工具。桌上的紫砂茶壶、茶杯错落地摆放着，似乎还能感受到顾景舟大师在这儿起居、制壶的岁月。

好友朱恩芹对紫砂壶情有独钟，他陪我来到雨茗轩工作室，我们得以近距离了解紫砂的制作工艺，初步了解制作流程、原料、颜色、器型。雨茗轩主人周瑜敏十分推崇陶文化，2014年底，他首创"万人深层次体验紫砂文化"活动，不仅带领大家参观紫砂原矿产地、前

20世纪70年代的窑厂

墅古龙窑、紫砂遗址公园、宜兴紫砂博物馆，还亲自教学，介绍宜兴紫砂壶的制作过程、发展阶段和名家作品，亲手教大家制作紫砂壶。看到一团泥巴在自己手中成为一件艺术品，年轻人真切感受到了紫砂文化的无穷魅力，一个个欣喜若狂。古南街不仅有享誉中外的紫砂壶，更有着刻进骨子里的敦厚、朴素、恬淡的紫砂文化。

古南街背靠蜀山，山不算高，山上树木葱茏，山下碧流环绕，风景十分秀丽。蜀山原名"独山"，相传北宋大文豪苏东坡晚年曾择居于此，他见山思蜀，遥想故乡眉山风光，感叹道："此山似蜀。"后人为纪念东坡先生，乃把独山改称为蜀山，"蜀山"之名由此而来。蜀山东南面建有东坡书院，是苏东坡当年寓居和讲学的地方，现为江苏省级文物保护单位。

制壶

　　近10年来,丁蜀镇在进行大规模城市改造的同时,特别注重陶文化的保护、继承、挖掘和发展,尤其重视作为紫砂艺术发祥地的古南街这一"活标本"的保护。他们坚持"修旧如故、最小干预、传统工艺"的原则,充分尊重建筑历史风貌,最大限度地保存历史信息。在修缮街区道路、居民古建筑、古码头、古院庙等重点文物的同时,特别注重保护紫砂矿以及古代和近代矿坑等陶矿开采场所,保护陶瓷制作、烧造场所,包括古代窑址、近现代著名企业和代表性厂房,恢复老艺人的紫砂作坊旧貌,系统展示紫砂原料、练泥、成型、修坯、装饰、烧制等生产场景,努力打造宜兴古陶文化集中展示区,将弘扬陶文化、水文化有机结合,恢复古南街的古风古韵。

　　丁蜀镇前墅龙窑,创烧于明代,延烧至今,被誉为研究中华陶瓷生产史的"活标本"。古龙窑掩映在前墅村的村落里,它利用天然山坡建成,看上去像一条巨龙,长约50米,窑身内壁以耐火砖砌成拱形,外壁敷以块石和太湖边上特有的白土,

紫砂矿石

窑身左右设投柴孔（俗称"鳞眼洞"）42对作为投放燃料和观察火焰温度的窗口。窑工告诉我，窑火要烧到1150摄氏度，正所谓"千度成陶"。西侧设装窑用的壶口（窑门）5个，是窑工进出取放陶制品的通道。窑身上方建有窑棚、石柱。燃料以煤、松枝、竹枝为主，主要烧制壶、盆、罐、瓮等一些粗陶日用品。这种呈32度斜坡的龙窑，烧制原理是可以让火自下而上天然升温，窑尾还在烧着，窑头就可以出窑了，出空的窑位又放入新的泥坯，利用余热进行干燥加热，非常节能。前墅龙窑目前仍然较好地保存了我国古代龙窑的结构特征和陶瓷器的烧制方法，是研究我国古代陶瓷生产发展十分难得的实物资料，具有非常重要的科学研究价值。40年前，宜兴还有30多座这样的龙窑，目前仅剩前墅村一座，被列为省级文物保护单位。

为了与时俱进，宜兴市这些年加快为紫砂陶制作技艺申报世界非物质文化遗产的进程，发布紫砂陶器国家标准，明确紫砂陶器概念，设立宜兴紫砂陶艺遗产保护区和紫砂陶艺研究所，投入巨资建造宜兴紫砂博物馆，用于收藏和展览紫砂产品、生产工具和历史文献等。同时在学校开设《紫砂》乡土课程，采取给手工陶艺艺人经济补助的办法，鼓励他们收徒弟，培养手工陶艺的传承人，以人的传承来保证工艺的传承。丁蜀镇陶艺艺人对此备感欣慰。陶瓷文化既能守得住根本，保持住纯粹，又能在时代大潮中继承创新，理所当然成了宜兴一张闪亮的城市名片。

光福,"百工之乡"今胜昔

早就听说苏州邓尉山下光福古镇有 4 株 2000 年古柏,名曰"清""奇""古""怪",可一直没有机会见识,前些日子到苏州采风,我专程前往一饱眼福。

光福古镇距苏州城西 25 公里,地处太湖之滨,是一座嵌入太湖的半岛。光福的名胜古迹星罗棋布,人文资源又十分丰富,主要景点有铜观音寺、司徒庙、圣恩寺、石嵝庵、香雪海等,更有牙雕、玉雕、核雕、红木雕、佛雕、刺绣等一批非物质文化遗产,是名扬江南的"百工之乡"。

香雪海

光福，"百工之乡"今胜昔

"清""奇""古""怪"古柏，坐落于苏州光福司徒庙内的，相传为邓禹亲手所植，至今已有2000多年历史。这4株古柏尽管遭受数千年的磨劫，疮疤累累，却依然郁郁苍苍、四季常青、遒劲壮观，显示出一副百折不挠的气概。

光福的历史可以追溯到7000年前，考古学家在东太湖水域底部发现了7000年前的稻谷、瓦片、绢片、丝绒、竹器、纺轮等遗物。光福镇相传为吴王养虎处，萧梁时建光福寺于龟峰，遂以寺名镇。

木雕工艺

历代词人墨客以"湖光山色""洞天福地"吟咏此处景致，"光福"之名由此而来。

光福镇的手工业起于宋代，明清之际出现了农村家庭手工业和作坊并存的格局。明代，光福刺绣、缂丝业已盛，并出现了建筑、造船、开采行业。清末，铁、木、竹、成衣、雕刻、编织等业兴盛。20世纪20年代，光福镇基本形成了小型碾米、发电等民族工业与工场、作坊、城镇个体手工业和农民家庭副业多层次并存的产业结构，1924年开设的明星小型发电厂和机械碾米厂标志着我国现代民族工业的开端。

光福自然风光秀美、人文历史积淀深厚，孕育了门类多样、工艺精湛的工艺雕刻，是近代玉雕、核雕、红木雕、佛雕等"苏作""苏工"的发源地之一。如今，在地理方位上，光福工艺雕刻基本形成了四大集中区域：以迂里村、府巷村、邓尉村、东崦湖社区为中心的玉雕片区；以福利村、邓尉村、香雪村为中心的红木雕片区；以东崦湖社区、邓尉村、冲山村、府巷村为中心的核雕片区；以冲山村为中心的佛雕片区；缂丝则散于全镇各村、社区。光福古镇则成了江南"四大工艺雕刻"的集散地。中国工艺第一街、呈辉艺术馆、中工美珍宝馆、大师工坊、

木雕工艺

核雕工艺

玉器城、中国工艺文化城每天车水马龙，江苏、浙江、福建、广东、新疆、北京及台湾等地的400余户工艺品商家在此落户，来自国内外觅宝的收藏爱好者络绎不绝，工艺雕刻产业成为光福古镇的一大经济特色。

光福工艺雕刻行业最早萌醒于宋元时期，品类从简单的小型把玩件拓展到较大的、实用的家居用品、家居摆饰、装饰，雕刻技法也从简单的线刻发展出了浮雕、圆雕、镂雕、巧雕等多种形式。明代文学家魏学洢的散文《核舟记》记述了明天启年间常熟王叔远在不满一寸长的桃核上雕刻出"东坡游赤壁"的场景，被惊赞为"灵怪之材"。2006年光福核雕被国务院公布为国家级非物质文化遗产。核雕主要以橄榄果核为材料，橄榄核来自广东一带的"乌榄"品种，质地硬而细腻。光福核雕工艺精巧，作品造型活泼、立体感强、线条明晰、人物有神、风格细腻，集中反映了苏州工艺雕刻"精、细、雅"的神奇魅力，是我国微雕艺术的杰出代表。

近年来，光福人致力于对光福本地历史文化的深度挖掘，切实加大对光福工艺文化的保护和弘扬，全方位、多层次加大扶持、推介力度，着力整合全镇工艺文化资源、人才资源，使光福传统雕刻业呈现出蓬勃繁荣的景象，光福文化品牌得到不断提升。

作为雕刻之乡，光福堪称雕刻人才的摇篮。目前光福镇从事雕刻行业的人员近8000人，而各级工艺美术师不到150人，拥有省级、国家级工艺美术大师称号的更加稀少。为了突破这一瓶颈，建设一支梯次配备、结构合理的工艺美术人才队伍，光福镇多措并举，积极扶持推动各类工艺师去学院进修、参评奖项和参加展览，引导现有的工艺大师进行技艺、文化"双修"，进一步提升素养。2014年，光福镇联合苏州工艺美术职业技术学院，开办"光福苏作雕刻班"。民间工艺的传承人则怀着强烈的使命感和责任感，走出自己的工作室，去学校担任客座教授，传授雕刻技艺，把雕刻艺术引领到一个新高度。

如今人们可喜地看到，从核雕传承人宋水官、陈素英、许忠英、陆小琴到红木雕刻、苏作明式家具等传承人陈忠林、钟锦德、王建海、宋卫东，玉雕传承人孙林泉、马洪伟、袁小娣、府洪敏等以及光福佛雕项目传承人李进荣等，一批年轻的非遗项目传承人脱颖而出，使得光福"苏作""苏工"后继有人，发扬光大。

光福"琴韵核雕工作室"创办人陆小琴便是其中一位佼佼者。这位1976年出生的民间女工艺家，其核雕作品以"精、细、奇、巧"取胜，在行业圈内具有相当高的知名度。作品《核舟》是陆小琴的代表作，在一颗小小的橄榄核中，雕刻的数十个人物栩栩如生，舟上的每扇门窗都能开合自如。她的核雕作品《千手观音》《金陵十二钗》《梁山伯与祝英台》等，在全国各类工艺品评比中多次获奖。

红木雕刻家具更是"苏工"的代表，在光福镇圣恩坊红木家具陈列馆，一件件精美的明式清式红木雕刻家具让人流连忘返。"圣恩坊"主人、高级工艺师周雪英的作品《孙子兵法传世典藏本》红木书盒，还被当成礼品送到联合国。

各大载体平台的建成投用，有效推动了光福"百工之乡"的跨越式发展。在集聚效应的推动下，2013年光福镇被中国工艺美术协会授予"中国工艺雕刻之乡"荣誉称号，江苏省工艺美术传统特色产业基地（苏州核雕）随之落户光福。

缸顾，"垛田花海"誉满中华

早年，在苏北里下河地区从事石油勘探工作，兴化垛田是绕不过去的一道坎。那一块块漂浮在水面上的土地，形态各异，大小不一，四面环水，互不相连。农民耕作进出，全凭一叶扁舟。我们初来乍到，一进垛田便会迷路。舟行其中，"闻其声不见其人""见其人不可速达"。

据专家考证，兴化在上古时期是"大型湖盆洼地"，在第四纪冰川时期，洼地经过江河海合力堆积，历经了海湾—潟湖—湖沼—水网平原的演化过程，形成了湖荡沼泽地貌特征。

垛田油菜花

垛田油菜花

兴化是一个有2000多年历史的古邑，地处苏中里下河腹地。境内河湖港汊纵横交错，密如蛛网。地势低洼，形如"锅底"，故有"水乡"之称。缸顾，就坐落在水乡垛田丛中，它的地名由来，则伴随着一个曲折离奇的传说。宋德佑二年（1276），江东（吴江）骚乱，浙江宁安府（今杭州）醴陵侯后裔顾六三，时任省元四品官居苏州盘门，是宋朝的忠臣良将，被元兵追杀至江边，进退无路。"江上无舟楫，上游浮缸瓮"，为避兵燹战祸，顾六三夫妇牢记先祖遗训，在吴中（苏州）乘瓮顺水流淌，听天由命。元兵见此大怒，用乱箭直射缸瓮，留下108个箭眼。缸瓮借箭力，北渡过江，淌至兴化城北40里处的湖坨村（今缸顾）。这里荒无人烟，茅草丛生，顾六三夫妇落脚此地，栖身作息，居于孤湖之墩，隐居不仕，弃政为民，将湖坨村改名"缸顾庄"。

缸顾，自古以来就是历代文人墨客荟萃之地，文化底蕴深厚。宋朝以来，曾有8人受历代皇帝赐授匾牌五块半，宋朝皇帝赵禥赐给缸顾时梦拱"开科第一"；明朝皇帝朱元璋赐顾师鲁、顾师胜二兄弟"宠锡""忠孝同胞"；嘉靖年间赐顾士奇"冠楚廉能"；清朝乾隆年间赐顾九苞"学冠东南"，赐顾符真、顾于观、顾锡爵、陆沧浪、李沂、李婵六人的"诗画名家"匾牌中有3人出自缸顾。目前，兴化城四牌楼历

放飞梦想

代皇帝所赐匾牌四块半出自缸顾，700余年的顾氏族谱和"开科第一""宠锡"两块匾牌真迹仍存缸顾庄。缸顾的风水、风情、风光独好，至今成为佳话。

20世纪50年代，兴化垛田地区夏熟作物以油菜籽为主，曾有"垛田油菜，全国挂帅"之说。在泥土缺乏的泽国，先民们从水下取土，一方一方使其堆积如垛。千百垛田漂浮于水中，云蒸霞蔚，煞是壮观。阳春时节，金黄色的油菜花盛开于垛田之上，犹如一朵朵祥云飘舞于水面，又似一片片流霞散落在人间。人们置身于一望无际的千岛油菜花间，感受随风而来的醉人菜花香，心旷神怡。

千岛油菜花风景区，位于兴化市缸顾乡东旺村，面积近万亩。每年清明节前后，油菜花盛开的季节，千垛万垛一片金色，十里八村阵风送香。荡舟其间，人们会欣赏到"河有万弯多碧水，田无一垛不黄花"的美景。垛田春色，吸引了多少中外游人的目光，倾倒了多少文人雅士的情怀。

2006年4月，江苏省摄影家协会在这里成功举办摄影竞赛开拍仪式。如此大

缸顾，"垛田花海"誉满中华

面积千垛环水的绝代景色令摄影家为之倾倒，"垛田花海"传遍中国、饮誉海内外，成为网友心目中全球最美的油菜花海，每年吸引着数万人前来观光、采风。

为进一步发展特色观光旅游农业，在兴化市委、市政府以及市旅游局的指导下，当地投资兴建了20多米高的观光瞭望台，铺设500余米的木栈道，配备了水上游小木船和农家乐休闲娱乐餐饮等配套设施。人们登上观景台，极目远眺，大地上一片黄色，垛田把黄色切割成各种几何图形，从脚下向天边伸去，热烈、奔放、养眼，令人心旷神怡。

2009年4月，兴化市举办首届中国·兴化千岛菜花旅游节，缸顾、李中、沙沟等地连绵不断的菜花，吸引了全国各地近20万名游客前来观光旅游，一向僻静的兴化西北片车流如织，人来人往，惊叹声、赞美声不绝于耳。在人民网举办的"全国最美油菜花海"评选活动中，兴化千岛菜花获得第二名。

2010年4月，"第二届中国·兴化千岛菜花节"开幕前夕，我应邀故地重游，

船在水上漂，人在花中游

在金灿灿的花海中享受了一次饕餮盛宴。登上观光塔，我端起相机用心捕捉"船在水上漂，人在花中走"的迷人镜头，随后便发给了中央电视台"爱生活、拍生活"栏目，千岛菜花节开幕之际，我的一组摄影作品上了中央电视台。当地宣传部领导见了喜出望外，专门打电话过来："感谢你为兴化做了一次免费广告！"

2011年举办"第三届中国·兴化千岛菜花节"，人气更旺，来自全国各地的66万游客，沐浴着明媚的春光，乘着木舟穿梭在金黄色的油菜花海之中，品尝着《舌尖上的中国》推荐的龙香芋，还有属当地特色的早茶、熏烧、沙沟大鱼圆、藕夹子，与家人朋友一起踏青、烧烤、生态采摘，可看的越来越美，可玩的越来越多。据有关方面透露，菜花节直接拉动了当地餐饮住宿业、金融业、娱乐业、交通运输业的发展，在缸顾景区一公里范围内，农家乐餐馆有110多家，一公斤"菜花香"香油卖到了20元，一枚"岛花香"草鸡蛋卖到了2元，一斤芋头卖到了5元钱，蚕丝被卖了3000床，当地农民一个个笑逐颜开，兴化缸顾千岛菜花成了江苏旅游界的一张新名片。

在国家旅游局对外发文公布的首批创建"国家全域旅游示范区"的名单中，因"垛田花海"而享誉全国的兴化名列其中。兴化人审时度势，不断创新并整合本地生态、文化的资源优势，已将里下河地区独特的垛田农业文化遗产打造成为国内知名的旅游休闲度假胜地，拥有良好的知名度和美誉度，在长三角区域形成独树一帜的旅游品牌。

惠山古镇,做看得见的传承

继大运河成功申遗之后,惠山古镇有望成为无锡第二处世界文化遗产。2018年,经国家文物局同意,惠山古镇正式加入江南水乡古镇申遗行列。

惠山古镇历史悠久,古迹众多,文化底蕴丰厚,号称无锡历史文化的露天博

东岳庙

范仲淹祠

物馆。上自新石器时代，下至近现代，文化遗存及历史性建筑比比皆是，并有国家、省级和市级文物保护单位25处。惠山古镇已发现118处历代祠堂建筑和重要遗迹，汇集了自唐代至民国时期的80个姓氏，180个历史名人。其数量之多、密度之高、类别之全、风貌之古朴，为国内所罕见。

2006年6月，经国务院批准，公布惠山古镇祠堂群为全国重点文物保护单位。惠山祠堂中的华孝子祠、至德祠、尤文简公祠、钱武肃王祠、淮湘昭忠祠、留耕草堂、顾洞阳祠、王武愍公祠、陆宣公祠、杨藕芳祠等10座祠堂为全国文物保护重点祠堂建筑。尘封隐迹半个多世纪的拜石山房记、东壁碑、西壁碑、浴日泉等一大批珍贵石刻文物、古迹在修复中得到保护和恢复。除重点祠堂外，惠山古镇还对57座祠堂进行了修复和恢复。

修复后的惠山直街，路宽6米，两边有近30座祠堂。浦长源祠、倪云林祠、范仲淹祠、袁植祠、王其勤祠等多座祠堂恢复了石砌方池或池沼，池上架有石梁。范仲淹祠内恢复了长廊、小桥、半亭。王其勤祠内的古泉王公泉经疏浚，泉水丰满，水质清澈。经修复的王文正公祠、浦节孝祠、司马温公祠、陈文范公祠等，由于地处锡山山麓，建筑错落别致，尤其是观音兜、马头墙、风火墙屋脊和形制各异的脊饰，在锡山茂林修竹的映衬下，如同一幅长卷水墨画，令人叹为观止。它的另一亮点，就是印证惠山古镇悠久历史文化的照壁、牌坊，现有 11 座牌坊，牌坊形制有大有小，其中关刀河处恢复牌坊 6 座。这些照壁与牌坊，不仅美化、丰富了惠山古镇的景观，还为游人了解惠山古镇悠久历史和祠堂文化提供了方便，十分契合江南水乡古镇"精神家园"的内涵。

为什么会有如此多的祠堂在惠山聚集？好友刘庆浩向我透露，其实每个祠堂都有其独特的历史脉络，但都深藏其中，无法触手可及。根据史料考证，可以追溯到公元 1516 年，刚刚辞去礼部尚书之位的邵宝，在家乡惠山脚下建起了尚德书院与二泉书院，死后便在此建祠。惠山因为书院集结了不少读书人，顾宪成等人都以邵宝为榜样，来此开设书院，死后便纷纷建祠于此。先有几座祠堂，后有了寺庙，再后来依着寺往外铺开，又有了更多的祠堂，来的人多了渐渐成了镇子。

在祠堂文化的熏陶下，如何体现惠山古镇真正的价值？早在 2002 年底，无锡市成立了惠山古镇保护开发工作小组，经过充分调研，专家学者形成共识："祠堂群是惠山古镇的核心价值所在。"祠堂，是中国人祭祀祖先或者古代先贤圣人的庙

惠山泥人钟馗

堂，惠山古镇历史上出现了不少祠堂，经过千百年的历史变迁，仍有百余座祠堂被保存了下来。祠堂群全面体现了祠堂祭祖尊贤、珍藏宗谱、修谱续谱，立家法、族规、家训，办教育、义庄，作家族法庭及集会等功能。

专家学者普遍认为，古镇的文化底蕴丰厚，大运河支流惠山浜直达古镇腹地，两岸历史文物林立，人文荟萃，又是无锡地名的发源地——"无锡锡山山无锡"。祠堂是超越时空的"精神家园"，是无锡乃至中华民族之文化瑰宝，也是祠堂文化独特性的表现。惠山古镇的灵魂就在祠堂群所蕴含的文化之中，它完整和系统地保存了中国祠堂文化发展的千年历史年轮，是国内外正在不断消失的传统祠堂文化例证。在地理位置上看，惠山古镇最靠近太湖，它不同于世俗的、生活型的古镇，是水乡古镇中不可或缺的角色类型，体现了精神的、传统文化的重要方面。

中国文化在世界传播要靠遗产，申遗是传承最可行的路径。眼下，申遗进入倒计时，在未来3年时间里，惠山古镇二期要完成全部建设项目，按世界文化遗

悠然自在的生活

产的要求，必须加强遗产价值研究，形成知名度高、遗产完备、景点完整、旅游基础设施配套的惠山古镇。但现状是，走在古镇，首先映入眼帘的是小店林立的主街，被掩在小吃身后的古祠。如何让这张"文化牌"被更多人看见，成为当前最为关注的焦点。

为配合申遗，当地专门成立了祠堂文化研究会，在研究祠堂历史故事过程中，涌现了一批祠堂文化的热爱者、研究者。作为民间组织，十几年来，他们聚拢民间研究力量，对祠堂文化进一步深入发掘，一直试图为祠堂文化内涵提供更多的佐证。到2013年，他们重新大修了1948年以来的家谱内容，新增了8本家谱，找到了十几个分支。他们将祠堂布置作为突破口，努力体现祠堂主人的性格特点，展现其立家之本，把故事讲好、工程做细、庭院做精、文化挖透、活动有味，将深藏在祠堂背后的文化内涵显露出来，试图通过一些传统礼仪的回归，让年轻人甚至是孩子体验传统文化，感受对祖先的尊崇和家族的归属感。有关专家建议，可以尝试把家规家风家训做成文创产品，结合文学作品、电影、电视、连环画，把文化产品装进空荡荡的祠堂中，通过文化、教育、学术研究等机构，逐步设置谱牒检索和文献资料信息库。

目前，根据规划惠山古镇将建成一条新商业街，把原本不符合古镇文化内涵的业态分拨出来。古镇核心区将按照国家文物局指导意见，加强古镇遗产价值研究和宣传展示，打造江南水乡古镇文化品牌，创建人居和谐的遗产环境，努力提升江南水乡古镇的整体保护管理水平。同时，注重经营惠山脚下特有的传统商品、旅游文化产品，体现非物质文化遗产的传播作用，将祠堂群做成无锡非物质遗产的载体和展示窗口，建成研究中华谱牒文化和宗祠文化的基地。可以预见，惠山古镇未来会有越来越多文化内涵为世人所看得见。

黄桥，续写烧饼与战役传奇

在江苏菜系里，有一道特色美食——黄桥烧饼，它外形饱满似枕头，色泽金黄如夕阳，外表覆满芝麻，入口酥松，不焦不糊，不油不腻，堪称"饼帝"。

新四军黄桥战役纪念馆

黄桥烧饼圆又圆，圆圆烧饼慰劳忙。
烧饼要用热火烤，军队要把百姓帮。
同志们呀吃得饱，多打胜仗多缴枪。

这首《黄桥烧饼歌》见证了当年的黄桥战役，反映了军民鱼水深情。1940年10月，新四军苏北指挥部指挥陈毅、副指挥粟裕率领不足7000人的战斗部队，击败了国民党江苏省政府主席兼苏鲁战区副总司令韩德勤调集的3万多兵力的围攻，取得黄桥战役的胜利，创造了新四军历史上以少胜多的战例。黄桥战役的胜利，打开了华中抗战的新局面，奠定了苏北抗日根据地的坚实基础，打击了苏北伪顽势力，争取了中间势力，具有重要的战略意义。

当时新四军生活条件十分艰苦，为了保障战役胜利，黄桥镇的老百姓在几天时间内烤出数以万计的烧饼，送上前线支援新四军。新四军战地服务团的剧作家、词作家李增援为这浓浓的军民鱼水深情所感动，挥笔写下一首歌词，并由作曲家章枚谱曲，一首表现黄桥战役中人民群众积极支前

黄桥烧饼

的《黄桥烧饼歌》应运而生，一直传唱至今，成为人民军队始终与人民群众保持血肉联系的见证。如今，走在黄桥古镇街头，依然可以听到这首《黄桥烧饼歌》，当年战斗硝烟的遗痕也隐约可见。古镇的中心大道名为"东进路"，表达了对当年新四军东进抗日的永久性纪念。矗立在东进路口的黄桥战役革命烈士纪念塔，表现了先烈们"江淮河汉今谁属，红旗十月满天飞"的豪迈气概。

东进中路北面有一个古街区，见证了黄桥的悠久历史。古镇至今保留完好的明清建筑有2000余间，以及少量的宋代建筑，拥有省级文物保护单位5处、市级文物保护单位15处、古街巷24条、古寺庙3座、宗祠7座，还有大批唐宋明清石刻、木匾，且人文景观密集，何氏宗祠、何御史府、大香台、潜龙渊、四牌楼、中国现代地质学之父丁文江故居、中国话剧运动创始人丁西林故居等，仍保留着鲜明的清代建筑特色。

步入老街，阵阵古风扑面而来。米巷深处的丁家花园曾经是新四军黄桥战役纪念馆，系清代园林建筑，花园内雕梁画栋、檐牙飞空、回廊曲径，多竹堂、桂花厅、小淤舟、蝴蝶厅错落有致，乃丁文江先生的故居。黄桥战役期间，陈毅、粟裕、陈丕显等新四军领导人曾在这里办公和居住，并成立了江苏的第一个抗日民主政府——通如靖泰临时行政委员会。新四军黄桥战役纪念馆新馆建成后，这里成了丁文江故居纪念馆。

我20世纪70年代初参加石油地质工作，当时孤陋寡闻，只闻李四光，不知丁

文江。而今，我和老同事丁德林、吴平贵一同步入丁文江故居，对这位中国现代地质之父肃然起敬。丁文江，1887年4月出生在江苏泰兴这个书香世家。作为中国地质学的开山大师、社会活动家，1916年他与章鸿钊、翁文灏一起组建农商部地质调查所并担任所长，不仅建造了中国地质学的基础，还擘画了它健康发展的路径。在他的领导下，中国地质学成绩卓著，早在1920年就获得了世界赞誉。除地质学以外，丁文江在地理学、人种学、优生学、历史学、考古学、少数民族语言学等领域也有独特贡献，是一位典型的百科全书式的人物。1936年1月5日，时任中央研究院总干事的丁文江在湖南谭家山煤矿考察时因煤气中毒遽尔长逝，年仅49岁。消息传来，知识界为之震动。其后，便是一片冷寂。除胡适在50年代匆匆写就《丁文江传记》以慰追思之情和偶有几篇零星文章外，这个名字逐渐被人淡忘。在纪念馆，我们久久凝视着丁文江身背水壶、手持放大镜和矿石的塑像，百感交集。

古巷深深

离丁文江故居不远是何氏宗祠。它建于明末清初，是黄桥镇乃至江北地区唯一保存完好的祠堂文化遗址，不仅见证了古镇黄桥文化脉络，而且用鲜血和生命谱写了一曲曲动人的"支前歌"。黄桥决战期间，支前委员会设在祠内，祠堂里如今仍陈列着石磨、烧饼炉、独轮车等老物件。当年黄桥镇13家磨坊、66家烧饼店和80多辆小车组成支前小分队，将成千上万的烧饼集中于此，源源不断送上前线支援新四军。但其外形和内囊远没时下的黄桥烧饼这么讲究，战时的烧饼只是简单的酒酵面饼，在草炉上用火烘烤而成，形如"铁饼"。当地友人称，

黄桥，续写烧饼与战役传奇

如果说"淮海战役的胜利，是人民群众用小车推出来的"，那么黄桥战役的胜利，就是黄桥人民用烧饼支援出来的。

黄桥因烧饼而闻名遐迩。1952年4月，毛泽东主席与身边的警卫队长陈长江交谈时称赞："黄桥烧饼好出名的！"1975年5月，粟裕将军重返黄桥，指名要吃黄桥烧饼。他手捧烧饼，激动地勉励大家说："从黄桥烧饼我们看到了军民的鱼水深情，我们要继续发挥革命传统，争取更大光荣。"20世纪80年代，电影《黄桥决战》在全国上映，随后大量反映黄桥决战的小说、散文、诗歌见诸报端，更使黄桥烧饼名声大噪。

支前独轮车

据《随园食单》记载，烧饼制作："用松子仁、胡桃仁敲碎，加冰糖屑、脂油和面炙之。"如今，黄桥烧饼吸取了古代烧饼制作法，不仅保持了香甜两面黄、外撒芝麻内擦酥这一传统特色，而且以肉丁、肉松、火腿、虾米、香料等作馅，从一般的"擦酥饼""麻饼""脆烧饼"大路货，发展到10多个不同馅的精美品种。1983年被评为"江苏省名特食品"，2003年荣获"中华民族小吃"的称号，被列入国宴点心。近10年来，黄桥烧饼香飘大江南北，成功申报国家地理标志证明商标，以品牌带动产业，唱响新世纪的《黄桥烧饼歌》。

2001年11月"中国黄桥烧饼节"闪亮登场，多年来已成为具有特色的地方饮食文化节。活动期间，黄桥烧饼制作大师纷纷现场献艺，当地政府召开黄桥战役研讨会和黄桥烧饼理论研讨会，借此宣传英雄黄桥、文化黄桥，推进黄桥的产业发展。目前，全镇有近万人直接或间接从事黄桥烧饼的生产、制作、销售，全国从事黄桥烧饼制作的商户达1000多家，年产值逾5亿元，黄桥烧饼已成为强镇富民的朝阳产业。

锦溪,"博物馆之乡"传美名

锦溪,位于江苏昆山市西南隅,镇上原有一溪,夹岸桃李纷披,晨霞夕辉,尽洒江面,满溪跃金,灿若锦带,故得名"锦溪"。古镇在新石器时代已有先民生存繁衍,创造了灿烂的史前文明。南宋建都临安时,宋孝宗的宠妃陈妃病殁水葬于此,锦溪便改名"陈墓",长达880年。1993年,锦溪恢复古名。锦溪有众多名胜古迹,如若隐若现的陈妃水冢、风铃悦耳的文昌古阁、蛟龙卧波的十眼长桥以及"三十六座桥,七十二只窑"的传说。然而,锦溪博物馆群比锦溪镇名气更响,在1平方公里的古镇区拥有15家民间博物馆,博大精深的民间文化令游客流连忘返,"中国民间博物馆之乡"因此美名远扬。

锦溪古镇传统建筑以明、清、民国初为主,具有典型的江南建筑风格,水巷、河埠、拱桥、骑楼、廊坊、街市,2000余年的历史文化蕴积所调集凸现的水乡神韵,宛若一幅动人心魄的绝妙画卷。古镇现存26座古桥,大多为明清建筑物,桥上碑记、挂联、花纹镌刻精细,形成水乡特有的"桥文化"。自明朝以来,锦溪古镇以窑业生产而著称,形成了独特的"砖瓦文化"。目前全镇尚存各式古窑15座,为华东地区唯一保存完好的古窑址群落。1995年,锦溪镇对苏州市文物保护单位文昌阁进行保护性修葺,又将大东砖瓦厂古砖瓦陈列馆移至文昌阁附近的"漱霞楼"中,易名"中国古砖瓦博物馆"。馆内新石器时期的红烧土、秦始皇行宫砖饰物、汉代城砖龙纹瓦当、三国铜雀台瓦当、六朝板瓦、西晋纪年砖、宋代凿榫井砖,到明清和民国的青砖、五星红砖,琳琅满目、异彩纷呈,每块砖诉说着一个故事,

蛟龙卧波

每片瓦都记载着一段历史，人们如同翻阅一部华夏上下 5000 年的浩瀚历史长卷。特别引人注目的是金砖，作为地砖铺在北京故宫的大殿里，质地精良、纹饰美观，历经数百年仍光亮如新。无论是青灰土砖装饰，还是江南古民居上的精美绝伦的门楼砖，或者是历代帝王宫殿上昔日金碧辉煌的古建筑残骸，连同铺垫于皇宫宝殿之内的金砖，每一件古砖瓦都是艺术的瑰宝，每一件展品都闪烁着智慧的光彩，令人叹为观止。

"中国古砖瓦博物馆"让锦溪这个沉睡了 2000 多年的少女，逐渐向世人揭开她美丽的面纱。2002 年，锦溪镇邀请全国专家，就古镇的旅游开发召开了一次研讨会。专家建议，周庄、同里已是声名显赫，锦溪虽然历史比它们悠久，但要想再打"水乡牌"已经落后一步，所以要追求错位发展，打"博物馆"牌。

锦溪镇党委和政府纳谏如流，将兴镇之路定位在"文化旅游"上，在挖掘古镇自然景观与传承历史文化相结合中，努力打造"中国民间博物馆之乡"品牌。但是要打好这张牌，仅有一家博物馆显然不够，靠锦溪镇的文物资源也不行，于是锦溪大张旗鼓地面向全国征集文物。那些从全国各地征集来的古董、字画、紫砂、奇石、根雕，有的与锦溪根脉相连，有的则与锦溪没多大关系，当它们被搬到锦溪闲置的老宅旧院里，便与小镇的古韵相得益彰。

民间博物馆如何运作生存？这是摆在锦溪人面前的新课题。锦溪博物馆姓"民"，原因是其中的展品都来源于民间私人藏家，产权仍属于藏家个人。锦溪旅

游发展有限公司作为管理方,提供展馆和工作人员,每年按照藏品价值与提供藏品的藏家按比例分成,藏品可以出售,但出售一件必须补上一件,藏品可以增加不可以减少。明清家具馆于2004年进驻锦溪,第二年就分到10万元收益,每年递增10%—15%,让民间藏家先富起来。

这种灵活的分成机制,使得全国各地的藏家纷至沓来。2002年5月,张省美术馆、中国宜兴紫砂博物馆、东俊根雕艺术馆相继建成开馆;2003年6月,华夏奇石馆、华夏天文馆、锦溪名人馆三馆同时开馆迎客;2004年4月,明清家具馆、"文革"收藏品陈列馆同时开馆;2005年4月,中华民俗文化藏品陈列馆开馆。

"文物招商",不仅没有对古镇造成破坏,反倒增添了古镇的文化内涵。目前,外地在锦溪落户的民间博物馆已达13家,馆藏物价值达数十亿元,锦溪因此走出了一条古镇发展的创新之路、特色之路。

伴随着桂花的暗香,当地友人袁福荣陪我走进园林式建筑"中国锦溪宣卷艺术馆"。馆内丝弦声声,一张八仙桌就是一个舞台,一个人扮演剧中

宣卷艺术馆

中国古砖瓦博物馆——故宫金砖

最后的补锅匠

的多个角色，时而表、时而唱、时而说、时而演，配以和调，丝弦、扬琴伴奏，全部采用地方语言，乡土气息浓厚。在这里我见到了老朋友、锦溪镇文体站原站长黄楚林先生，当年就是他给我扫的"宣卷盲"。

宣卷，是苏南地区相当古老的地方戏曲奇葩，它脱胎于隋唐，发展于宋元，鼎盛于明清。直到20世纪60年代，苏南地区的丝弦宣卷艺术表演还是相当盛行。宣卷表演将唱曲和说表融为一体，以唱为主，说表为辅，所用乐器主要有二胡、笛子、琵琶、扬琴、古筝、笙等，丝弦乐器为主，故称"丝弦宣卷"。

创建中国锦溪宣卷艺术馆是黄楚林的一个梦，多年前我专程到锦溪镇文体站拜访黄先生，他对宣卷艺术的抢救和保护充满了激情。从保险柜里，他取出了多年来殚精竭虑收集的锦溪宣卷剧本。这些剧本时代较早、历史较长，不少还是手抄本，如《百寿图宝卷》《大香山宝卷》《龙皇宝卷》《蝴蝶杯宝卷》《孟姜女宝卷》《洛阳桥宝卷》等等，都是黄先生从民间艺人手中一本一本收来的。"我要创建中国第一座宣卷艺术馆！"黄先生的话语掷地有声。在地方政府的全力支持下，黄楚林好梦成真，"中国锦溪宣卷艺术馆"于2012年10月正式开馆，成为"民间博物馆之乡"的新名片。2010年锦溪成功申报苏州市民间文化艺术之乡（宣卷之乡），2014年"锦溪宣卷"作为"吴地宝卷"之一联合申报国家级非遗保护项目，王丽娟被认定为江苏省级非物质文化遗产代表性传承人。

甪直，守住江南水乡"乡愁"

甪（音同"陆"）直，是个常被人读错的地名，中国社会学大师费孝通称它为"神州水乡第一镇"。

甪直是苏州吴中区的一个水乡古镇，与苏州古城同龄，是一座具有2500多年历史的古镇，也是首批中国历史文化名镇之一。行走甪直古镇，第一个印象就是桥多，甪直的桥，密度堪称"世界之最"。在不到1平方公里的古镇上，自宋明以来，建有72座半古桥，长桥短桥、平桥拱桥，参差起伏，被桥梁专家茅以升誉为"中国桥梁历史博物馆"。

最古的桥，要数位于"甫里之中"的中美桥。中美桥原名"和丰桥"，始建于宋代，已有800多年历史，桥面石上都琢有浮雕图案，十分精美，桥下的拱圈为全环形结构，拱圈的下半部埋置河底充当桥基，不会影响水流和行船，而其承载能力却经久弥固。最大的桥当数镇东的正阳桥，桥长43米，宽5

甪直，美得引发游人乡愁

费孝通称它为"神州水乡第一镇"

米,桥拱跨径达12米。每逢春日,三五友人摇一小舟,近看四围垂柳,远望两岸菜花,成为时尚。时至今日,甪直尚存明代古桥13座、清代古桥15座,汇集了自宋代以来江南水乡桥梁建筑工艺之大成。

甪直最可贵的财富就是历史文脉,悠久的历史、深厚的文化积淀为古镇留下了众多的历史遗迹和名人足迹。从古寺、古园、古街到历史名人的古宅,整个古镇宛如一座琳琅满目的历史博物馆。其中,不仅能感受到历史的沧桑,而且能得到文化的滋养。古镇保存着千年古刹保圣寺、唐代著名文学家陆龟蒙祠、晚清著名思想家王韬纪念馆、著名作家叶圣陶纪念馆、沈宅、萧宅、万盛米行等文保单位及古桥、古驳岸等人文景观。据文献记载,甪直的兴盛源于寺庙,保圣寺中的彩塑罗汉出自唐代塑圣杨惠之手,寺庙建成后四乡八镇的人都赶来烧香拜佛,甪直得以兴盛。寺中的彩塑罗汉是全国重点文物保护单位。

在甪直,我总能碰上一些穿着传统服饰的船娘,她们打着髻头,扎三角包头巾,穿拼接衫、拼接裤、束镯裙、镯腰、胸兜,着百纳绣花鞋,摇着橹,穿梭在水中桥下。这种独具江南特色的服饰,色彩和谐而不单调,鲜艳悦目而不抢眼,既有防晒防风的实用价值,适应水乡劳作的需要,又能展示水乡女性的体态身姿,体现了江南妇女独特的审美情趣,文化内涵丰富,堪称当地服饰文化的活化石,成为向全世界游客诠释甪直水乡特色和水乡文化的重要符号。

甪直之美,美得能引发游人的"乡愁"。如何传承历史记忆和文化基因,守住

江南水乡这片"乡愁"？这是摆在甪直人面前复杂的命题。1998年，甪直古镇保护与开发管委会将全镇规划成古镇区、工业区、别墅区、度假区等四大功能区域，保留了古宅老街、粉墙黛瓦、小桥流水等具有水乡特色和民俗风情的建筑物，当年10月正式对外开放营业。以此为肇端，长期以来他们始终坚持统一规划、统一开发、统一保护的原则，古镇在保护中发展，游客纷至沓来。

年接待海内外游客200万人次，旅游总收入突破2亿元，应该说成果不俗。然而对于工业发达、地区生产总值超过百亿元的甪直镇而言，旅游收入的贡献度不算大。经过调查，他们发现来甪直古镇的游客超过七成为团队客，其中老年游客和学生游客占了很大比重，游客在甪直的平均逗留时间不超过3个小时，这表明，大部分游客只是把甪直作为一个观光的景点，而非旅游目的地。甪直人终于找到了症结：景点旅游项目单一，休闲、住宿、餐饮等配套设施不完善，留不住游客。为此，甪直人谋划了古镇保护开发

甪直传说中的甪端

二期工程。他们与上海同济城市规划设计院、苏州园林古建设计院等专业院校合作，高起点制定保护规划，投放巨资，拆除与原风貌不相符的砖混现代建筑约3500平方米，恢复历史建筑5000平方米，整治和修缮街巷道路桥梁；投资兴建了总占地面积11 168平方米的游客中心，配备大型停车场；在古镇东片建设水乡民宿、精品酒店，配套建设茶馆、书吧、酒肆等，用独具江南情调的"乡愁"把游客留下来。

"文化是甪直古镇的核心品牌，这个金字招牌必须做大做强！"甪直人审时度势，兴建了江南文化园、水乡艺术馆等15个旅游休闲场馆，充分展现当地水乡特色文化。江南文化园是甪直保护古镇、拓展旅游的重大项目，它以甪直古镇资源、吴文化和江南水乡神韵为依托，形成文化游、生态游、风情游、古镇游、现代游和休闲度假游等不同层次的旅游主题，保持了原有的水乡人家风貌，让来古镇的人能找到久别重逢的感觉。

2013年，甪直被列入苏州市16个美丽城镇示范点，他们投入1亿元对东市河地段进行保护性整治，包括房屋修缮重建、河道驳岸整治、古桥修缮等。除了房屋修葺、重建以外，和丰桥、环玉桥等5座文物保护桥梁也得到修复。与此同时，他们根据自助游日渐盛行的潮流，提出了文旅、商旅、农旅"三旅融合"的发展路线图，从"观光游"向"品质游"跃升，着力打造大景区概念：古镇一期主要为观光游，古镇二期主推休闲度假游，甪直西南部的澄湖板块则主打乡村游，形

江南水乡甪直

成一个层次分明、内容丰富的旅游目的地。这一工程总投资超过3亿元，无论是软件还是硬件，全部按照国家5A级景区标准来打造。甪直人不仅要发展旅游，更是要通过这一创建，改善古镇面貌，全

水道驳岸及古桥

面提升甪直形象，带动经济社会发展。甪直先后荣获中国历史文化名镇、国家4A级旅游风景区、全国环境优美镇、全国重点镇、全国特色景观旅游名镇、江苏省百强乡镇、外向型经济明星镇、江苏省卫生镇等称号。如今，游客在澄湖东西两岸游船码头，可坐船观赏古镇，亦可从东码头坐游船畅游澄湖，然后直达位于澄湖现代科技生态农业示范园的西码头，体验采摘游、品尝农家乐，实现文旅、商旅、农旅的完美融合，从而记住江南水乡的"乡愁"。

千灯，点亮"千灯"

古镇神韵

苏州昆山市千灯镇是江苏省历史文化名镇，距今已有2500年的历史。古镇物华天宝、人文荟萃，素有"金千灯"之美称。千灯原名"千墩"，典出《汉书·吴越春秋》：吴淞江畔有土墩999个，至昆山南30里处有一土墩，依序为第1000个，于是称为"千墩",此名用了2500多年。按当地方言,"墩""灯"同音,20世纪60年代改名"千灯"。

作为历史的遗存,曾有烽火台作用的"墩",这里尚有它的遗迹,一个八九米高的土墩上,保留着几千年的历史风尘,远古的烽火台,被列为文物保护单位,成了今人游览的景点。周围没有了守卫的武士,却有了葱茏的林木。四周原本一马平川之地,已是陵迁谷变,远近充满了现代色彩。

值得当地人骄傲的是,千灯除了有2500年的悠久历史,还有著名思想家顾炎武的遗存,他的名著《日知录》的思想,他的名言"天下兴亡,匹夫有责"的精神,影响了十几代人。还有昆曲创始人顾坚的创造,为中国的戏剧历史增添了浓浓的一笔,被联合国教科文组织确认为非物质文化遗产。千灯镇的石板街,南北贯穿古镇,并连接各支路,呈蜈蚣形。全长1.5公里,主干街道长800米,由2072块长条形花岗岩铺设而成。石板下面设有既宽又深的下水道,与古镇各处的河埠、河滩相连通。因此,即使下滂沱大雨,石板街上从不积水,转晴即干,让古建筑专家惊叹不已。千灯的古河埠有200多个,构筑千姿百态,与古镇的贸易和居民的生活关系密切,是千年古镇繁荣昌盛的见证。秦峰塔建于南朝梁天监二年(503),系砖木结构,原分7级,高38.7米。现在,秦峰塔俨然成为千灯镇的镇标,还未进镇,老远就可以看到古塔直指云天。因塔身修长,故又有"美人塔"之誉。在秦峰塔下的玉佛殿中,躺着一尊来自缅甸的号称世界第一大的玉卧佛。这尊玉卧佛长8.9米,高2.45米,重约有30吨,镶嵌有1500多颗红宝石、蓝宝石和翡翠,

汉代九子俑灯

汉代陶人俑灯

千灯草堂

莲花座和衣纹用纯金鎏金而成,整座佛像显得华贵端庄,具有很高的艺术价值。这座玉卧佛由于体积空前巨大,已经被载入了世界吉尼斯纪录大全。保护文化遗产,维修名人故居,修复古镇旧貌,开发古镇旅游,成为千灯人的一种追求。当地好友方建新告诉我,近10年来,千灯镇先后投入巨资,修缮顾炎武故居、顾坚纪念馆、余氏典当行等一批传统建筑,修建古镇区种福桥、凝熏桥和恒升桥等古桥,重建延福寺大雄宝殿、南山门、偏殿和僧舍,形成了古镇旅游景区格局。先后获得首批中国农业旅游示范点、4A级旅游景区、中国曲艺之乡、国家卫生镇、国家园林城镇、全国历史文化名镇的殊荣。

然而,古镇保护和开发最忌"千镇一面",千灯周边有乌镇、西塘、周庄、同里、锦溪、甪直,江南水乡古镇灿若群星,它们早已打响"水乡游"品牌,刚刚起步的千灯如何在群星包围中实现"突围"?千灯人想到了灯,和灯结缘,让古镇名副其实,让古镇迸发新的亮点。

千灯，点亮"千灯"

潘家园、古玩城和琉璃厂是北京著名的古玩市场，那里古玩无奇不有。当收藏者热衷于瓷器、字画和钱币之类的藏品之时，潘家园等古玩市场的灯具却稀有来人问津。远古时代的石灯无人识，殷商时代的陶灯只见于墓葬出土物，战国之后的青铜灯具也是少之又少。两晋、隋唐以后瓷灯逐渐兴起，明清以后的青花灯具花样翻新，工艺提高，品种大增。与人类生活密不可分的古灯具，烙印着人类的进步足迹，谱写着光明的行进历史。但它的价值未被今人认识，收藏者不众，出售者寥寥，一个个像弃儿。30年前，一个毕业于清华大学、学水利工程建筑的中年人，悄然走进业余古玩收藏者队伍。他叫殷小林，原本爱好广收杂藏。后来一位拍专题片的导演到他家一看，说："看样子你也不是专门收藏灯具的！"一句话刺激了他，从此把目光转向了古灯具，专事此物收藏。

千灯古河埠

收入不高，靠工资过日，开价高的不轻易买，但认准了的也舍得花血本。为了"准"，他苦读古籍和有关专业著作，了解灯具的发展历史，提高对古灯具的辨识能力。他上过当，买过赝品"唐代青铜灯具"；他也捡过漏，购得北宋时期的红陶狮子灯。收藏灯具20年，收有古灯具1000多件，上至新石器时代，下及其后的战国、秦汉、隋唐、宋、元、明、清诸代，均有实物在藏。其间，他办过几次展览，出版过《古灯史话与收藏》等专著，业余爱好者成了专家。10年前，他突发奇想：把这些费尽心血得来之物，送到一个地方建一个收藏馆，供人们观赏。他在书中表达此愿，随后便有单位来人商谈，他也主动找人联系过，但因种种原因始终未能如愿。为此，他耿耿于怀。

2005年春天，殷小林终于等到了那个朝夕期待的电话。千灯镇人说从他的书中知道他藏有千灯，他们很希望和他合作。一听镇名就让他兴奋不已，他立马同意当面商谈。一个星期后，千灯镇党委书记亲自率人赴京。看到那琳琅满目的古灯具，他们十分满意。当年10月便确定了在千灯镇合作办馆的意向，双方皆大欢喜。

千灯镇有个名叫"李宅"的大宅院，有三进规模，二层结构，花园庭院，幽雅宁静。春节一过，李宅整修一新，特制的玻璃橱柜，停放在楼上楼下五六个展厅的靠墙处或大厅中央。大门上方横挂着一块门匾，上书"千灯草堂"4个大字。阳春三月，1100多盏古灯具从北京运往千灯镇，落户在"千灯草堂"，"五一"开门迎客。各路记者闻风而动：《千盏古灯点亮古镇千灯》《千灯古镇终于名副其实》《游千灯古镇寻千灯文化》，免费广告通过电视、报纸、互联网满天飞，海内外游客纷至沓来。

"千灯草堂"我拜访过3次。立于展柜前，浏览上下几千年的古灯具，仿佛走进光明的世界，阅读光明的历史。千盏古灯具千姿百态，时代的尘灰和泥土，掩盖不住人类创造的智慧；千盏古灯具，带着千秋百代的印记在千灯古镇实现大团聚，岂不是历史的机缘！

溱潼，因会船名扬天下

清明时节，古镇溱潼天蓝水碧，桃红柳绿，麦青花黄，在碧波荡漾的喜鹊湖湖面，成百上千船只汇聚于此，篙子船竹篙如林，划子船轻盈似燕，花船张灯结彩，贡船五彩缤纷，一年一度的溱潼会船节，作为江苏省泰州市的汉族民俗文化活动在这里拉开序幕。一万多男女选手身着各式民族服装在水上表演、比赛，传承水乡神韵，展示民俗风采。两岸 10 多万观众欢声如潮，气势磅礴。目睹如此盛况，怎不叫人为之震撼！

溱潼会船

竹篙如林

　　溱潼古称"秦泓",地处姜堰、兴化、东台三市(县)交界处,旧有"犬吠三县闻"之说。这里河港交织、气候湿润,境内多处发现麋鹿化石遗骨和出土新石器时代的石斧、石器。民居是溱潼历史文化的一个重要见证,古镇不仅深巷幽居、麻石铺街、老井当院,还有"砖瓦之乡""窑都"等美誉,镇区随处可见青砖小瓦,淮脊雀尾,磨檐博山,格扇花窗,火巷密室。从这些民居中,相继走出了许许多多历史名人,在这些古民居里,迎来过不少文人墨客。溱潼人充分认识到古镇的价值,整治修复了绿树禅院、民俗风情馆、院士故居、茶花书屋等历史文化景点,随一年一度的中国溱潼会船节声名远播。在院士故居景点,你会听到导游讲这样一句话:"古有三科两状元,今有弟兄三院士。"溱潼李氏家族出了3个院士,李德群、李德毅、李德仁。这个李家,到底有什么样的家学渊源,溱潼又是什么样的风水宝地,成就了3个院士呢?在院士旧居厅堂上,至今悬挂着院士兄弟曾祖父李贞发手书于1890年的家训:"爱我中华、兴我家邦、少小勤学、车胤孙康……"短短80个字,蕴藏着浓郁的家国情怀和丰厚的道德含量,体现了筚路蓝缕一代对后辈的殷切期望和谆谆教诲。

　　古镇四面环水,波光粼粼,环境优美,素有"水乡明珠"之称。溱潼过去不通公路,无数码头建在镇四周,附近农民到镇上办事,撑船而来、搭船而去,无舟楫寸步难行。船是河流的灵魂,是水乡人世代的传承。水乡人对船有一种天生的亲近感,即使在交通日益发达的今天,溱潼人仍然热衷于撑船、划船。可以说,溱潼古镇是由船载着前行、成长的。溱潼自古因水运而兴起、以会船而闻名,船不仅是水乡人出行的工具,更是永恒的文化印记。因此,溱潼会船作为"国内唯一的、保存最为完整、最具原生态特质的水上庙会",始终固守着一套特定的程序,数百年来基本不变。

相传南宋绍兴元年(1131),山东义民张荣、贾虎与金人转战溱潼村,大败金兵于缩头湖。义民伤亡亦甚,溱潼百姓葬阵亡将士,并于每年清明节撑篙子船,争先祭扫,久而久之,便成了会船习俗。

在溱潼人心目中,会船节比过年都重要,无论青年壮年,能被选中参加会船

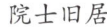

院士旧居

比赛都是一件极为自豪的事。每年清明节,四乡八镇船民闻鸡起舞,踏晨露,破晓雾,折三两枝桃花,裹一身油菜花香,早早地从四面八方而来往溱湖集结。"绿杨堤畔霓裳舞,青草湖边画舫排。每到年年春三月,如云仕女看船来。"水面上,彩旗如海,竹篙如林,千舟竞发,鼓乐喧天。贡船、花船、拐妇船各领风骚,秧歌、社戏、龙舞争奇斗艳。赛船活动更是引人入胜,篙子船好似蛟龙在激流中穿行,划子船宛如彩蝶在浪花中飞舞,桨声篙影,浪涌波翻,万众欢腾,热闹非凡。其恢宏壮观的场面、惊心动魄的争赛、多姿多彩的表演独步天下,堪称民俗文化之大观、水乡风情之博览。海内外人士盛赞"溱潼会船甲天下,天下会船数溱潼"!

溱潼会船从单一的水乡群众的自娱自乐活动,得到各级政府的重视后,演变成一个融合了文化、民俗、体育、旅游、经贸等多种内涵的盛典,这是当地农民的幸事。党的十一届三中全会以后,富裕起来的农民对物质文化生活的需求越来越多。溱潼镇政府按照"统一规划、有序开发"的原则,广泛邀请国内外专家、学者和团队,把脉小镇建设,点拨旅游发展。如何精准定位,彰显与众不同的特色?专家、学者经过反复磋商酝酿,考虑到溱潼会船历经千年而不衰,敲定以"会船"为主题,围绕这个主题,把古镇历史与船文化结合起来,从旅游要素、建筑形式、文化内涵等方面体现船文化和古镇历史。

据好友姜存义先生透露,近10年来,溱潼镇从"食住行游购娱"等方面处处彰显船文化要素:点上,建设船文化馆,全

著名书法家高二适故居

方位展示内河船文化发展历程；线上，结合交通流线、游憩路径、景观视廊等，系统布置船要素雕塑、小品和体验设施；面上，设计小镇统一的对外宣传形象、吉祥物以及标语，让整个小镇成为一个内河船文化活态博物馆。

从1991年起，姜堰市政府每年都举办溱潼会船节，溱潼会船活动发展迅猛，影响越来越大，年接待游客数突破300万人次。1992年溱潼会船节被列入江浙沪旅游节正式旅游项目；1995年，被列为江苏省民俗风情游首游式项目；1998年，与云南泼水节一起，被国家旅游局列入中国十大传统民俗风情旅游节；2008年，被国务院列为第一批国家级非物质文化遗产扩展项目。2009年4月,被上海大世界吉尼斯总部认定为"大世界吉尼斯之最——规模最大的船会活动"。

曾上央视的溱潼鱼丸

溱湖水域宽阔，水质清纯，水草丰茂，所繁育生长的水生动植物肉质细嫩，营养丰富，"溱湖八鲜"闻名遐迩。不过用溱湖鱼虾做的鱼饼、虾球，味道十分鲜美，曾被中央电视台报道过。"买不买无所谓，你可以尝尝！"店家让人盛情难却，尝过的人都说味道不错，溱潼人赚了个盆满钵满。

邵伯驿站，古镇魂兮归来

乾隆御笔"大马头"

2017年9月9日，江苏省扬州市邵伯镇喜迎四海宾朋，20多个国家和地区的嘉宾来到这里，共同参加世界运河古镇合作机制·邵伯行活动，见证"邵伯驿站"落成。

嘉宾们来到大运河沿线遗产点最多的邵伯镇，一览大运河文化遗迹的原生态保护和利用，建言扬州运河古镇的发展方向，挖掘与世界运河古镇深化合作的领域，进一步推动世界运河城市围绕"一带一路"倡议加强合作、共创未来。

邵伯是我的故乡，我

斗野亭

在外闯荡了40多年,仍然对那里的一草一木充满感情,看到这则消息,我大喜过望:邵伯古镇魂兮归来!

古镇邵伯别称"甘棠""邵伯埭",因东晋太元十年(385)著名政治家、军事家谢安于此筑埭造福于民而得名。百姓把谢安比作西周时的召公,为纪念谢安改原地名"步邱"为"邵伯",古代"邵"和"召"同音,唐宋日益兴盛。1600多年历史的积淀,使邵伯钟灵毓秀,人杰地灵,造就了斗野亭、镇水铁牛、谢公祠、条石街、甘棠古树等10多处古迹,也留下孙觉、苏轼、苏辙、黄庭坚等文人墨客的传奇足迹。如今,邵伯被列为"中国历史文化名镇",铁牛、运河码头等遗迹正式列入大运河申遗名录。

如果说,大运河是一条项链,当年的"邵伯驿"则是镶嵌在项链上的一颗璀璨明珠,它随着运河漕运和盐运的兴盛而至鼎盛并大放光彩。大运河是我国古代南北重要的交通线,自隋朝形成了全国的运河系统后,唐宋元明清都在运河两岸设置驿所,沟通交通和通信联系。据《清会典事例·卷688》记载,大运河扬州府驿路间的距离是：广陵至邵伯66里，邵伯至盂城60里，盂城至界首60里，界首至安平80里。至清代后期，大运河共置47驿，扬州知府置6驿，这6驿中，邵伯和盂城两驿最为有名。盂城驿规模十分宏大，有迎饯宾客的皇华厅、驿马130匹、红船18只、水旱驿夫200人、房屋100多间。邵伯驿置于南宋景定五年（1264），是连接广陵驿和盂城驿的"腰站"，有红船16只、驿马14匹、水旱驿夫184名、铺陈70副，规模也不算小。

古镇因河而生，因河而强。元朝，邵伯成了大运河水上中枢，明清时期，邵伯又成为南北货来往的集散地、运河边的大码头，繁荣景象更是历代不能相比。明朝隆庆年间（1567—1573），年过境瓷器40万件、淮南盐400万大引（一大引为400斤）。此外，国外的使者、上京赶考的书生、派往南方的京船，都在这里的驿站停歇。沿岸20多个码头，停靠船只200多条。官船一旦进了镇，从远而近便吹起长号，"呜呜"声响彻古运河上下，很是威武。此外，人们还时常听到南米市尽头水坝牵引船只的号子声，与码头上船工搬运货物的号子声遥相呼应，此起彼伏，甚为壮观。相传，乾隆皇帝下江南，龙行邵伯，见到这里的热闹景象，由此登岸、微服私访、查看民情。由于南来北往客商众多，邵伯街上先后建了江西、中州等7个会馆，浴室业、茶馆业、旅馆业应运而生。由此衍生的"驿站文化"源远流长，是中国稀缺的文化资源，堪称"邵伯之魂"。

邵伯古码头地处运河大堤东侧，从中大街到上河边拾级而上，抬头便见一高大牌楼，上面有石刻"大马头"三字。站在"大马头"桥上，会感受

古运河大堤

邵伯驿站,古镇魂兮归来

邵伯锣鼓小牌子

到当年帆樯林立、装卸繁忙的兴旺景象。运河石堤和古大马头历史悠久,据记载为清康熙五十三年(1714)所建,堤岸长约258米,宽为4.7米,通高为5.1米,面河部分为砖石结构,基部以大型条石为基础,其上面采用大号城砖砌筑,顶部压一块石。大马头全用块石砌筑,现在河堤南北两端还留有两块石刻,一是"金堤永固",一是"甘棠保障",成为历史的见证。

在我童年记忆中,邵伯有个"官驿前码头",显然它离官驿不远。经考证,邵伯有一座官码头,位于万寿宫南面,是接待往来官船的专用码头,上岸便是古驿站。驿站门前有旗杆两根,内有"马神庙"。由于皇帝曾在此登岸,南来北往的官员路经此处,也要上岸巡访一番,这可忙坏了九品小官邵伯巡检,跪迎叩送,苦不堪言,弄得谁也不愿做这受罪的官。聪明的皇帝眉头一皱,计上心来,将一位高官的舅舅委派到邵伯做巡检,并下了一道圣旨:邵伯司来往官员,一律不送不迎。从此,邵伯巡检便不再迎送过往官员。有人说邵伯司是舅舅理,于是便有了"邵伯舅舅"一说。

镇水铁犀

好友孙鹤庭自豪地告诉我，家乡作为大运河沿线遗产点最多的古镇，近年来正全力打造集运河游览、养生度假、文化展示等功能为一体的"邵伯运河风情小镇"。地方政府通过整治运河遗产周边环境、修复文化遗存、保护原住民生活状态、展示非遗文化、植入传统特色等多种手段，再现文化运河古镇魅力。

邵伯古镇与荷兰羊角村结缘，携手创造"运河古镇"品牌，搭建了世界运河古镇合作机制的沟通桥梁，更好地打造了向世界宣传运河古镇风姿的平台。

荷兰羊角村有"绿色威尼斯"之称，亦为"荷兰威尼斯"，为了让人们亲近自然、享受愉悦的生活，羊角村的运河巡礼闻名遐迩、独具特色，游客坐平底木船上，穿梭在宁谧的村落，一面聆听船夫兼向导娓娓细说各座房子的历史与特色，一面欣赏村庄美景。通常游客在登船时，店家都会附赠一张羊角村的水路地图，游客只要先找到羊角村最主要也是最大的湖泊 Bovewijde，再根据水面上标有号码的旗杆，寻找地图上的水道标号，就可以清楚地找到自己的方位。

"在世界运河古镇合作机制平台上，世界范围内的运河古镇可以加强交流，相互分享发展经验，互相助推文旅资源的推广，并在打造运河古镇文旅产业开发模式，以及开展产业政策、标准化等方面进行全面合作研究和探索。""像邵伯这样古色古香的小镇，能否与智慧城市结合起来，通过科技手段包装这里的旅游产业？"这是参加世界运河古镇合作机制·邵伯行活动 20 多个国家和地区嘉宾对古镇邵伯最美好的祝愿和期待。

大桥,亟待放大"名人效应"

江苏省扬州市大桥镇濒临长江,古称"白沙",南宋淳熙二年(1175)建镇。大桥因漕而兴,商贸繁荣,人文荟萃,风貌独特,历史积淀深厚。古镇现保存有完整的明清历史建筑群及街巷,其中省文保单位1处、市文保单位10处、未核定为文保单位的不可移动文物21处;同时拥有非物质文化遗产10项,其中国家级非遗2项,省级非遗2项。

大桥老街用清一色青皮长条石铺就,它有一个别致的名字"掼扒街"。"掼扒"?友人朱永祥告诉我,其实它就是打谷场上用来推拱稻麦的工具,形如"丁"字,"掼扒街"实为

开元寺,鉴真大师出家的祖庭

揭扒街

丁字街。大俗不大雅,稀松平常的命名,倒有几许淡然、几许淳朴。

"揭扒街"两旁,明清格局的民居鳞次栉比,江南风格的徐氏古宅、束家古宅,皖南特色的刘家大院,清康熙时榜眼顾图河宗祠,无不透现着古镇古街的深厚古韵。顾氏宗祠因府前有一对大石狮被称为"狮子府"。石狮后面是木质牌楼,上悬康熙"钦赐榜眼及第"蓝底镂金匾额一方,祠堂内挂着康熙钦赐"尊训堂"的匾额。中西合璧的"黄岗别墅"乃清咸丰年间盐商在此建筑的楠木厅房,厅房为硬山式,5间约14米,明间5架抬梁,4根擎柱直径达0.3米,柱下置八边形莲瓣如意头纹石础,瓜柱均雕刻荷叶云纹饰,厅南檐置轩廊。楠木厅房,整体布局结构严谨,构造精良,堪称江南建筑的精品之作。西街都天庙,是抗日战争时期新四军挺进苏北桥头堡的驻地,也是陈毅老总发出"出家不出国,国难当头,匹夫有责"名言的地方。壮观的永济桥横跨穿镇而过的白塔河,将大桥中西街连成了一个整体。

紧邻大桥古镇,国家3A级旅游景区——扬州开元寺风景区坐落于此。扬州开元寺源于南朝长乐寺,隋炀帝时改称"长乐道场",后改称"大云寺""龙兴寺",唐玄宗开元年间定名"开元寺"。唐代开元寺既是高僧鉴真和尚(688—763)的出家祖庭,也是他最后一次东渡日本的发脚地。

自2014年被列为中国历史文化名镇后,大桥镇对历史文化遗存进行了一系列抢救性保护和修缮，尽管花费了大量精力和财力，但收效甚微。时至今日，除了开元寺风景区，古镇财力有限，其他遗存尚不具备对外开放的条件。

在开元寺万佛塔下一处并不显眼的廊道里，我观摩了一组来自日本的壁画。它用20幅画面，生动记录了唐代高僧鉴真和尚6次东渡的艰难行程。鉴真东渡日本，是一个重要历史事件。鉴真不畏艰险，东渡日本，讲授佛学理论，传播博大精深的中国文化，促进了日本佛学、医学、建筑和雕塑水平的提高，受到中日人民和佛学界的尊敬。

公元753年11月14日，双目失明、65岁的鉴真从开元寺秘密乘船至苏州黄泗浦，转搭遣唐使大船。

徐氏古宅

11月16日，船队扬帆出海，12月20日，抵达日本萨摩，第六次东渡终于成功。

古黄泗浦今为张家港市塘桥镇，作为鉴真第六次成功东渡的起航地，张家港人在这里做足了鉴真东渡文章。1994年，正当大桥人热衷于重建开元寺的时候，张家港人在塘桥镇北辟地275亩，兴建了规模宏大的东渡苑，放大"鉴真名人效应"，成为全国最大的纪念唐代高僧鉴真的场所，世界各地游客慕名而来，成了融历史追溯、旅游观光、中日交流等功能于一体的综合性文化旅游新高地。

而扬州开元寺景区似乎忽略了鉴真东渡的名人效应，让鉴真大师湮没无闻。鉴真在中日两国都享有很高的声誉，中国仅有扬州鉴真纪念堂、张家港东渡苑是远远不够的，多年来中日"鉴真热"方兴未艾，大桥镇与扬州近在咫尺，大桥镇

波斯庄

应该充分挖掘鉴真成长的历史文化背景，让人们看到一个有血有肉的鉴真，从而放大鉴真"名人效应"，为古镇积累更多的历史文化元素，让扬州鉴真历史文化与大桥祖庭文化一脉相连。

离大桥古镇不远，有个鲜为人知的"波斯庄"。近年来由于"一带一路"打开了筑梦空间，中外学者对这小村庄产生了浓厚的兴趣，英、美学者相继到这里调查研究。20世纪90年代，当地政府专门拨款修建了"波斯亭"，用中、阿两种文字题写了亭名。2002年5月，中伊友好协会的伊朗主席专程来波斯庄友好访问。

波斯庄原名"榉树阁"，早在唐代，扬州以其濒江通海、运河贯通的特殊地理位置，成为当时国际性商业贸易港埠，也是与水上"丝绸之路"的结合部。波斯人经内陆或沿海来这里经商者络绎不绝，留居经商者多达5000余人。相传有一位波斯商人在扬州结识了一名姓郭的巨商，并与之结下了深厚的友谊。后来这位异国商人与郭结伴，来到郭的家乡榉树阁，住在郭家，从事以物易丝活动，有时他也给当地人医治疾病。由于波斯商人性格豪爽，待人真诚，当地人都非常乐意和他亲近。在朝夕的相处中，波斯商人与郭家一位姑娘结下了亲密的情谊，并与之成婚。不久，榉树阁东面泰州一带兵匪起事，向扬州方向一路抢掠。大敌当前，沿途百姓纷纷组织乡勇军以自保。住在郭家的波斯商人，因其身体高大，面貌奇特，

大桥,亟待放大"名人效应"

开元寺

悍勇强直,被当地百姓拥戴为乡勇军首领。他带领民众,拿起武器,与匪兵进行殊死斗争,在一次激战中被匪兵杀害。为了永远纪念波斯商人的保民之恩,当地人就将榉树阁改名为"波斯庄"。日久天长,这位波斯商人逐渐成了当地人心目中驱除邪恶、保家安民之神。

多少年过去了,古老的波斯庄被盖上了厚厚的历史烟尘。有关波斯人在这里活动的准确时间目前尚难考辨,波斯人留下的实物资料还有待发现。当地老人对波斯商人的墓葬仍记忆犹新,它造型奇特,呈钟鼎状,静卧在红花绿树丛中。波斯庄民众每年清明都要扶老携幼,为那位可敬可爱的波斯商人扫墓,人们还编排了"波斯龙镶祭舞",以表达他们对异国友人悠远绵长的情思。"波斯龙骧祭"作为独特的祭祀风俗,一直延续到20世纪60年代。当地文化馆已搜集到了"波斯龙骧祭"文本,并申报了非物质文化遗产。

大桥镇是有故事的古镇,既然有故事就要把故事讲好。打造一个原汁原味的古镇,放大"鉴真名人效应",抢救"波斯庄"文化遗产,以独特的民俗文化和稀缺的文化资源引领,亮出3张名片,打造融历史追溯、旅游观光、中外交流等功能于一体的综合性文化旅游新高地,不仅能将"中国历史文化名镇"金字招牌擦得更亮,而且能吸引越来越多的中外游客和专家、学者。

安宜,千年文脉源远流长

鼎甲坊

点开宝应城区航拍地图,那纵横交错的老街古巷密如蛛网,交织出安宜古镇昔日的繁盛景象。条条小河蜿蜒曲折襟带其间,座座小桥如虹卧波沟通往来,更添几分灵动秀美平安宜居的雅韵。如果把老街古巷比作古城的骨架,那么河水清流则是她的血管,而鳞次栉比错落有致的房舍庭院,便是组成古城肌体的细胞。古往今来,其中的居民生生不息,世代相传,继承源远流长的文脉,绵延千载,直到当今。

安宜镇位于江苏中部,隶属扬州市,为里下河大型湖盆洼地,古邗沟大运河穿境而过。这样的地理位置和文化传承,以及吴头楚尾特有的民俗风情,体现在古民宅建筑上,既不似齐鲁徐海般雄奇伟俊,也不失徽皖苏杭的清雅优美。虽然由于时代变迁、王朝更迭,上上下下的流行元素可能有一些变化,但她总是以鲜明的地方特色，表达本地人的秉性、气质、智慧、修养和追求。

古学宫

宋泾河始建于汉代，曾是古运河的一部分。昔日的宋泾河，官舟、商船往来不绝，樯帆如林，河两岸商铺、酒楼、茶肆鳞次栉比，到了唐代，宋泾河上还是三孔的桥梁，唐代诗人储光羲在《安宜园林献高使君》里有云："十里次舟楫，二桥交往来。"安宜在历史上丝绸纺织等手工业非常发达。13世纪，意大利著名旅行家马可·波罗在他的游记中对安宜的富庶和繁华赞誉有加。他在《马可·波罗游记》第二卷《关于忽必烈大汗的丰功伟绩以及西部和南方各地的见闻录》第63章中，专门对此进行了描述："离淮安州后，东南向沿堤骑行一日。此堤用美石建筑，在蛮子地界入境之处。此堤两岸皆水，故入其境只有此道可通。行此一日毕，则抵宝应美城。……恃商工为活，有丝甚饶，用织金锦丝绢，种类多而且美，凡生活必需之物皆甚丰饶。"当时的"宝应美城"就是今天的安宜镇。安宜丝绸在历史上一直是有名气的，唐代大诗人李白在《白田马上闻莺》中曾云："黄鹂啄紫椹，五月鸣桑枝。我行不记日，误作阳春时。蚕老客未归，白田已缫丝。驱马又前去，扪心空自悲。"五月正是青黄不接的时候，但勤劳的安宜人已经开始缫丝纺绸了。

在漫漫的历史长河里，通过读书求取功名、踏上进士之阶，是知识分子们的最高目标，也是唯一出路。明清两朝，宝应出过54名科举进士，状元、榜眼、探花三鼎甲俱全，他们无一例外的都是或做过老街古巷的居民，也无一人是走出书房走进牢房的贪官污吏。明九江知府朱日藩任满归里之时，船上仅"载图书数篇

而已"。清朝的王希伊"三任曰水,两袖清风"。驰誉江淮的朱、刘、乔、王等以科举显荣的家族,都是诗礼传家的书香门第,造就了一代又一代以文章名世、讲究操守的清官廉吏。有人说宝应古代的城内外多是矮屋小院,极少高楼大厦,这正是他们主张内敛简约平和淡定、摒弃奢侈豪华张扬炫耀的结果。

清康熙九年(1670)仲秋,时年31岁两试未中的蒲松龄,因家贫不能自给,遂应同乡好友宝应知县孙蕙之邀,来到宝应县衙做幕宾,代写文告、书启,协理政务。尽管蒲松龄在宝应仅逗留一年,在协理政务之余,他喜欢搜集奇闻趣事,经常与当地长者攀谈,并随身携带笔墨纸砚详做记录,为他日后创作《聊斋志异》积累了大量素材。为了纪念蒲翁,如今安宜人在他当年居住过的地方设立了"蒲松龄游幕宝应纪念馆"。

为了传承千年文脉,尊师重教的安宜古镇曾建有80多座牌坊,在学宫附近,曾经是牌坊汇集之处。学宫前有崇儒坊,左有腾蛟坊,右有起凤坊,东北有制锦坊,

蒲松龄纪念馆

东南有善庆坊,东有鼎甲坊、科第坊,西有兴贤坊,再加上牌坊式的棂星门,和状元桥南作为照壁的迎秀坊,在区区弹丸之地,竟一共有10座牌坊,不得不令世人称奇。这些前人留下的设施,不但具有厚重的历史底蕴,也显示出丰富的文化内涵。1949年后,许多牌楼尚保存完好,可惜在十年"文革"中,牌楼被破坏殆尽。至今在牌楼口、县南街仅留下一些牌坊的遗迹。

在朱家巷附近,如今在原址恢复重建了壮观的鼎甲坊。据《宝应县志类编》记载:鼎甲坊在儒学大门前,为康熙癸未状元王式丹、康熙庚辰榜眼季愈、嘉庆壬戌探花朱士彦而立。上有"鹏抟九万"四字,

周恩来少年读书处

为顺治朝知县王同春所书。"鹏抟九万"出自《庄子·逍遥游》:"鹏之徙于南溟也,水击三千里,抟扶摇而上者九万里。"在鼎甲坊的西北侧,是明朝建筑古学宫,这也是扬州境内唯一保存完好的古学宫。它始建于南宋嘉定年间,距今近800年,近年来,当地政府斥巨资进行了抢救性修缮,恢复了大成殿、明伦堂的原貌。

在安宜镇水巷口3号,有一处大门朝北的普通民居,但这里走出了共和国第一任总理——周恩来。在老宅大门的正上方,挂着一块由彭冲题写的"周恩来少年读书处"匾额。读书处原为周恩来外祖父陈沅的宅第,1907年,9岁的周恩来曾随嗣母陈氏在这里读书学习。在宝应短短的3个月里,周恩来在表哥陈式周的影响下接受了许多进步思想,两人虽然相差16岁,却建立了深厚情谊。陈式周担任上海《申报》编辑不久,正在天津读书的周恩来与他取得了联系。在这期间,

朱氏家祠

周恩来在上海发表的文章都由陈式周转送。周恩来赴法国勤工俭学就是接受了陈式周的建议并得到他的资助。周恩来旅法期间,与陈式周书信往来不断。在以后那特殊的日子里,周恩来与陈式周失去联系,但在他的心里却一直牵挂着这位给过自己许多帮助的好心表哥。1949年后,周恩来曾多次寻找陈式周,可由于客观条件所限,一直到1964年才与陈式周之子取得了联系。遗憾的是,陈式周已于1954年去世。如今"周恩来少年读书处"已成为青少年爱国主义教育基地,成为安宜古镇靓丽的名片。

老街古巷是构成古镇风貌的主体,为使古民居得到有效保护,当地政府近年来相继出台了一系列政策,努力使安宜老街古巷益寿延年。老街人甘当守望者,精心呵护着千年文脉。老街古巷承载的灿烂文明正显示出无穷的魅力。

同里，感受"古镇保护公司"

2005年4月18日，中国第一家"古镇保护公司"在江苏吴江同里古镇正式挂牌。这家由政府、技术专家以及专业化公司三方联手成立的新公司，成为同里古镇保护和发展新的代言人，古镇保护由政府包揽的局面率先在同里被打破，同里由此迈出了中国古镇保护多元化合作、探索市场化新路的第一步。

长期以来，我国古镇保护与发展处于各自为政的局面，专家学者对古镇保护

古色古香

老街

与发展的争论始终不断。如何做到保护与发展充分和谐?这一直是社会各界共同关注的焦点。作为千年古镇,同里始终坚持将古镇的保护与发展摆在首要位置。早在2000年,受同里镇政府委托,上海同济城市规划设计研究院和国家历史文化名城研究中心编制了《同里历史文化名镇保护规划》,从专家的角度为同里古镇的保护和发展指明了方向。2004年初,同里镇政府开始酝酿通过市场化运作,以古镇保护为前提,加快古镇整治、旧区改造,切实做好保护与发展"文章"。

著名学者阮仪三教授为此感到欣慰:"同里跑在了所有人前面,从整个古镇到每一个角落,同里的保护都是健康的、有序的、超前的。正因为保护得好,才有来自世界各地的游客跑过来。他们的目的很简单,就是想看到一个历史上的古镇是什么样子。目前,中国很多古镇国家与地方财政的投入极少,多数办法是让一些企业带资金进来共同进行市场化运作。"

同里镇位于苏州市吴江区东北,是一个具有悠久历史和典型水乡风格的古镇。同里旧称"富土"。唐初改为"铜里"。宋时将旧名拆字为"同里"。同里风景优美,镇外四面环水,镇内由15条河流纵横分割为7个小岛,由49座桥连接。镇内家家临水,户户通舟,明清民居,鳞次栉比,宋元明清桥保存完好。它以小桥流水人家的格局赢得"东方小威尼斯"的美誉。1980年被列为国家太湖风景区景点之一,1982年又被列为省级文物保护单位,1992年被列为省级文物保护镇,著名景点"退思园"被联合国教科文组织列入世界文化遗产,2006 年获"中国人居环境范例奖",2012 年荣获联合国人居署"迪拜国际改善居住环境最佳范例奖"。

"古镇保护'上看一千年,下顾一千年',要经得起时代的检验",这就是同里人的基本理念。同里古镇文物古迹众多,单是保存完好的明清建筑就达 6.5 万平方米,占总建筑面积的 61%。20 世纪 70 年代末,同里就启动文化遗产保护。该镇从摸清家底入手,邀请同济大学和省市建设、文化部门的有关专家一起对全镇的历史街区、传统民居和文物古迹开展比较全面、系统的调查,摸清文物古迹的保护现状,确立镇域、历史镇区、历史文化街区、各类物质与非物质文化遗产四个层面的保护体系,按照"修旧如旧,整旧如古"的原则,开始有步骤地修复古镇。

由于资金、人才、材料、搬迁住户等多方面的掣肘,他们决定以退思园修复保护为龙头,进而推广到修复整个古镇。1980 年,退思园修复正式启动,分主次先修复最精华的花园部分。为还原退思园的每一处细节,他们多次前往省市文物

水街

局、园林局、档案局等处讨教、查找资料，聘请园林方面的专家进行指导，拜访常去退思园的老人回忆园内陈设，并设法联系到了退思园建造者任兰生的后人，邀请他们前来指导修复。确定修复方案后，他们精心选用旧材料，选择具有古建筑资质的专业施工队伍，采用传统工艺，花了整整3年的工夫，1984年元旦退思园部分对外开放，第一年就卖出门票10万多张。到1988年，退思园完全修复完毕，整体对外开放，前来参观的游客络绎不绝，众多影视剧组在此取景。2000年11月，退思园被列入世界文化遗产名录。

退思园是同里古镇修复的第一步。随后他们陆续修缮了崇本堂、嘉荫堂、三桥、罗星洲、耕乐堂、南园茶社等古迹，对明清街、东埭、南埭等街道进行维修，拆除和迁移了与古镇风貌不协调的建筑物，先后搬迁数家工厂，进行三线入地，进行古桥整修、古树名木保护、河道疏浚和污水处理，既保护了古镇，又改善了民生。

为达到古镇的原汁原味，他们在很多方面下足了苦功夫、笨功夫，尽量在每一处做到精益求精。耕乐堂内建筑朴实无华，檐高较矮，举折平缓，装饰简单，

退思园

木结构刷以桐油,是典型明代建筑风格。作为明代民居宅第,耕乐堂不仅有历代《同里镇志》等文献可证,其典型的苏式厅堂建筑形式与结构,对研究明清时期水网地区非商业性民居具有重要历史实证价值。1998年同里政府启动耕乐堂修缮工程,由于年代久远,这堂楼已经严重倾斜,为了力求原汁原味,他们采用"打牮拨正"的办法,将屋面和四周的墙面、楼板一一拆除,在只剩一个框架的情况下,在廊柱上绑牢钢丝,每天10厘米,一点一点拉直。梁柱、楼板上桐油,他们将桐油烧滚,高温天用抹布抹到木料上,力求达到入木三分的效果。耕乐堂修缮历时4年,耗资221万元,2002年7月正式对外开放,当年10月,就被列为江苏省第五批文物保护单位。

如今,在古镇景区,当地居民要对老宅实施任何改动,都会主动向镇上提出申请,并写好承诺书。同时,镇上也会邀请同济大学等高校的专家对方案进行评估,在以人为本的前提下,决定最终实施方案。"古镇保护公司"领导坦言:作为一个古镇,一个旅游景区,同里古镇区内的居民数量仍然偏多,他们的日常生活与出行,难免会给古镇保护和景区管理带来一些难度。古镇保护与发展就是为了造福当地百姓,我们不搞大面积动迁,只希望通过市场调节,提升同里休闲、生活和经营的业态,打造唯美的生活理念,让同里百姓更好地享受生活。"古镇保护公司"当然希望吸引一批既有经济实力、又有文化品味的个人或团队,收购百姓手中的一部分老宅。这样既能为当地居民增加收入,让他们有条件到古镇外重新置业改善居住环境,同时这些"新鲜血液"进来,有可能把古镇老宅打造得更上档次、更有品位。

湾头，全力提升"玉文化"

有道是："和田玉，扬州工。"玉器加工是扬州民间雕刻艺术之一，《书经·禹贡篇》有"扬州贡瑶琨"的记述，把扬州琢玉史上溯到4000年前的夏代。扬州玉器有件惊动清代朝野的大手笔，那便是重达万斤的玉雕之王《大禹治水图》，现存故宫博物院，上面有乾隆亲笔题诗。此国宝是扬州艺人的杰作，费工6年方成。然而，在坊间还流传着一句俚语："扬州工，在湾头。"过去，玉器生产以手工作坊为主，技艺的传承以"师傅带徒弟"和"子承父业"的方式为主，玉器艺人主要分布在扬州城区周边的湾头、杭集、槐泗等地，湾头镇是扬州玉器生产加工基地之一，既是地域文化渊源，又是玉雕技艺脉络。

"半逻莺满树，新年人独远。落花逐流水，共到茱萸湾。"来到湾头古镇，不

湾头，全力提升"玉文化"

古船闸

禁想起唐代诗人刘长卿留下的著名诗句。湾头是一座拥有 2500 多年历史的古镇，古称茱萸村、茱萸湾。相传很久以前，这里曾发生过一场瘟疫，老街山光寺和尚用一种叫茱萸的药草治好了这里的瘟疫，当地开始遍植茱萸，因此而得名。《维扬志》记载："吴王濞开邗沟，自扬州茱萸湾通海陵仓……此运盐河之始。"隋运河开通，茱萸湾成为扬州城的重要门户，漕运、盐运都会从这里经过。唐代茱萸湾还是中国对外往来的一个重要港口，外国商人与货物在这里来来往往。宋朝时，此地成了两淮盐运司专管码头，是京杭大运河由北进入扬州古运河十三道湾的头道湾，遂有了"头湾"的名称，日后以讹传讹便被呼为"湾头"。隋炀帝、康熙、乾隆多次下扬州，均由茱萸湾入境，并留有行宫。

古镇的两条老街保存尚好。老街临水而建，呈月牙形，居民称它为"镰刀街"。老街两端都有圈门，圈门石额上分别刻有"古茱萸湾""保障生灵"。友人张容群从小在老街长大，对当年的繁华景象记忆犹新：独轮车是老街上唯一的交通工具，农民推着瓜果蔬菜早早地进城，木质车轮在青石板路上发出"嘀笃嘀笃"的声响，奏响老街的晨曲。天色大亮，小商小贩叫卖声此起彼伏，烧饼油条、洋糖发糕、麻油馓子、青菜萝卜、鲜鱼活虾、甜桃嫩梨，琳琅满目。老街两边茶馆、饭店、澡堂、肉铺、铁匠铺、油麻店、货栈、粮行等店肆相连，靠岸的船家、过往的客商摩肩接踵。

老街南段是老玉器街，在这条不足 1 华里长的老街上，散落着大大小小数十家玉器加工作坊，名家辈出，生产的玉器精美绝伦，也走出了一批民间玉器制作艺人。上世纪初，孙天然、孙天仪、董天基、罗时俊、董正通等民间艺人先后到上海、苏州、蚌埠操艺谋生，为当地玉器业发展作出了重大贡献。孙天然，祖籍湾头孙五房村，擅长古董器皿的创作，被誉为"一代炉瓶宗师"。孙天仪1903年来到上海，同样擅长器皿件创作，被玉界誉为古董派炉瓶的一代宗师，中华人民共和国成立初被上海市授予工艺师职称。董天基以兽类作品闻名业界，被誉为"飞兽大王"，他一生传徒众多，其中以弟子董正通声名最著，董正通曾参与国宝级作品白玉《宝塔炉》的创作。1955年上海成立玉器厂，全厂300多名职工，有相当一部分是湾头籍艺人。

早年，湾头一直存在"小而散"的现象。为了保护古镇历史文化遗产，带动玉器产业提档升级，自2006年起，当地政府跳出传统思路，引进一批国内知名玉器企业，在湾头投资建设玉器生产加工基地，同时兴建集玉石玉器交易、加工、观光购物于一体的"湾头玉器大市场"，玉器业集聚效应得到充分体现。目前，全镇已有1000多家玉器加工户，产品以出口为主，全国各地的玉器客商纷纷上门收购。翠佛堂，作为华东地区最具影响力的翡翠玉石品牌，冲着湾头玉器名气和产业集聚而来，如今已成为国内玉器电商的金字招牌，单日线上交易额达900多万元。

在湾头提到玉雕，当然绕不开金鹰玉器珠宝。据业内人士透露，只要扬州金鹰玉器珠宝公司老总刘月朗出现在新疆和田交易市场，当天的原石价格必然会出现明显涨幅，金鹰玉器珠宝当之无愧成为玉器行业的标杆。刘月朗总经理告诉我，由中国玉石雕刻大师汪德海任总工艺师的金鹰玉器，先后斩获中国玉石雕"天工奖""百花奖"等百十个奖项，他打算联手兄弟企业设立一个玉器行业的"奥斯卡奖"，邀请全国乃至世界上的玉器制作名家名品来扬，打造一个玉器展示、销售的平台，扩大湾头玉器特色小镇的影响力。

在全力推进大运河文化带建设的过程中，扬州市委、市政府明确提出将湾头建设成为特色小镇的样本、古镇复兴的样板。2017年12月，邗江区与中国铁建投资集团、青旅城市商业管理（北京）有限公司、中铁第五勘察设计院合作，通过PPP方式，共同投资57.73亿元建设的扬州湾头玉器特色小镇正式开工。作为省重大项目、省PPP示范项目、省重点及特色城镇保护与发展项目，湾头玉器特

琢玉

玉器精品

色小镇总规划面积约3平方公里,其中核心区规划面积1.81平方公里,重点打造"一核、两翼、三带、五片区"的新型产业布局。"一核"即"隋苑'丝路玉成'文化艺术中心",该中心以隋唐时期三进式宫殿建筑及扬州古典园林风格为核心,中心宫殿作为"丝路玉成"文化艺术中心,两侧建筑作为玉器大师作品展览区,形成玉器核心产业的总引擎,带动两翼产业的发展。"两翼"其一指的是传统玉器加工销售市场,以原有的玉器加工交易市场为核心,进行硬件完善改造与软件层次提升。另一翼则是对原有工业厂房遗址进行改造,打造"湾头玉创客"工业遗址创意园。同时,打造古运河风光带、京杭大运河风光带、壁虎河风光带;打造"茱萸湾公园—湾头古镇"5A级风景区、古镇明清场景演绎体验区、旅游慢生活体验区、工业遗址旅游休闲区、小镇生活宜居区。经过各方不懈努力,目前湾头镇已完成了沿迎宾路、长安路、玉器西路、玉器南路及茱萸湾路进行的明清风格的改造,集古镇改造、玉器产业旅游为一体的产业集聚区呼之欲出,湾头玉器特色小镇将以全新的姿态绽放在古老的大运河畔。

窑湾，悠悠古风扑面来

碉楼

窑湾古镇位于江苏新沂市西南边缘，京杭大运河与骆马湖交汇处，古民居、古街道、古店铺、古码头、古遗存，铸就了窑湾古镇的文化品位与文化内涵，它是古运河文化在民间传承的真实写照。

然而，古镇率先吸引国人眼球的便是"窑湾船菜"。近年来，中央电视台对窑湾古镇情有独钟，《记住乡愁》《味道》等栏目相继对"窑湾船菜"予以详尽介绍，着实让国内"吃货"垂涎三尺。

船菜，顾名思义是在船上制作、享用的美味佳肴。窑湾船菜源于明，盛于清。窑湾傍湖临河，水产丰富，为窑湾船

窑湾，悠悠古风扑面来

码头

菜的形成与发展提供了得天独厚的条件。船菜尤其注重原料新鲜，骆马湖盛产鳜鱼、白丝、甲鱼、大闸鱼、鲫鱼、毛刀鱼、银鱼、河虾、螃蟹、藕、菱米、蒲菜、鸡头米、茭白、荸荠，四季时鲜不断。经过一代又一代渔家人的不断改良，形成了颇具地方特色的菜系。明末清初一些明朝旧官、御医和御厨或贬或迁来到窑湾，为窑湾船菜增添了更加丰富的元素，自此成为苏北厨艺一绝。船菜十分讲究"名""型""乐"，用"万事如意""日进斗金""福寿满堂"等吉祥菜名给客人以祝福，用漂亮的艺术造型和色彩搭配营造进食氛围，不仅是视觉的盛宴，更是味觉的天堂。如今，窑湾船菜馆不仅在当地十分红火，而且在徐州开设了分店，眼下他们正在向南京、上海、北京等地进发，打造窑湾船菜连锁店，让古镇珍馐美馔走向全国。

窑湾古镇自公元618年唐朝建置，已有1400余年历史。古镇西依大运河，东临骆马湖，三面环水，为南北水运枢纽和重要的商品集散地素有"黄金水道金三角"和"苏北小上海"之称。水运的兴盛带动了窑湾工商业的迅速繁荣，在清至民国的鼎盛时期，古镇设有8省会馆和10个国家商业代办处，美、英、法、意等多国商人和传教士来窑湾经商传教，镇上钱庄、布庄、当铺、商铺等各种店铺作坊360余家。明末清初形成的两条主街道至今仍保持原有风貌，街巷独具一格，院舍青砖灰瓦，楼阁亭台交错，房顶飞檐翘角，形胜之美称于江淮。古镇现存古民居群834间，古庙、碑亭、古桥、古槐、古松等人文自然景观20多处，吴家大院、赵信隆酱园店、典当博物馆、大清窑湾邮局、山西会馆、江西会馆、苏镇扬会馆、天主教堂等旧址向人们讲述着窑湾昨天的故事，吸引了众多海内外游客。

吴家大院始建于清康熙年间（1671），距今已有300多年历史，是窑湾古镇中保存最为完整的宅院。吴家原籍福建，明朝末年，福建沿海被清兵占领，当地明朝官员不肯降服清兵而遭缉捕。清康熙十年（1671），皇帝大赦一批沿海官员，其中吴姓大户原是明末海税官，被发配到窑湾落户。定居窑湾后，因为了解海上贸易，便做起了烟草生意。吴家在窑湾经营了5处烟丝店，其中最有名的是"吴洪兴烟丝店"。当时吴家拥有房屋500余间，白银30余万两，号称"吴半街"。

吴家大院沿袭了南方沿海的建筑风格，房屋构造全部采用明式的砖木结构，具有防台风防暴雨防盗的功能。整体院落前高后低，出门时步履向上迈，寓意步步高升。

人言道：窑湾有三宝——甜油、桂花云片糕、绿豆烧。产自赵信隆酱园店的甜油，闻名遐迩，清乾隆时期一直是御膳房的上等佐料。赵信隆酱园店始建于明

赵信隆酱园店生产甜油

熹宗天启三年（1623），距今已有 390 多年历史，是古镇"前店后坊"的典型代表。院内的酿造作坊沿袭了传统的工艺流程，展室内详尽地介绍了酿造全过程。该店于 2006 年被江苏省人民政府公布为省级文物保护单位。行走在窑湾古镇铺满青石板的老街上，随处都可以看见售卖桂花云片糕的店铺。桂花云片糕精选糯米、白糖、猪油、桂花、芝麻制成，雪白如云，色泽诱人，清香扑鼻。窑湾绿豆烧酒，有 500 多年的历史，据说是明朝皇宫御酒，用几十味中药酿制而成，口感苦中带甜，被列入省市级非物质文化遗产保护名录。

山西会馆位于窑湾西大街，原为唐代关帝庙，院内有棵千年古槐。清康熙年间，清兵在山西施行"圈田令"，将地主土地夺去，将他们赶到苏鲁地震灾区荒无人烟地区开荒生产。一批山西财主来到窑湾，看到古槐和关帝庙，便在此住了下来。关羽是山西人，他们希望关老爷能保护同乡难民平安，安居乐业，便集资在关帝庙建山西会馆。清乾隆年间，尊孔敬儒，山西会馆主事闫一忍，在关帝庙建孔圣殿、岳王殿，在院中建钟鼓楼，正中门楼书写"心印尼山"四字。钟鼓楼右边有两块石碑，一块是建会馆事记，另一块是唐代建关帝庙事记。古槐树下有汉末关公喂马槽和关公磨刀石。会馆大院青石板铺地，院东西两边各建 5 间花厅。正前门 3 间楼，正中大门上方石板刻"山西会馆"四字。前门楼北面就是戏台，东西两边花厅楼都能观赏戏楼演戏。1920 年，山西会馆成为邳县第二小学，1949 年改

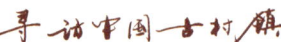

山西会馆

为新安县窑湾区小学本部，1958年更名新沂县抗美小学，后来成为绿豆烧酒厂。

自2008年开始，新沂窑湾古镇保护开发工程开始启动实施，先后投入5亿多元对中宁街、西大街两条古商业街的明清建筑进行保护性维修。近10年来，在新沂市委、市政府的领导和社会各界的关心支持下，古镇保护开发工程坚持"修旧如旧""新建如旧"原则，不仅恢复古镇后河和护城河水系，而且修复和架设景观桥5座，疏通后河及护城河1000多米，完成了吴家大院、赵信隆酱园店、典当博物馆、大清窑湾邮局、山西会馆、江西会馆、苏镇扬会馆、窑湾民俗博物馆、南哨门、界牌楼、北门锁钥、天主教堂、"文革"记忆馆等10多处历史遗存的保护修复工程。如今，古镇以其独特的古老建筑风格、倚河傍湖的水域风光、丰厚而古老的历史文化遗存、独具地方特色的窑湾船菜，继续展示这座千年运河古镇的历史发展脉络，充分体现中华优秀传统文化讲仁爱、重民本、守诚信、崇正义、尚和合、勇担责任求大同的时代价值。窑湾古镇因此成为江苏省历史文化名镇、全国特色景观旅游名镇、国家4A级旅游景区，这可不是浪得虚名！

明月湾，走访"保护第一人"

洞庭西山位于太湖之中。春秋时期，吴越相争，西山为吴国前沿阵地，留下了许多有关吴王的传说和遗迹，为吴王和西施到明月湾赏月留下了极大的想象空间。相传2500多年前，吴王夫差和美女西施曾经在此共赏明月，古村由此得名。如今，明月湾已成为苏州西山最有名的古村落，跻身"中国历史文化名村"行列。

明月湾古村位于太湖西山岛南端，以环境优美、历史文化遗存丰富而著称。它既没有古老集镇上繁华的街巷，也没有城市里文人雅集的楼阁亭台；它土生土长，娴静、淳朴，依然是江南水乡古老的村墟篱

"明月湾保护第一人"秦伟平

黄氏宗祠

落；它能滔滔诉说千年奇遇，也能把寻常百姓自己的故事娓娓道来。

秦伟平，年过花甲，土生土长的西山人。他不但教书育人，还积极为古村落保护出谋划策，身体力行引导身边的人保护西山本土的文化遗存。先后在报刊上发表了大量介绍西山乡土历史、民俗风情、名胜古迹的文章，并搜集、整理、出版《明月湾古村》一书，被誉为"明月湾保护第一人"。

在友人徐伟法的引荐下，我见到了秦伟平。看起来他比实际年龄小不少，豁

达开朗的性格,加上爱好绘画、雕刻、盆景艺术,令他整天像弥勒佛一样笑口常开。他说:"我天生喜欢绘画,大概是隔代遗传,我爷爷是清代末期吴门画派传承人、江南名画家秦少涵先生。我从小对西山明清古建筑、乡土历史文化有一种莫名的喜爱。'文革'十年,明月湾古村遭到严重毁坏,我感到痛心疾首,长大后又力不从心,光靠一个人的力量怎能力挽狂澜?我只好随遇而安。转眼间,到了80年代初期,我当了民办教师,借调到东山碧螺春书画社工作。这下可发挥我的专长了,上班时专攻工笔花鸟画,下班后穿梭于洞庭的大街小巷,拿起画笔将东山的雕花楼、古村陆巷和西山明月湾、东村、堂里的古建筑,用写生的形式记录下来,不知不觉地画了厚厚的几大本。"

秦伟平带我们来到明月湾村口,粉墙黛瓦的寨门后面便是一条平整坚实的石板街。提起这石板街,秦伟平显得有点激动,他指着明月禅院墙体上的《明月湾修治街埠碑记》告诉我们,这条石板街修筑于清乾隆三十五年(1770),总长达1200多米,路面用4780余块花岗石铺成,主要由入村口的南北两条长街组成,南长550米,北长300米,由西向东渐次升高,曲折前行,流畅舒展。另有贯穿村中心的长街两条,分别长450米、400米,与之垂直相交,形成"井"字形,构成棋盘格局,俗称"棋盘街"。村民穿行其间,四通八达,生人闯进,似入迷宫。街面均以花岗岩条石铺设,下为沟渠,有"明湾石板街,雨后穿绣鞋"的民谚。

明月湾古村

20世纪80年代初，明月湾迎来了农村建设高潮，不少村民热衷于翻建老屋，满载建筑材料的拖拉机整天进进出出，成了破坏明湾村石板街的第一杀手。花岗岩条石一块块断裂，村民常常因此扭了脚、摔断了腿，因此激起很大民愤。当时村里派人在村口设了路障，但拖拉机手有恃无恐，不费吹灰之力将石柱撞断，继续横行无忌。秦伟平看在眼里，痛在心里。一次，他和哥哥与村领导在一起闲聊，谈到老街保护，大家都忧心忡忡。他哥哥提出由他所在的村办厂出资，在村口修一处寨门，既美化环境，又保护好古街，大家一拍即合。秦伟平当仁不让，既负责施工设计，又充当施工监理，顶着酷暑忙乎了一个暑假，一座古色古香的寨门矗立在村口，方便了村民出行，拖拉机望而却步。村里人竖起大拇指：秦校长为明月湾做了件大好事！

到了21世纪初，改革开放的春风吹绿大江南北，孤岛上的古村仍然冷冷清清。由于交通不便，瓜果滞销，这里的村民并不富裕。秦伟平给村书记献上一计：靠山吃山，靠水吃水，我们可以按农民股份制或村级经济滚动发展的模式，开发明月湾古村得天独厚的旅游资源。村书记吩咐秦伟平挖掘和搜集整理明月湾古村的"五古"——古香樟、古码头、古街道、古民宅、古宗祠资料，编成图文并茂的小册子，交给镇长定夺。镇长干脆地回答："你们村里看着办！"虽然经济上没有支持，但行动已得到认可。秦伟平对未来充满信心，聘请苏州电视台拍摄有关明月湾古村的专题片，利用报纸做好舆论导向和广告宣传，同时抓紧提交申请报告、办理相关手续，争取上级主管部门的大力支持。仅仅为那张5元面值的门票，秦伟平设计、修改了七八遍。2003年"五一"黄金周，明月湾古村终于揭开神秘的面纱正式对外开放，慕名而来的游客和专家、学者啧啧称奇。苏州市政府领导及人大代表相继来古村考察，确认明月湾古村有保护、利用、开发价值，决定将明月湾古村列为苏州市级保护古村落，采用政府拨款和社会集资形式多渠道保护、开发，明月湾古村保护、利用、开发步入良性循环，上了一个新台阶。

2003年，金庭镇政府委托南京工业大学对明月湾古村进行总体规划，确立了古村保护整治工程的基本原则，即：不大拆大建，不伤筋动骨，不推倒重来。并请苏州规划设计院对明月湾古村的保护整治设计方案进行细化，为古村落的保护整治提供了详细的实施依据。

2005年，明月湾整个村落的保护整治工作全面展开。至今，完成了古村入口处的民房拆迁、三线入地、场地绿化、小品小景、石坎园路及管理用房等配套设施的工程建设；依照"修旧如旧"的原则，修复了黄家祠堂、邓家祠堂、明月寺、礼和堂、敦伦堂、秦家祠堂等约5000平方米的古祠堂和古民居。2006年，镇政府正式成立了苏州市明月湾古村旅游服务中心，游客纷至沓来。村民的农家乐生意异常火爆，每到周末，车来车往，热闹非凡。2007年，明月湾古村作为传承吴文化、弘扬吴文化的典范被列为"中国历史文化名村"。如今的明月湾古村保留着原始古朴的风味，就像浓缩的艺术长廊，游客可以欣赏到秀丽的自然景色，更可以体验淳朴的江南民俗风情。古村热了、村民富了，秦伟平感到对得起明月湾的父老乡亲，对得起列祖列宗，内心感到莫大的欣慰和自豪。

千年古树"爷爷背孙子"

乡村书局，钱小华梦想成真

钱小华

2018年6月，继安徽碧山书局、浙江戴家山云夕图书馆之后，中国民营书店品牌"先锋"创始人钱小华，将他的第三家乡村书局开在了位于悬崖之上的浙江松阳陈家铺村。时隔3个月，陈家铺书局收入最高时突破5位数，国庆7天长假慕名前来的游客达5万人。

钱小华，1964年出生于华罗庚的故乡江苏金坛，1996年他辞职下海创办南京先锋书店，如今是南京先锋图书文化传播有限责任公司执行董事、总经理，拥有15家直营门店。

实体书店，这种承接着文化使命与商业功能的载体，在多年来的评价语境里总是"让人欢喜让人忧"。逆流而动，或者说自创一席，让"大地上的异乡者"钱小华成为同业里一个非常独特的存在。

乡村书局，钱小华梦想成真

安徽黟县先锋碧山书局

位于安徽黟县碧山村的碧山书局，是先锋书店的第八家分店。6年前，艺术家欧宁到南京拜会钱小华："你什么时候来碧山开一个书店？"生于农村长于农村，钱小华对那段农村生活有难以抹去的记忆，之前他就有在农村开办书局的念头，为此他专程开车去了趟碧山，巧遇村干部，双方谈得很投机，对方带他参观了名为"启泰堂"的汪家祠堂。双方很快谈妥，签订了50年免费使用的合同。这个坐落在徽派老祠堂里的书店，保留着老建筑最原始的模样，开张后便有了盈利。秘诀在哪里？除了人们向往的农村自然风光，还在于书店里有一个会讲故事的人。老村长汪寿昌年过六旬，退休之后就在书局工作，碧山的几千年的文化风俗通过他来传递，来碧山书局的游客总是要去听老村长说说碧山的故事。老村长不是画家胜似画家，用自身生命的色彩，画出碧山的时代更替。钱小华将他手绘的碧山美景制成明信片，年销量达1000多份。晚上，附近村民都会来书局小聚聊聊天。周末是生意的旺季，在店员推荐下，当地农民带上茶叶、手工艺品、农副产品，

直接在书局门口摆摊,生意做得很红火。在钱小华看来,碧山书局就是一个文化项目,给当地农民带来公共生活空间,试探能不能激活乡村再造。

  松阳陈家铺书局的前身是村里的议事会堂,从窗口往下看,深不见底的峡谷如螺旋般向下旋转,视线上移则是层层叠叠的绿,碗口粗的山竹在风中摇曳,茶园盖过了所剩无多的稻田。放眼书局大厅,最显眼的是挑高的房梁和满目的新书。正上方,一个只放置了几个蒲团、四周为格子屏风的小房间,是书店的冥想室。棕色皮沙发旁,橘黄色的落地阅读灯即便白天也开着。屋外的露台,麻绳为窗,绳与藤椅的孔隙间,透进细细密密的阳光,这是外来者心仪的角落。屋里屋外,俨然是自然与"人工营造的文艺"两个世界。

松阳先锋陈家铺平民书局

乡村书局，钱小华梦想成真

桐庐莪山先锋云夕图书馆

与碧山和云夕不同，钱小华对陈家铺有着更大的谋划：诗人博物馆、美术馆、音乐人钟立风的爱情咖啡馆都在筹划中。作家中心基本装修完毕，将来作家写累了可以到书店去坐一坐，喝一杯咖啡，或者到山顶的陈家铺读书亭去坐坐，到寨头的泳池去游一把泳，还可以走入农户家庭，与老农们交谈。"书店到乡下去，除了打造一个公共空间，建设公共理想和秩序，最为重要的，我觉得还是要启蒙人的心智，我相信陈家铺会比碧山更强。"钱小华笃定地说。

钱小华认定，关注乡土就是关注中国，中国文化的根基在农村，复兴中国文化首先要复兴农村。如今农村人经济上并不穷，但精神上却十分空虚，尤其偏远的山村，人们需要一个公共文化秩序的空间，一个知识分享的场所。乡村书局不是一个生意，而是为农民兄弟服务的事业，只有树立起当地人对本土文化的自信，唤醒乡村更大的文化价值，才能真正体现乡村的价值。现在农村年轻人都去了城市，留下的都是老人和孩子。他带着爱去乡村，就是要通过在乡村建实体书店，打造

体验式的美好空间，让更多人来感受，让更多的人来参与乡村实践，也让更多的人找到人生的美好，让文化反哺乡村，让外出打工的年轻人愿意回到家乡来建造家园，这不是锦上添花，而是雪中送炭。如今，无论碧山还是陈家铺，书局给山村带来的变化是显而易见的，刚开始只有一家民宿，现在进驻的民宿有44家。在外打工的年轻人看到书店带动了当地的旅游和民宿，也陆续回乡工作。当初碧山的房子没人买，现在没有80万、100万想都别想。

这些年，钱小华一直注重对历史文化遗产的保护和再造。在云南大理剑川县沙溪古镇北龙村，他与"沙溪复兴工程"瑞士方负责人黄印武建筑师合作，正在倾心打造独具特色的沙溪白族书局。沙溪古镇历史悠久，地处大理古城和丽江古城之间，曾是"茶马古道"上重要的贸易集散地，在保护的基础上进行合理改造，书局将集民族特色书籍、文化创意产业、艺术创作共享、乡村休闲服务和社会公共空间为一体，深入挖掘并积极推动当地乡村文化振兴和文化旅游升级的事业。接下来，他将在贵州省打造"先锋苗族野记书局"。该书局由著名建筑师张雷团队操刀，以三都水族自治县的千年苗寨野记村为据点，充分挖掘水族、苗族的特色民族文化，同时依托当地珍贵的自然生态环境，以特色民族书籍为核心，集水族民俗博物展览、民族特色创意工艺、生态文化建设和自然观光休闲为一体，积极探索乡村振兴发展新路径。

支持钱小华创办先锋书店的戴嘉良告诉我，钱小华创办乡村书局也曾遭到朋友的质疑：这样的项目何时才能有收益？钱小华内心十分强大："乡村书局根本不可能有什么大的回报，支撑着我前行的，不是利润，而是为了民生，为了启蒙，为了乡村文化复兴，这是一件利百姓、谋长远的事情，更是全民阅读在乡村的实践，也是文化人应有的使命和担当。我始终保持一颗平常心，在寂寞中探索真理的力量，向农民学习，向农村学习，我坚信到农村去做对他们有益的事情是有价值的，每个有抱负有理想的文化人都应致力于此。乡村书局建设任重道远，未来三五年，我还将在浙江舟山打造'海上书店'，在陕西开办'窑洞书局'。乡村书局建设道路艰难坎坷，但它将屹立于中国广阔的山村，为农民兄弟提供力所能及的服务，我仰望星空脚踏大地前行。"

堂里，期盼"文化商人"

堂里古村，位于太湖西山岛西部，背山面湖，风景秀丽。悠悠千年，苏州西山因远离尘嚣，成为隐逸之士的避世之所。如今，太湖大桥拉近了西山与尘世的距离，深藏其中的艺术瑰宝逐渐为人所知。"仁本堂"就是其中一件不可多得的艺术品。

"仁本堂"位于堂里古村河西巷，即徐家老宅，占地约3亩，建筑总面积约4000平方米。因其古建筑雕刻数量多，俗称"西山雕花楼"。清乾隆四十四年（1779），徐氏后裔徐治堂、徐赞尧在康熙年间建造的祖屋地基上扩建住宅。道光元年（1821）

仁本堂

精美的木雕

正厅竣工,取名"仁本堂",分五进七落七天井,即现在的老屋。咸丰三年（1853）,徐敬之在"仁本堂"左侧建起了新屋,三进五落、二十底十六楼。

"仁本堂"大门正对着缥缈峰,大门并不显眼,掩映在一片民宅中。走进大门,却是豁然开朗,宽阔的中庭,亭台参差,曲桥相接,湖石交叠,漏透皱瘦。过中庭,对面则是一片庞大的建筑群,高墙飞檐,气势不凡。整个院落高出周边民宅几个台阶,站在庭院中心,放眼四望,但见青山环抱,满目流翠,煞是赏心悦目。全楼上下有各种格调的花窗花格花栏杆620余件,完全被各种栩栩如生的木雕花饰所包围,花鸟鱼虫兼工带写,寓意高雅。房屋的梁柱、门楣、檩枋上处处为精工细作的木雕。而门楼、照壁、墙体上凡是有砖的地方,又布满了秀逸精美的砖雕。大到数尺长的砖雕匾额,小到盈寸的木雕花窗,或是花鸟鱼虫,或是轶事典故,无不千雕万刻、笔笔认真。在这座雕花楼里,集中了3000多件木、砖、石雕刻作品,如此繁复的雕刻工程,竟无一雷同,而雕刻手法上既有浮雕、镂空雕,又有控体雕,堪称一座雕花艺术殿堂。整个建筑集康熙、乾隆、道光、咸丰四朝的建筑堂构风貌于一身,反映了江南清代建筑雕刻艺术的传承演变,是体现苏州香山帮匠人建筑营造智慧的代表作,也是苏州现存3座雕花楼中保存最完整、历史最悠久的一座。

年逾七旬的徐允权是徐氏后人、现在老宅主人之一,回想起10多年前老宅的景况,至今仍揪心不已：孤寂、败落,"暗牖悬蛛网,空梁落燕泥"是它真实的写照。来此寻访的专家学者无一不为它的命运担忧,徐氏后人却无力回天。

2003年,一个偶然的机会,徐允权结识了民营企业家黄涛,恳请他代为修缮管理。经过现场踏访,黄涛发现昔日被誉为深闺瑰宝的"仁本堂"几乎面目全非:老屋毁坏2000多平方米,只剩下两个大厅,椽子腐烂,瓦片掉落,二层的书房破损严重,楼上已无法站人,楼下三分之一的建筑已经倒塌;新屋后大厅白蚁泛滥,2500平方米的新屋因长年无人居住、年久失修,岌岌可危。

"如果再不抢救、保护,'仁本堂'就有可能消亡!"做事果断干练的黄涛,义无反顾地决定出资修缮,并向徐氏后人承诺:保持"仁本堂"的原生形态,不拆除、不移建,保持"仁本堂"的传承称谓不变。徐氏后人经过慎重考虑,"仁本堂"主体建筑以大部分房产转让、小部分房产租赁的形式,完整地交给了黄涛。

黄涛,1965年出生在苏州一个书香家庭,在商海浸淫多年,自称"文化商人",虽然是半路出家,但对艺术收藏和文化产业有独到见解,长期以来他怀揣一个梦——打造苏州最大的文化产业平台和基地。抢救、保护美丽的西山景区和雕梁画栋的"仁本堂",是他梦想的延伸。

黄涛很快请来能工巧匠,按照保护为主、抢救第一、修旧如旧的原则精心制订修缮方案。为保证修复的质量,他专门请了一位古建工程师日夜盯在工地上,自己则一有空便往现场跑,从地上到屋顶,将所有毁坏的构件进行全方位整修,腐烂的木头全部换掉,对拆下来的每一个构件都拍照编号,寻找相同的构件,按原样复位。浩大的修缮工程整整持续了5年,2008年,整修一新的"仁本堂"终于重新展现在世人面前。为此,黄涛投

破败不堪的老屋

雕花楼

入了数千万元资金，耗费了极大的心血。

如今，走进这幢气势恢宏的深宅大院，满园春色扑面而来，涓涓流水深处，透出皇家气派的老宅新院终于展露出昔日的神韵。整个建筑群楼连楼、楼套楼、楼楼相通、房房相连；满眼的砖雕、木雕、石雕，件件都是美轮美奂的建筑艺术品，让人久久徘徊，不忍离去。在人们惊叹声中，徐氏后人与"仁本堂"的缘分又得以绵延。

除去"仁本堂"，堂里其他古建筑就没有这么幸运了。堂里村现存清代宅第二十余幢，绝大部分已衰败不堪，破壁残墙随处可见。沁远堂坐落在花园巷内，建于清乾隆年间，是堂里最大的古民居，占地1600平方米，门口立着"苏州市文物保护单位"石碑，从巍峨宽敞门庭上，尚可窥见昔日的轩昂气势。可进去一看，整个建筑被分隔成一个个民居，精美的砖雕、石雕、木雕破坏殆尽。

村子里民风淳朴，居住在深宅大院的留守老人热情地与游人打招呼。在一幢老宅前我停下脚步,和88岁的徐姓老伯聊了起来。这幢房子楼上楼下有300多平方米,院子不算大,有一口老井,房梁房柱用料十分考究,当年想是大户人家的宅第。30年前,老人花1.1万元买下,现在3个女儿都已出嫁,老两口住在空荡荡的房子里百无聊赖。受"仁本堂"保护的启发,他很想有"文化商人"来收购此屋,愿意以300万元的价格转让。我登上小楼,环顾四周,几幢老房子孤零零地矗立在现代建筑群中,古村整体保护和旅游开发尚待时日,哪个冤大头愿意来接盘?

回头想想,我对"文化商人"黄涛的观点比较认可。要打造一流的文化产业发展交易平台,首先,政府部门要有长远的规划;其次,要加快放开民营资本进入文化产业领域投资的步伐。目前由于种种原因,民营企业家正在消极等待。随着社会经济发展,文化旅游资源必然会得到实质上的重视,等有了好政策,民间资本在文化产业一定会有更大的发展空间。

我相信"文化商人"迟早会眷顾堂里村!

卧云戴雪轩

安丰古镇,"拆"下留街

安丰,有"民安物丰"之意,因此江苏东台、兴化、宝应三县都争着用"安丰"来命名自己的古镇。为了有所区别,人们按方位将东台的安丰叫作"南安丰",兴化的安丰称为"北安丰",宝应的安丰则叫"西安丰"。近10年来,东台市安丰古镇频频亮相于荧屏,显身于报端,如同一颗新星不断撞击世人的眼球。2007年6月,这个只有5万人口、70多平方公里的古镇,从全国37 000多乡镇中脱颖而出,跻身全国85个历史文化名镇行列。

东台安丰,成陆于汉代,古称"东淘",意为东去淘金之地。东晋时隶属于海陵郡宁海县(县城位于东台西溪),建镇在唐开元盛世。北宋范仲淹在西溪任盐官,筑成捍海堰(后人敬称"范公堤"),遂更名"安丰",寓"民安物丰"之愿。明清时期安丰盐业极盛,灶丁达48 000人,雄居闻名天下的"淮南中十场"之首,八方商贾云集,很多安徽盐商慕名而来,安盐行销全国各个省区。串场河内运盐船、各种货物船川流不息、繁忙异常,船家为了来回过桥便利,常在舱内放置些石板带到安丰,日积月累,铺就了七里长街。民国时,长街两侧店铺有1200多家,其中挂金字招牌的老店就有100多家,如万盈茂酱园、周同盛百货店、养和堂药店、诸兴记布店、颜复盛杂货店、蓬莱村茶馆、幸福园饭店等。另有众多流动摊点、五匠百工走街串巷,肩挑叫卖。最具特色的是七爿茶社,每天有众多老茶客在此品茗。茶社也是书场,常有艺人卖艺说书,一部反映本地掌故的《东淘传》连说数月,每天听众多达百人。

牌坊

　　然而，这样一个独具历史底蕴和文化内涵的古镇，在21世纪初却险遭厄运。安丰镇的7里明清古街分为南北两段，南段为南石桥大街和北玉街，北段为解放街（也叫东淘街），随着时代变迁，这条老街的商业功能早已丧失。2001年和2004年，当地政府相继对老街进行一、二期城镇改造，拆除一批老建筑，建起了"东淘新区"。按照原先的规划，老街北段500米的东淘街也列入了城改三期拆迁范围。2006年3月初，老街北段的住户都收到了"限期搬家通知书"，在3月25日前搬出老宅可获得1200元的搬家费。消息一传出，立即引起强烈反响，200多名原住居民联名对拆除古民居群落表示质疑。一户居民甚至在自家大门上贴出一副对联："古镇东淘苏北独秀，明清遗迹而今难保。"

　　就在这节骨眼上，南京工业大学建筑与城市规划学院汪永平教授带领专家组，踏上安丰千年古镇的明清古街，眼睛为之一亮。4天中，汪永平一行6人足迹遍布七里古街50多条巷道、60多处考察点，细心地查阅了安丰历史文化资料。汪教授不由惊呼："安丰的历史文化资源太丰富了！这样原汁原味的古民居，在全省十分罕见，完全具备了申报省级历史文化名镇的条件。"

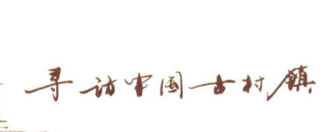

老街

　　汪教授一行听当地人介绍,经过两千多年来的淮南盐文化的熏陶,安丰这块沃土孕育出一大批声名卓著的历史文化名人。王艮、吴嘉纪就是其中的杰出代表。王艮(1483—1541),字汝止,号心斋,明代盐民哲学家,泰州学派创始人。泰州学派的核心内容是王艮创造的平民化、简易化的"百姓日用即道"学说,在平民百姓中产生了巨大的吸引力,王艮因之成为明中叶早期启蒙思想家,造就了中国古代历史上第一个启蒙学派——泰州学派。吴嘉纪(1618—1684)是明末清初著名盐民诗人,一生写下了1400多首反映盐民疾苦的诗篇,著有《陋轩诗》,诗风直追杜甫。继王艮、吴嘉纪之后,安丰名人辈出,明清二代出进士7人,举人18人,其中有清代翰林陈宝、榜眼季愈。还有誉播大江南北的诗书画名流袁氏四竹(袁老竹、袁小竹、袁啸竹、袁义竹),辛亥三将军(周甘尘、丁朝中、曾鲁),享有"北徐(悲鸿)南戈"美誉的丹青圣手戈湘岚,荣获终身成就奖的当代世界三大汉语言学家之一的周法高,"四钱之一"(钱三强、钱学森、钱伟长、钱维翔)的科学家钱维翔,先后继任中国佛教协会副会长的应慈、苇舫、真禅法师,无一不是东淘文化的脊梁。汪永平教授恍然大悟:"王艮、吴嘉纪是明清时代思想、文化界的杰出代表,灿烂的海盐文化乃安丰古镇之魂。"

汪永平一行来到江苏省文物保护单位鲍氏大楼,面对这座"老古董",他们不由肃然起敬,那黛瓦灰墙、黑漆大门、门罩上额的精细砖雕,让专家为之一震。汪永平对陪同人员说:"原来我以为鲍氏大楼是孤立的一幢清代古建筑,从实际看来,鲍氏大楼不仅仅是一座楼,而是

安丰盐课司

一组庞大的清代鲍氏徽式建筑群,古街的建筑体现了苏北里下河地区民居建筑文化的传承和遗存,这是一座不可再生、不可复制的珍贵文化宝库,我们要从保护人类文化遗产的高度,很好地予以保护。"

面对群众的异议,在专家的提醒下,安丰镇政府决定收回成命,完全保留明清老街,同时对部分已经损坏的古建筑进行保护性修复,着手申报省和国家级历史文化名镇。"只有独具历史底蕴和文化内涵的城镇,才有长久的生命力和吸引力",安丰人深谙此道。为展现古街特有的历史沧桑感,从2006年开始,安丰镇遵从"修旧如旧"的原则,采取点线面结合的办法,组织实施安丰古街保护性修缮工程,先后完成一条文保街和13条古巷的修缮,恢复"古风古韵、古色古香"的风貌,不仅留住了历史记忆,彰显了乡愁文化特质,更激活了古街的生命,拓展了古盐场文化的内涵。

如今,安丰被命名为江苏省特色景观旅游名镇,人们踏上石板古街,点一份东台特有的鱼汤面,尝一块名为"龙虎斗"的酥烧饼,从美食美味中开始感受安丰人的热情。看一看鲍氏大院、吴氏家祠、戈湘岚故居、盐课司遗址、大悲庵,人们宛如欣赏一幅气势恢宏的画卷。转一转稠州钱庄、中华壶馆、东台发绣馆、麦秆画馆,在每一处写满历史的特色景点逗留,可以在古风古韵中体验千年古镇的魅力。老街上的原住民笑迎八方游客感慨万千:"幸亏来了汪教授,'拆'下留街,功德无量!"

东村,别拿乾隆爷说事

苏州东村古村坐落在西山北部,位于环太湖旅游线上。在太湖大桥开通之前,这里交通极其不便,太湖成了一道天然屏障,古村与世隔绝,才有幸给后人留下了较为原始的古村风貌。

东村和江南一带古村落没有太大差别,整个村子南倚青山,北濒太湖,与横山、阴山、童园岛遥遥相望,显得十分幽静,草青青、水蓝蓝、桥弯弯,倒是旅游休闲的好去处。

秦末汉初,因商山四皓之一的东园公曾隐居于此而得名,古称"东园村",简称"东村"。一进村口，只见两株600年的古樟树形如华盖、遮天蔽日，给这个具有丰富历史文化遗存的古村平添了几分古韵。离村口不远便是徐氏宗祠，如今作为公共古建筑修葺一新对外开放。村中的道路至今大多仍保持石板与青砖原貌。两旁的古宅以清乾隆、嘉庆年间的居多，保存状况不算好，芳柱堂、慎思堂、瑞木堂、仁余堂、延圣堂、学圃堂、留耕堂、绍衣堂、孝友堂、仁德堂、敦和堂、萃秀堂、郎润堂、敬修堂等20多幢，有的墙皮脱落，有的屋顶即将坍塌，绝大多数都闲置着，里面存放了一些柴禾，普遍存在着安全隐患，安全状况

敬修堂

令人担忧。另外，楼贤巷门、永安桥、东园公祠等古迹也岌岌可危。其中，敬修堂规模最大、名气最响，是东村旅游的最大卖点。

　　清乾隆年间的知名儒商徐联习（1684—1753），号东村，乃敬修堂的创建人。他是西山徐氏南渡始祖徐揆的21世孙。父徐则伊，以德行高尚名于乡里，生五子，联习最幼。徐联习赋性聪敏，幼时即以孝亲敬兄为职志，虽家贫无力读书，但常借书自学，记性非凡，能过目成诵。徐联习生平善会计，未及成年即随族人赴湖广经商。他将湖广丰富的稻米运到苏州，又将苏州丰富的丝绸运到湖广，航船来回不空，生意以诚信为本，人到中年即成为一代儒商，其经营的稻米和丝绸在衡阳、

砖雕额枋和花窗

湘潭等地享有盛誉,成为当时"钻天洞庭"商帮中的佼佼者。晚年徐联习归居东村,建敬修堂,建筑风格大胆创新,大量借鉴了湖广官绅宅第的建筑特色,使敬修堂成为清乾隆年间江南民居中的精品。

敬修堂建于清乾隆十七年(1752),占地面积1866平方米,是西山现存最大的一幢古宅。从门间到杂间,前后共有六进,整个院落既有宽敞高大的厅堂,又有低矮简陋的平房,平面布局合理紧凑,组合灵巧,错落有致,美观大方,是一处颇有欣赏、研究、实用价值的古建筑,目前已列为省级文物保护单位。

敬修堂的门间宽3米,进深近5米,木质大门装于檐檩之下。门顶上做额枋,额枋前面设置两对圆柱形阀阅(门簪),顶端分别浮雕春夏秋冬四季的代表性花卉。大门两侧复立门框,体量左右相称,款式左右相同,寓意"门当户对"。门下用高门槛,可随意装拆,俗称活落门槛。高门槛两端做金刚腿。左右设立门枕石,枕石上浮雕花卉。整个门间结构合理,气势不凡,一派富贵之家的气度。敬修堂大厅是坐北朝南的,但大门是朝东的,属有意弯转,其原因是百姓晓得朝南房子采光好,冬暖夏凉,但只有皇宫、衙门、庙宇可以大门向正南,百姓即使发财致富亦不能与菩萨和帝王官爷相比,百姓地位低微,福分浅薄,住了大门朝正南的房子消受不起要遭灾遇祸,所以民间的朝南房子,不是偏东5度,就是偏西5度,绝不正南。这个大门不在中轴线上,反映了封建社会等级森严的时代特征。

敬修堂进门后的第一进房屋是3间轿厅,系五界回顶建筑形式,即在厅堂的前后步柱之间架设弯橼,又在弯橼之上设枕头木,安草架脊檩,再列椽铺砖盖瓦,使房屋内部中间顶界比较浅显平缓,并产生曲线以增加美观。大厅5间,分作三明两暗,即明间与次间通连,次间与梢间之间用砖墙隔断。面对明间的山墙面做水磨方砖贴面。大厅的后步柱之间装屏风,前步柱之间装16扇雕花落地长窗。厅后设内轩,厅前设廊轩,轩顶架重椽,做假屋面,内部对称协调。大厅雕梁画栋,装饰精致细到,构图严谨,线条流畅,规整俊俏,美不胜收。

凤栖楼五间两厢,都是两层楼房。它是敬修堂的内宅,属于藏闺纳娇之地。楼下12扇落地长窗上,雕有不同形状的代表12个月份的龙12条,由于在民居中比较罕见,便演绎出了乾隆金屋藏娇的故事。

相传,乾隆皇帝下江南微服私访,曾在太湖西山岛上认识了东村一位姓殷的村姑。她不仅美貌如花,而且知书达理,乾隆和她一见钟情,不久殷氏便怀了乾隆的骨肉。由于她是汉人,不能带入皇宫,为掩人耳目,乾隆只能让她假装与东村敬

村中的道路仍保持石板与青砖原貌

以讹传讹的广告

修堂的商人徐伦滋结婚。徐伦滋是敬修堂创建人、著名儒商徐联习的儿子，常年在外经商，匆匆奉命回西山和从未见面的殷氏拜完天地，没有入洞房就立即离家做生意去了，一直到死也没见过他名义上的正室夫人殷氏一面。殷氏为乾隆生下了一个女儿，乾隆派人在她们居住的楼下的落地长窗上雕了12条不同形状的龙，表示自己每个月都在陪伴她们母女俩。据说乾隆6次到苏州，每次都是从木渎乘船来到太湖当中，在船上与殷氏母女秘密相聚。徐伦滋后来另娶了侧室，生下了儿子徐明理。徐明理继承父业，不仅成了有名的儒商，还精于医术。殷氏去世后，徐明理来到北京，乾隆皇帝命刘墉、纪晓岚和翁方纲三位宰相为殷氏题写颂词、撰写祭文，徐明理回西山后将这些题词和祭文刻在石碑上，放在东村徐家祠堂里供人瞻仰。

乾隆皇帝的风流韵事根本无从考证，民间传说如此荒诞不经。某日国内一位"知名学者"畅游木渎后来到东村敬修堂，听了这个传说，仿佛发现了新大陆，脑洞大开："木渎古镇是乾隆6次到过的地方，东村古村才是乾隆真正金屋藏娇的地方。"不消多时，"东村古村——乾隆金屋藏娇的地方"成了东村的名片和对外旅游宣传广告词。

其实历经两千年沧桑的东村，虽然破败，但文化底蕴深厚，只要有关方面加快保护和抢救的步伐，东村古村迟早会有火的那一天，敬修堂是一处具有欣赏、研究、实用价值的古建筑，可千万别拿乾隆爷风流韵事说事！

赊店，"商帮文化"韵味长

河南赊店，是一座冷门却又高调的古镇。说它冷门，是因为知道的人并不多，是一座原生态古镇；说它高调，是因为它有很多名号，如中国历史文化名镇、中原第一古镇、全国特色景观旅游名镇、中国传统建筑文化旅游目的地、全国唯一有9座城门的古镇。

据史料记载，西汉末年王莽篡权，倒行逆施，欺压百姓，皇族刘秀决定推莽兴汉。

关帝庙

"天下第一会馆"山陕会馆

一日,在宛东镇一刘记酒馆召集贤能人士商议举义大事,酒馆老板拿出好酒招待。酒至半酣,计议商定,唯缺帅旗,刘秀抬眼望去,只见酒幌子正迎风招展,中间一斗大的"刘"字,不禁大喜:天助我也!遂赊酒旗为帅旗,兴兵南阳,大战昆阳,逐鹿河北,最后定都洛阳。刘秀称帝后,想起为自己立下汗马功劳的酒旗,便改宛东镇为赊旗店,简称"赊店",并下旨仿皇城建9座城门。

走进古镇,扑面而来的就是古老、悠久的感觉。赊店自古贸易发达、商业繁华,明清时期是我国中西部南北交通大命脉水陆中转站。鼎盛时期人口达13万人,500多家商号总集百货,36座庙宇香火不断,21家骡马店朝夕客商不断,48家过载行日夜装卸不停,民间有"金汉口,银赊店""天下店,数赊店"等说法,被英国学者贝思飞称为"中国最富有的商业贸易中心"。

赊店古镇虽历经沧桑,但保存基本完好,有号称"天下第一会馆"的国家文物保护单位山陕会馆、万里茶道中转站标志福建会馆、华中第一镖局广盛镖局、全国唯一保存完好的税务衙署厘金局、中原第一家私立银行蔚盛长票号、全国保存最完整规模最大的火神庙、全国保存最为完好的水陆码头古遗址赊店古码头、全国唯一保存完好的镇级衙门赊店镇衙、全国唯一保存完好具有9座城门的古寨墙、肌理清晰的72条古街道及36个古胡同等历史遗迹。

"真情万种食蔬食鱼不食言,佳话千秋赊酒赊旗不赊义。"这是一句在赊店流传了上千年的格言。在赊店镇的中心,立着一座三进院落,大门外闪着光泽的琉

璃照壁，青砖砌框，高逾10米，正对着古镇当年最繁华的瓷器街。这个占地面积超过12 000平方米的建筑，就是有着"天下第一会馆"之称的山陕会馆，由当年寓居此地的山西、陕西二省商人集资兴建。会馆内供奉着关公，也就被称为"关帝庙"。显然，这座会馆与关公代表着的"忠义""诚信"有着千丝万缕的联系。山陕会馆从清乾隆二十一年（1756）始建，历经嘉庆、道光、咸丰、同治，直至光绪十八年（1892）才最终竣工，前后历时136年，共耗白银80多万两。在全国现存的80余座会馆类古建筑群中，它的建筑规模最为宏伟，保存也最为完好，建筑装饰、木雕石刻艺术都最为精湛。然而，山陕会馆备受瞩目不仅因为它的建筑形制，更重要的是它所承载的商业文化内涵。

在会馆，我先后看到9块碑刻，或裸露或用玻璃加罩进行保护。马王殿前的《同行商贾公议戥秤定规概碑》，立于清雍正二年（1724），对规范度量衡作出了严格的规定。石碑上的字迹依然清晰可见："年来人烟稠多，开张卖载者二十余家，其间即有改换戥秤，大小不一，独网其利，内弊难除。是以，合行商贾，汇同集头等，齐集关帝庙，公议秤足十六两，戥依天平为则，庶乎较准均匀，公平无私，俱各遵依。"《公议杂货行规碑》立于乾隆五十年，明确倡导诚信精神，其中刻录内容，对各种商业行为作出的严格规定多达18项。这两块碑石也是我国现存会馆类建筑中所存最早、最为全面的商业道德规则碑记。

关帝庙前一对铁旗杆，立于清嘉庆二十二年，重5万余斤，高20余米，中

关帝庙前铁旗杆

段铸有飞腾的蟠龙形象，刻画极为精致。它既是古庙特有的装饰，也是赊店古镇的灵魂。"大义参天"，把这4个大字放在旗杆的顶端，其实就是让所有商户永远牢记，山陕商人做人的最高准则：诚信。从刘秀赊旗到晋商立旗，这对饱经沧桑的铁旗杆一直是赊店人津津乐道的话题，它是山陕商人取得巨大成功的秘诀，也是赊店人诚信赢天下的见证。

在今天的赊店镇，我们仍能看到一些有着几百年历史的老字号商号，每一家商号都有着属于自己的商业传奇。300年前，关于财富的故事就在这个小小的赊店镇热闹地上演着。在众多的商号中，大升誉茶庄有着特殊的地位。清雍正年间，一位经营茶叶生意的山西商人来到了这个中原小镇，他看到这里得天独厚的地理条件可以将自己的生意扩展到全国，于是便在这里设立商号，构筑他的商业王国。这个人就是清代晋商的代表人物，山西常氏家族的常万达，正是在他的带动下，茶商在福建、湖南等地采买茶叶，由水路运至汉口，进汉水转唐河达赊店，改陆路由骡马车骑运输，经太原、大同分别到张家口或呼和浩特，然后换乘骆驼，直至俄蒙边界的恰克图或库伦，形成商品贸易史上可与"丝绸之路"相媲美的著名"万里茶道"，赊店镇成为万里茶道上一个重要的中转站。

近10年来，当地政府先后修编了《赊店历史文化名镇保护规划》《核心区域修建性规划》《古码头区域修建性规划》《赵河古航道区域概念性规划》，形成了基

赊店,"商帮文化"韵味长

万里茶道中转站标志福建会馆

本完备的规划体系。通过多方努力,2010年河南省政府把赊店古镇列为全省首批六大文化产业园区之一,确定赊店古镇的文化定位为"商埠古镇,信义赊店",重点打造以山陕会馆为核心的商业诚信文化基地,打造以古手工艺作坊为核心的非遗传承文化产业示范区,定位为"国内著名的商埠古镇游览区、诚信文化传播区、新兴产业带动区"。经过精心谋划、科学布局,这些年赊店古镇商埠文化的发展快速稳健。央视记者先后6次走进赊店,录制播发了《商埠传奇》《水映赊店》《赊店:铁旗商魂》等6部专题片,《陈赓》《彭雪枫将军》等10多部影视剧在此拍摄。2014年,赊店镇入选全国十大"影响世界的中国文化旅游名镇",2015年赊店古镇成功入选"中国最具价值文化(遗产)旅游目的地景区"。人们也许喜欢温婉的江南古镇,或偏爱苍凉的北方古村,赊店仍保持着沉甸甸的古意古韵,冲着这一点值得你来一趟。

神垕，展现千年钧瓷文化

神垕镇隶属河南禹州，早在夏商时期，这里的先民就从事农耕和冶陶，明成化年间始设镇制，神垕因钧瓷而闻名。"神垕"二字曾被古代帝王4次皇封而声名显赫。唐代神垕就已烧制出多彩的花瓷和钧瓷。到了北宋徽宗年间，钧瓷生产达到了登峰造极的地步，被定为"宫廷御用珍品"，官府在阳翟（今禹州市）钧台附近设置官窑，为宫廷烧造贡瓷，实现了钧瓷生产由民窑向官窑的转变，位居中国五大名瓷之首。古有"进入神垕山，七里长街观。七十二座窑，烟火遮边天。客商遍地走，日进斗金钱"的赞美诗句。

瓷作为中国陶瓷艺术史上的一个重要符号，在世界陶瓷发展史上占有重要地位。自古就有"黄金有价钧无价""家有万贯，不如钧瓷一片"之说。

关帝庙

精品钧瓷

钧釉的乳光状态和窑变现象是构成钧瓷艺术美的两个外观特征。乳光状态是指钧窑釉那种像青玛瑙或蛋白石一般美丽的天青色半乳浊状态，不仅使钧釉产生一系列由浅到深的蓝色，还赋予其一种含蓄的光泽和优雅的质感，减少因釉面玻化而带来的妖艳浮光。窑变现象是指钧釉在高温下熔融流动，乳浊和着色色彩发生复杂的交错变化，而使釉色变得绚丽多彩，紫、红、蓝、白交相掩映，给人一种大自然瞬息万变的美的感受，独特的窑变艺术以其"入窑一色，出窑万彩"的艺术特点广受陶瓷爱好者喜爱。2003年，国家对"钧瓷"实施地理标志产品保护，2008年，钧瓷烧制技艺入选国家非物质文化遗产名录。神垕古镇先后被评为"中国钧瓷之都""中国历史文化名镇"，2014年成功入选"河南十佳美丽乡村"，2016年入选第一批中国特色小镇。

循着历史的脚步，当地友人赵振友带领我们徜徉在小镇的文明里。古老的驺虞河穿镇而过，连接5座寨门，条条胡同通往座座明清风格的宅院，每座宅院里都有古窑炉，人们在这里从事着生产和经营。在1300多年的历史长河中，神垕因瓷兴盛，窑火生生不息，神垕无处不钧瓷：老墙里的砖、小院的花池、院墙上的

神垕老街

花盆、屋檐下的鱼缸……就连家家户户用的餐具、面盆、笔洗都是钧瓷制品。笼盔墙也是小镇的一道风景,这本是烧造陶瓷时使用的匣钵,人们把废弃的笼盔变废为宝,垒进墙里成为古镇的"守护者"。

悠久的历史给神垕留下了丰富的文物古迹,镇区有省级文物保护单位1处,各种古寺庙、古民居、古祠堂等40余。神垕老街俗称"七里长街",比较完好地保存了清末以前的老街道,东大街、老大街、西大街、白衣堂街、北寨街、祠堂街、红石桥街、杨家楼街,总长度约4公里。老街有多座寨门,寨墙高大坚固,而且

神垕寨门

都有炮楼,古时主要用作军事防御、抵挡匪患和防范洪灾。每个寨子都有一个文雅的名字,东寨为"望嵩",西寨为"天保",而且和城门一样用青石丹书镶嵌在寨门之上。同时,每个寨子都有不少传统建筑和富有地方特色的民宅、胡同。老街两侧景观独特,建筑类型十分丰富,主要建筑包括宗教建筑、民居建筑、特色市场和店铺等。主要宗教建筑有伯灵翁庙、关帝庙、文庙、老君庙、白衣堂等;主要明清民居有郗家院、白家院、温家院、霍家院、王家院、辛家院等。

钧瓷作为宋代五大名瓷之一,其遗址的发掘被评为2001中国十大考古发现。位于老街中心的伯灵翁庙,也称"窑神庙"。伯灵翁,何许人也?民间众说纷纭,但有一点不可否认,伯灵翁是神垕人心中的窑神,是钧瓷文化的根。此庙始建于宋代,是钧瓷文化的象征性建筑,是神垕"钧都""瓷都"的重要标志,特别是花戏楼的木雕、石雕栩栩如生,精美绝伦。相传,伯灵翁庙门前青石柱上有一副楹联朗朗上口:"灵丹宝箓传千古,坤德离功利万商。"寥寥十四字,隐含了阴阳八卦、天地造化等诸多内容。庙脊上立一麒麟,驮着钧瓷宝瓶。古时,窑主们、窑工们来此跪拜,戏楼上鼓乐喧天,祈求庇佑自己能烧制出绝美佳作。

走进钧瓷一条街,这里既是钧陶瓷产品交易场所,又是外地游客观赏体验钧瓷艺术魅力的地方。懂不懂钧瓷不要紧,任意走进一家小店,店主们都会热情地招呼。相比其他瓷器单色釉的温润素雅,钧瓷以其神奇的窑变釉色著称于世。宋人以"夕阳紫翠忽成岚"赞美其釉色的灵动微妙。"钧瓷妙在色可赏观,韵在音能

悦耳。"每逢周二的清晨，十里八乡的人们会带着自家的宝贝来"赶早集"，全国各地不少瓷器玩家也慕名而来，这里被称为"中原潘家园"。"在继承传统制作技艺的基础上，敢于创新，不断进取，让古老的钧瓷焕发出新时代的光彩"，这是神垕人心中的共识。

早在 1979 年，神垕镇就按照河南省委、省政府《关于大力发展文化产业的意见》，结合当地实际，提出"以钧瓷文化为品牌，以神垕古镇为载体，以钧瓷产业为集群，以旅游开发为带动，努力把神垕打造成为独具中原文化特色的文化产业基地和知名的旅游景区"，全面展现"千年古镇，钧瓷文化"的风采。当地政府以神垕古镇保护开发为重点，以钧瓷为依托，大力发展陶瓷产业，创建了 3 个各具特色的工业园区和 5 个专业市场，不断提升钧瓷生产工艺水平，为钧瓷产业发展开辟了新的黄金发展期。"以钧兴镇"，小小的古镇逐步成为闻名全国乃至世界的重要瓷都。2016 年，根据神垕古镇老街保护修复项目规划，禹州市政府投资 5.5 亿元，加快老街保护修复步伐。神垕人遵循"原址、原形制、原结构、原材料、原工艺"的原则，尽最大努力保护和还原好历史文化遗产的真实性和完整性，保护传统格局和历史风貌，确保真实再现古镇明清民居风貌，让海内外游客充分领略神垕浓郁的古风古韵。

作为"中国钧瓷之都"，钧瓷在走入寻常百姓家的同时，也阔步迈向国际大舞台。1964 年，周恩来总理参加日内瓦国际会议，向有关国家领导人赠送的礼品中就有神垕的钧瓷艺术品。香港回归，钧瓷"豫象送宝"作为河南礼品赠给香港特区政府。在 2003 年、2004 年、2005 年博鳌论坛年会上，钧瓷"祥瑞瓶""乾坤瓶""华夏瓶"分别作为国礼馈赠与会的各国政要，钧瓷以全新风貌向中国乃至世界展示国宝钧瓷的无穷魅力，焕发着千年古镇的无穷活力。

朱仙镇，年画古老更淳朴

在中国，天津杨柳青、山东潍坊、江苏桃花坞和河南朱仙镇木版年画并称四大年画。而朱仙镇木版年画则以线条粗犷奔放、情节概括简练、构图饱满匀称、形象古朴生动、色彩浑厚强烈的鲜明特色，在全国诸多年画流派中独树一帜。

朱仙镇是中原地区一个小镇，南宋初岳飞曾率军在这里大破兀术的金兵，广为国人所知。为纪念岳家军的功绩，在朱仙镇建有一座规模不小的岳王庙。北宋年间，过春节家家户户贴门神成为一种风尚，人们以此祈求人寿年丰、吉祥如意、招财进宝、镇邪除妖。后来北宋没落、灭亡，开封几经

门神秦琼

战乱,木版年画便衰落下来。到了明代,开封年画虽然又获复兴,但逐渐转移到朱仙镇。明朝末年洪水泛滥,开封被淹没,百业俱废,朱仙镇便成了木版年画的中心。明清两代,朱仙镇的木版年画十分兴盛,作坊最多时达300余家。清末民初朱仙镇木版年画开始衰落,大多数作坊迁回开封市内,于是开封又成为朱仙镇木版年画的生产与销售中心,城内出现了"天成""云记""汇川"等名噪一时的老字号年画作坊,其作品畅销各地,影响深远。

来到朱仙镇,自然要亲身感受一下木版年画一条街的艺术魅力。在友人杨水营的引领下,我踏进了振兴德木版年画传承馆,年过七旬的张保德正在门口聚精会神地雕琢着木板年画。走进店堂,靠墙的货架上码放着各式各样的年画雕版,整个屋子看上去五彩缤纷,墙上挂的是尉迟敬德和秦叔宝,桌上摆着灶神和财神,楼道上还挂着观音、关公、钟馗、杨家将、八大锤,登上二楼,风格迥异的年画琳琅满目,这里俨然成了年画博物馆。老人告诉我们,张家祖祖辈辈都在朱仙镇从事木版年画制作,他从小热爱木版年画,几乎和木版年画打了一辈子交道。近10年来,他在继承传统的基础上,对年画的刻法和内容进行大胆创新,创作了一批人们喜闻乐见的新作。2011年,张保德产生了把北宋画家张择端的存世精品《清明上河图》刻成木版年画的想法,5年间他埋头苦干,终于刻出超长《清明上河图》木版年画。此画由4块梨木板组成,宽0.4米,总长8.1米,雕版中的人物、景物惟妙惟肖,立体感强,层次分明,雕工精致。曾经有位商人出资30万元欲购买这一雕版,被张保德婉言谢绝。他感言:朱仙镇木版年画无价,我们传统木版年画

　　需要得到世界的认可,只要我还能刻,就不会让这门传统技艺在自己的手上消失。目前,张保德这一最长年画刻版正在申报吉尼斯世界纪录。

　　说起木版年画的起源,张保德给我讲述了一个古老的传说:当年,秦王李世民率兵攻占了开封,当地父老向他诉苦,连年的打仗城中夜里闹鬼,百姓的日子没法过了。当晚李世民也连连被噩梦惊醒,不能入睡。大将秦琼、尉迟敬德得知后,一个手持双锏,一个紧握金鞭,威风凛凛分站在门旁,夜来无事。李世民灵机一动,令谋士画了秦琼、敬德像贴在两扇城门之上,以保百姓平安。朱仙镇一位木匠来到开封,看到城门上将军的画像,回去后把两人的像刻在梨木版上印成门神。木匠的门神画供不应求,后来门神发展成供喜庆节日张贴的年画,从此朱仙镇年画一举成名。

　　应我们的要求,张保德演示了木版年画雕刻、印刷的全过程。他告诉我,朱仙镇木板年画用色十分讲究,它以矿物、植物作原料,自行手工磨制颜料,具有色彩浑厚鲜艳、久不褪色、对比强烈、古拙粗犷、饱满紧凑、概括性强等特征。年画题材多源于脍炙人口的民间故事、神话传说和戏曲等,画面有主有次,对比明显,情景人物安排巧妙,表现出匀实对称的美感。同时,这里的木版年画特点鲜明:一是线条粗犷,粗细相间;二是形象夸张,头大身小;三是构图饱满,左右对称;四是色彩艳丽,对比强烈;五是门神神码多,严肃端庄。朱仙镇木版年画中最多的就是门神,门神中以秦琼、尉迟敬德两位武将为主。那些大大小小的门神画中,两位武将或衣着不同,或形态各异:步下鞭、马上鞭、回头马鞭、抱

张保德正在雕琢木版年画

鞭、竖刀、披袍等，不下20种样式。除此之外，还有各种文武门神。文门神有五子、九莲灯、福禄寿等；武门神常是戏曲中的忠臣义士或各类英雄好汉。不同人的房门常贴不同内容的门神：已婚子女辈房门贴天仙送子、连生贵子、三娘教子；中年人房门贴加官进禄、步步莲生；老年人房门贴松鹤延年和寿星之类；少年儿童居室房门贴五子夺魁、刘海戏金蟾等。一代文豪鲁迅先生曾评价："河南朱仙镇年画刻线粗健有力，不染脂粉，人物无媚态，很有乡土味，具有北方年画的独有特色。"

然而，木版年画技艺的传承一直是个问题：随着老艺人年事渐高，技艺无人传承，特别是传统的矿、植物颜色磨制方法已鲜为人知；人们的审美观念也在改变，这种大红大绿的年画已不再时兴；因为挣钱不多，年轻人也不愿意学木版雕刻。如不及时加以保护，朱仙镇木版年画制作技艺很可能会彻底消亡。2002年10月，世人瞩目的"首届中国木版年画国际学术研讨会"和"中国木版年画大联展"在古都开封、历史名镇朱仙镇举办。这项活动被称作"中国民间文化遗产抢救工程"历史性的开端，而木版年画抢救成为该项目的龙头工程。朱仙镇木版年画所具有的社会学、文化学、民俗学、美学等多方面的价值，得到越来越多的专家学者的认同，被国际友人视为中华"弥珍瑰宝""中华国宝"。2006年，朱仙镇木版

朱仙镇，年画古老更淳朴

年画雕版

年画入选第一批国家非物质文化遗产名录，成为木板年画发扬光大的契机。近10年，当地政府不遗余力地对木版年画的传统工艺进行挖掘、整理，相继整理出年画老版220余块，重新印制历史老版年画300多套，并编印了《开封朱仙镇木版年画精选》《朱仙镇木版年画珍藏本》《朱仙镇木版年画故事集》。时至今日，各种版本、不同包装的朱仙镇木版年画精品不断问世。中原大地哺育出的带着泥土气息、透着纯正民风的开封朱仙镇木版年画正显示出旺盛的生命力。开封，历史名城文化先行，朱仙镇木版年画作与中国民间文化一张珍贵的名片，堪称开封发展文化产业的无价之宝！

上庄，活着的古村落

明代吏部尚书王国光故居

多年前，我的好友、晋城民间文艺家协会副主席裴池善曾与我提及山西阳城上庄古村，当时并没往心里去。去年大型电视连续剧《白鹿原》热播，其中镜头最多的要数上庄古村。看到上庄的古建筑品质如此之高，且保存完好，我心里直发痒，忙不迭地拨通裴池善的电话，如今作为上庄古村景区文化顾问的裴先生喜出望外。金秋十月，我终于踏进了阳城县润城镇上庄古村，品味道不尽的神韵，倾听说不完的故事。

上庄，有许多值得炫耀的名片："中国历史文化名村""中国传统村落""中国景观村落""中国民居第一村"等等。专家认定:"上庄是国内为数不多、至今仍然活着的古村落。"

上庄村位于山西省阳城县东北可乐山脚下,这里自古文化兴旺、人才辈出,上庄的历史从某种程度上讲,就是王氏家族的兴衰史。北宋末年,靖康兵乱,金将兀术率50万大军进犯中原,北方广大地区改由金人统治。其时,泽、潞地区则是抗金的前沿。正在泽、潞为官的三槐王氏一支,随宋廷南迁,先居高平赤土坡,后迁徙至居阳城可乐山下大安头村,其后移居土地肥沃的沁河岸边上伏村,卜上伏坪为祖茔,耕于白巷(即今上庄村),遂籍白巷,这就是所谓的"上庄王氏五迁而籍白巷"。

天官府

王国光(1512—1594),山西阳城上庄村人,明嘉靖甲辰进士,无疑是白巷王氏最重要的代表性人物。他曾先后任吴江、仪封二县知县,后任兵部车驾主事,历稽勋员外郎、文选郎中、右通政、顺天府尹、户部右侍郎总督仓场兼理西宛农事等职,后因病辞归。隆庆四年(1570)拜刑部右侍郎,进南京刑部尚书,未任,改户部右侍郎再督仓场。万历元年(1573)起任户部尚书。万历五年起任吏部尚书,以考绩加太子太保,升光禄大夫,赐麒麟服、玉带。王国光步入官场后,历世宗、穆宗、神宗三帝,从事政治活动达40余年,对明王朝的"万历中兴"起到了积极的促进作用。明万历二年,神宗皇帝于南郊赐宴于王国光,亲书"正己率属"赐予他。他撰写的《万历会计录》是大学士张居正推行"一条鞭法"改革税赋制度的理论依据,后成为明清两代田赋的准则。因官居吏部尚书,故有"天官"之称,王国光故居被后人称为"天官王府"。

数百年来,王氏人才辈出,从明中叶至清初的百余年里,共走出了5位进士、6位举人,其他如贡、监、廪生等有百余人之多。特别是清顺治三年(1646),上

上庄古村

庄这个几百人的小山村，竟一榜出了王兰彰和王润身两位进士，轰动了朝野。当时有一首流传很广的民谣，叫作"郭峪三庄上下伏、举人秀才两千五"，充分体现了当时人文的鼎盛。

如今繁华一梦已随王氏先人一起逝去，烟消云散。从古河街口望去，有张扬着富贵气的高大门头，威猛的镇宅石狮，雄伟壮观的牌楼高阁，漂亮的门钉雕花窗棂，还有那风蚀的断壁残垣和四下散落的建筑构件。脚下印痕深深的石路，踏出一个家族的兴亡变迁，穿行于条条交错的小巷间，一座座深深庭院，或瑰丽或雄伟，或奢华或质朴，人们可以默然无语地细心体味，也可以凝神静气地用心追忆，再顺着淡淡的文化脉络和浅浅的历史印痕，去追寻那逝去的辉煌。

上庄，有许多东西值得人们留下记忆，特别是古宅老院。在这个古老的村庄间穿行，我感受最多的就是随处可见的深宅大院和老街商铺。当高耸的屋脊、厚实的院墙密密匝匝地挤成一片时，便衬托出一种气度，这样的气度就汇成一个再明显不过的象征——富裕。四五百年前，当大多数中国普通百姓还居住在土坯石块垒成的房舍里的时候，上庄已经把自己的生存环境提升到一个令今天的人们都羡慕的境界。

当我穿行在老村的古河街中，重新打量这些高墙大院，天官府、参政府、亚元府、司农第、司徒第、进士第，每一扇门、每一间屋似乎都隐藏着一段令人难忘的人文故事。

上庄古村景区总经理李瑾瑜告诉我,上庄之所以能成为"至今仍活着的古村落",与它的经济发展有密切关系。沁河流域铁矿资源非常丰富,其中以阳城为最。早在明洪武初年,阳城全县生铁产量为115万斤,居全国各省铁产量第五位。铁是国民经济的支柱,按明代课铁"每三十分取其二"的税率计算,阳城一带富得流油。有钱可以用最好的建筑材料,有钱可以引进最好的建筑风格,有钱还可以办学堂、开书院、建庙宇。学而优则仕,上庄的才子当举人、中进士,到江南去做官,又将江南的建筑风格带回来与当地建筑风格相结合,既美观大方又坚固实用。近千年来,上庄始终没有中断它的演变和进化,加上没有遭遇地震、洪水、泥石流等地质灾害,人们祖祖辈辈安居乐业,生生不息,古村落便得以完整地保存下来。上庄古村随着其所处环境、与自然界的相互关系和历史

樊圃

又一部电影在上庄拍摄

条件的变化，使这种代代相传的非物质文化遗产不断得到创新，自然而然产生一种历史的认同感，从而得到国内专家、学者的普遍认可。

上庄昨日的辉煌印在书页泛黄的古籍里，刻在字迹模糊的石碑上，也活在人们的言谈笑语里。岁月沧桑，物是人非，功业成败转成空。曾经的繁华与惊世的富足，现在只能锁在天官府的故园老宅，任由时光冲刷。如今，上庄人十分珍惜前人留下的物质财富和精神财富，勇于开拓，走旅游致富之路，成了当地经济发展的新宠儿。2012年4月初，全国政协常委、全国民间艺术家协会主席冯骥才来到上庄，认真考察了明代吏部尚书王国光故居，对上庄旅游开发提出建议"做好规划，做好定位"，并为上庄古村题词"前世之宝、后世宝之"。2014年4月，天官王府景区被评为国家4A景区，同年10月，上庄村通过招商引资的方式，将经营管理权转让给晋城康辉旅游公司，使这座千年古村搭上了全域旅游的顺风车，走出了一条保护与开发之路。眼下的上庄古河街的亮化工程已全部完成，晋代古街正在开发中，大型夜间"晋国风"民俗演艺吸引了来自国内外的众多游客。中央电视台《记住乡愁》为上庄拍摄了纪录片，山西电视台纪录片《年味》在上庄选景。同时，他们争取到20多部电影电视剧来上庄拍摄外景，自从《白鹿原》《三滴血》《烽火别恋》热播后，"中国电影电视小镇"名头又落在了古老的上庄。

平遥，阮仪三"刀下救城"

山西平遥古城，是一座具有2700多年历史的文化名城，它和四川阆中、云南丽江、安徽歙县并称为"保存最为完好的四大古城"。世界遗产委员会评价它，是中国境内保存最为完整的一座古城，是中国汉民族城市在明清时期的杰出范例，在中国历史的发展中，为人们展示了一幅非同寻常的文化、社会、经济及宗教发展的完整画卷。

古城

由于平遥古城太大，我们只好坐电瓶车游走在纵横交错的四大街、八小街、七十二条之间。导游口若悬河，大侃平遥古城的前世今生。平遥是一座古代与现代建筑各成一体、交相辉映、令人遐思不已的佳地。它旧称"古陶"，明朝初年，为防御外族南扰，始建城墙，洪武三年（1370）在旧墙垣基础上重筑扩修，并全面包砖。以后景德、正德、嘉靖、隆庆和万历各代进行过10次补修和修葺，更新城楼，增设敌台。康熙四十三年（1703）因皇帝西巡路经平遥，而筑了四面大城楼，

观风楼

使城池更加壮观。平遥城墙总周长6163米,墙高约12米,把面积约2.25平方公里的平遥城一隔为两个风格迥异的世界。

迈进以"汇通天下"而闻名于世的中国第一座票号"日升昌"门槛,这里仍然保留着道光四年(1824)的格局,占地2324平方米,用地紧凑,功能分明。百年沧桑,业绩辉煌,执全国金融之牛耳,开中国民族银行业之先河,并一度操纵19世纪整个清王朝的经济命脉。平遥是清代晚期中国的金融中心,当年总部设在平遥的票号就有20多家,占全国的一半以上,被称之为"古代中国华尔街"。

平遥古城基本保存了明清时期的原型,有"龟"城之称。街道格局为"土"字形,建筑布局体现了明清时的城市规划理念和形制分布。城内外有各类遗址、古建筑300多处,有保存完整的明清民宅近4000座,街道商铺都体现历史原貌,被称作研究中国古代城市的活样本。

在平遥古城墙门口,导游感慨良多,说出了平遥人的心里话:这里应该为阮仪三先生立个塑像,没有这位"古城保护神",便没有平遥的今天。"阮仪三'刀平遥，阮仪三"刀下救城"

下留城'救平遥"，便成了中国古城遗产保护的一段佳话。

著名学者阮仪三，籍贯扬州，1934年11月生于苏州，1956年考入同济大学建筑系，1961年毕业留校，现任建设部同济大学国家历史文化名城研究中心主任、同济大学建筑城规学院教授、博士生导师，中国历史文化名城保护专家委员会委员，建设部城市规划专家委员会委员、历史文化名城学术委员会副主任。20世纪80年代以来，他努力促成平遥、周庄、丽江等众多古城古镇的保护，因而享有"古城卫士""古城保护神"等美誉。

1980年，全国盛行"一年一个样，三年大变样"，各地纷纷开始拆老城建新城，平遥也不例外，但因拆城经费不足，所以动作慢了些，但古城墙已被拉开180米的口子。平遥文物保护队队长见到阮仪三，眼泪都流下来了。阮仪三到平遥一看，城墙被扒开了，一条大马路开进去，拆掉30多幢明代建筑、100多幢清代建筑。当时还只是讲师的阮仪三趁着缺钱暂停拆迁的空档，白天带着学生考察，晚上不

钱庄

历史印记

眠不休做规划,最后自己背上图纸去北京搬救兵,向时任全国政协城建组组长郑孝燮和文化组组长罗哲文求援。

郑孝燮见到当时的山西省委书记和省长后,写下"阮仪三平遥历史名城保护规划是'刀下留城'的规划"。至此,阮仪三牵头的平遥古城保护规划终于变成了红头文件。阮仪三赶紧把城墙、郑国寺、双林寺报国宝单位,先拨款修城墙。第一笔款是8万,相当于现在800万,古城按照阮仪三的规划新旧分开。为了提高平遥人古城保护意识,他亲自办培训班,让平遥的官员到同济大学学习,住宿费、讲课费、参观费用都由阮仪三贴。1984年、1985年办了3期培训班,虽然很成功,但阮仪三背了上万元的债,5年后才还清。这些学生后来都成了阮仪三的心腹,那边有什么情况都会及时向他通报。

阮仪三办公室有块匾,上写着:"挽狂澜于既倒,救文物于危难。"他常说:"我这辈子所做的事,就是保护古建筑。它们蕴藏着中国传统文化的精髓,是不可再生的记忆活体。修旧如故,以存其真,国人才能记得住历史,留得住乡愁。"

平遥人没有辜负阮仪三的期望,20世纪80年代中期,平遥总体规划中就已确定了"保护古城,建设新区"的指导思想,并专门请来上海同济大学和山西省规划设计院的专家,对总体规划进行修编和调整。规划围绕全面保护古城风貌特色,从城市的性质、职能、规模、定位等方面进行了修订,以更加完整地保护好古城风貌,

阮仪三

提高历史文化遗产的保护品位和规划水准。

1998年11月,《山西省平遥古城保护条例》颁布施行,使古城保护有法可依。1999年以来,他们按照"修旧如旧,以存其真"的原则,对一大批古民居建筑依法审批和监督管理,同时拆除了与古城风貌不协调的建筑物,维护了古城风貌的协调统一。

平遥南大街是一条古老街道,是平遥县城对称式格局的中轴线。这条街,现存大量百年以上的"前店后寝"式的传统老字号和古民居建筑,具有浓厚的明清传统商业街风格,是平遥古城历史文化遗产的精华之一。但由于历史的欠账,一些建筑年久失修,已面目全非。平遥人意识到,这块已被列入世界文化遗产的土地是属于全人类的,不能愧对后人。因此,他们从南大街开始,按照历史原貌,对每一院落、每间铺面乃至路面、管线等做出了详细的维修整治规划,按原有风貌施工,做到保护原结构、原构件、原工艺、原材料,以维护历史的原真性。这些年,他们先后完成了雷履泰、王苀廷、王沛霖等百余间重点民居的维修整治工作,对日升昌票号创始人雷履泰故居中的居民,进行了整体搬迁。

如今,这里保留着完整的中国明清时期的城池,分布在街巷的明清风格民居散发着古风古韵,一处处钱庄、票号、店铺,向人们诉说着这座古城昔日的繁荣、昌盛,古老的南大街则展示着晋商文化的底蕴。

静升古镇，凭王家大院得宠

如果说苏州园林代表了水乡民居的秀气，徽州民居体现着天人之间的和谐，那么山西民居则充分体现了儒教思想的中庸之道。山西地处黄土高坡，祖祖辈辈生活在这里的人们对高山、黄土有着难以割舍的情感。静升古镇取土为坯，以砖为材，把民居院落错落有致地分布在山山峁峁、沟沟岔岔。人和山相互依存、土与砖互为倚重，使静升古镇成为山地民居的典型代表。在静升的九沟、八堡、十八巷中，最为壮观的是八堡，这八堡当中有六堡都雄踞在黄土高坡上，堡墙或砖或土，堡门或存或废，却气势犹存。如今，"母凭子贵"，王家大院让静升古镇蜚声海内外。

"山西的紫禁城"

静升古镇，凭王家大院得宠

王家大院是静升镇里最大的宅子，也是国内从明清至今规模最宏大、建制最严密、工艺最精细的古宅民居，记录了王家几代人由商入仕、由乡野到京朝的亦商亦官亦儒的历史风貌。王家大院红门堡和高家崖两座城堡包含院落50多座，大小不等，一律为方正端庄的四合院式。每个四合院都沿袭着我国北周时即已形成的前堂后寝多进庭院的建筑模式，以南北中轴为线左右对称。宅院附有厨院、塾院、书院、花院等侧院，体现了传统的礼制观念，既提供了对外交往的足够空间，又满足了内在私密氛围的要求，做到了尊卑贵贱有等、上下长幼有序、内外男女有别，充分体现了官宦门第的威严和宗法礼制的规整。直到20世纪末，这座大院还保留着当年的生活。

40多年前，建筑大师梁思成先生在山西考察古建筑时，深邃富丽的晋商住宅院落给他留下了深刻印象。他在当时的记录中写道："这种房子在一个庄中可有两三家，遥遥相对，仍可以想象到当日的气焰，其所占地面之大，外墙之高，砖石木料上之工艺，楼阁别院之复杂，均出于我们意料之外许多。由庄外遥望，十数里外犹见，百尺矗立，崔嵬奇伟，足镇山河，为建筑上之荣耀。"

说到静升古镇的民居，就不能不提及民居里各处精美绝伦的石雕、木雕和砖雕作品，其中尤以王家大院的建筑装饰最有代表性，可以说是清代"纤细繁密"风格的集大成者。这些雕刻作品在房屋的斗拱、雀替、照壁等各个角落随处可见，

王家大院

内容丰富、题材多样，暗含了各种祥瑞和祝福，有图必有意，有意必吉祥。雕刻造型儒雅大方、层次分明、紧凑饱满，兼容南北情调，让主人足不出户就可以置身于如画美景，是晋商老祖先留给后人不可多得的宝贵财富，因而获得"王家归来不看院"的赞誉，难怪我国著名的建筑学家郑孝燮先生盛赞王家大院为"国宝、人类宝、无价之宝"。

静升镇，位于山西灵石县，坐落在风景秀美的绵山脚下，依山傍水。2003年，被国家建设部和文物局联合命名为中国首批历史文化名镇，并位居榜首。同年又被建设部确定为首批全国重点小城镇之一。2006年以来，先后荣获"山西省环境优美乡镇""山西省特色景观旅游名镇"等荣誉称号。2010年3月，被国家住房和城乡建设部、国家旅游局联合命名为全国特色景观旅游名镇。

王家大院是清代民居建筑的集大成者，由历史上灵石县四大家族之一的太原王氏后裔——静升王家所建。明万历年间至清嘉庆年间，200多年，随着王家族

静升古镇，凭王家大院得宠

业的不断兴盛，在村中由西向东、由低到高，不断延伸，渐修渐众，营造了总占地面积达25万平方米之巨的建筑群体，比宫殿建筑总面积16万平方米的北京紫禁城还要庞大。当年王家在修建红门堡、高家崖堡、西堡子、东南堡和下南堡5座堡群时，分别以"龙、凤、虎、龟、麟"5种灵瑞之象建造，以图迎合天机。现以"中国民居艺术馆""中华王氏博物馆"和"力群美术馆"开放的红门堡（龙）、高家崖（凤）、崇宁堡（虎）三大建筑群和王氏宗祠等，共有大小院落231座、房屋2078间，面积8万平方米。王家大院被誉为"华夏民居第一宅""中国民间故宫""山西的紫禁城"。

砖雕照壁

历史上灵石四大家族之一的静升王家，为太原王氏后裔，元仁宗皇庆年间由灵石沟营村迁到静升。王氏望族以商贾起家，货殖燕齐，后加官晋爵，步入官场，成为当地工商大地主兼官僚士绅。王家修建住宅不惜工本，相当豪华奢侈。清康熙年间，在静升村老街首建"拥翠""锁瑞"两条巷作为王氏住宅区，乾隆年间建钟灵巷；雍正年间建崇宁堡，嘉庆年间又兴修了红门堡、拱极堡、东南堡。王家大院依山建势，梯度推进，远远望去，屋舍院落高低起伏，有序排列，堡墙环绕，俨然一座森严壁垒的中世纪城堡。

多年来，静升镇始终坚持"保护第一"的原则，有计划、有针对性地对古民居进行有效保护。早在1994年王家大院尚未对外开放时，当地政府就邀请太原市园林建筑设计研究院编制了《灵石县静升王家大院民居总体规划》，2000年邀请

奇伟的八堡

山西省城乡规划设计院编制了《山西省灵石县王家大院总体保护与旅游开发规划》，2006年邀请上海同济城市规划设计研究院编制了《山西省灵石县静升镇历史文化名镇保护规划》，这三个规划对王家大院的保护、利用和管理起到了极为重要的示范作用。开放10多年来，他们治标与治本相结合，先后修复开发了15个大中型古建项目，保护维修了院内古建零星项目200余件，使王家大院这一"人类之宝"得到严格保护，受到了全社会的充分肯定，2009年被评为"中国最美的十大民居建筑"。

静升古镇除拥有丰富的人文旅游资源外，还有著名的中国第二大铁陨石"灵石"、汉代名将韩信墓、全国重点文物保护单位"马和晋祠"等众多极具开发价值的旅游资源。由于王家大院的辐射和带动，周边地区发生了翻天覆地的变化，静升文庙、资寿寺和国家级森林公园石膏山、红崖大峡谷两个自然景区日臻成熟。古镇通过基础设施建设、输出管理经验、推荐旅游线路、培养旅游人才等方式，让旅游和服务业扩大化、规模化，使旅游产业真正成了当地经济发展的支柱性产业。

湘峪古堡，浴火重生

湘峪村位于山西晋城沁水县郑村镇。湘峪，原名"相谷"，因为村庄被山水包围，所以在村名中加入了"氵"和"山"，故名"湘峪"。湘峪村最大的特色是原汁原味，整个村庄就是一个完整的城堡式建筑，是山西沁水河畔54座古堡中最杰出的古堡之一，有"中国北方第一明代古城堡"的美誉。湘峪古堡为砖石土木结构，东西长280米，南北宽100—150米，占地面积约32 500平方米。明代末年，流寇四起，但是沁河流域繁荣富庶，为了保家护院，"皇家工程师"孙鼎相把自己

藏兵洞

的家乡建造成了一座防御式古堡。孙家是当地的名门望族，孙氏三兄弟曾同朝为官。老三孙鼎相曾任工部营缮司主事，主要负责皇家工程的建造和修缮。该城由孙居相、孙鼎相兄弟主持修建，始建于明万历四十二年（1596），竣工于明崇祯七年（1634）。由于孙鼎相在孙氏四兄弟中排行第三，又曾担任过都察院右副都御使，他的府第便以"三都堂"为名，湘峪古城因此被称为"三都古城"。

湘峪古堡依山就势，背山面水，高度在10余米至20余米之间，在绿莹莹的护城河映照下，显得格外高大宏伟。站在远处仰望古城，可以看到城墙和城内房屋上的拱形窗孔，密密麻麻，犹如蜂窝，民间谓之"蜂窝城"。古城共开3座城门，分别为西门、东门、南门。湘峪古堡旅游项目负责人连鹏带领我们涉过湘峪河，爬上平行于城墙的坡道，便进入了南门。坡道在门内呈直角形，拐了一个弯后继续爬升。门洞里面建有一堵石墙，位置和作用与民居中的影壁相似，南门的"宸薰"门匾并没有出现在门外，而是镶嵌在这堵石墙上，这在山西众多古城、古堡中尚属孤例。这样做的原因，是出于风水上的考虑，同时在军事防御上也有一定的作用。外来者从对面樊山的制高点或是远处其他地方是找不到南门的，因为门洞上没有门匾，而城门和门洞内的石墙，从远处看在视觉效果上已经合为一体，仿佛是一段完整的城墙。步入城堡，可以发现城墙的内墙上布满了一排排整齐的砖砌窑洞，这就是当年用于防卫城堡的藏兵洞。在每个藏兵洞内都设有拱形窗户一个，直面

中国北方第一明代古城堡

湘峪古堡，浴火重生

城外，形成居高临下之势，成为瞭望敌情和用于防御的坚固工事，这种兵洞连城的建筑被专家称为民间军事工程的巅峰之作。

连鹏告诉我们，古城现存景点有古城墙、藏兵洞、东佛堂、绣楼、十大宅院等，明代建筑遗留34处，清代建筑遗留8处，其中有在全国罕见的藏兵洞、双插花院，中西合璧的状元楼、探花楼等。湘峪的街巷为"五纵三横"的棋盘式格局，不过，这些街巷大多并不是笔直延伸、相互垂直，而是顺应地势的走向或是有意弯曲成一定的弧度，有些地方甚至连续出现两个90度的拐弯，其军事防御目的非常明显。城中建筑大多建于明末，这些民居以3—4层建筑为主，古朴雅致、宏伟气派，走在窄窄的小巷中，给人一种高楼林立、鳞次栉比的感觉，最高的民居"瞭望楼"有5层25米高。因为年代久远，古城内"五纵三横"的街巷格局如今已经很不明显，但中街和一些小巷仍然完整地保留着古朴的风貌，条石或磨盘石铺路，两侧是一座座紧紧相邻的院落，中街上还建有

城堡通道

瞭望楼

两座过街楼。城西一带建有宗教、祭祀建筑，因其地势较高，显得很突出。这里曾是湘峪小学所在地，如今已建成庄严肃穆的玉皇庙。连鹏带领我们徐徐走过大男院、小男院、帅府院、金库院、绣楼院、书房院等院落。古堡内独特的民居首推"双插花院"，该院的正房呈中间高3层、两侧高4层的奇特外形，并且一侧房屋是两开间，另一侧为单开间，与中国古代双插花官帽形式相仿，故称"双插花院"。从建筑形式和建筑风格上来说，湘峪古城的民居建筑与灵石王家大院面积相当，略小于阳城的皇城相府和砥洎城，但其正房更为高大、高层建筑更为集中、气势更为恢宏，同时它拥有自己的特色，那就是中西合璧的建筑装饰形式。湘峪民居的窗户多采用拱券式窗孔，窗孔外墙饰以"眉檐垂柱"的砖雕，这是一种已经汉民族化但仍然带有浓郁西式风格的装饰形式。

湘峪过去是个300来户人家的古村，由于人口增加、产权复杂、交通不便等原因，村民逐渐搬离了古堡。从2003年起，村委会得益于村集体原来的两座煤矿，自筹资金6500万元，对湘峪古堡防御工事、古城墙等进行了修缮，对古堡内的现有文物进行保护性开发，2011年古堡升级为3A级旅游景区。然而，随着山西省煤炭资源整合重组，湘峪村两座煤矿关停，资金链断裂，湘峪古堡文物保护和旅游开发又陷入了两难境地。值得庆幸的是，2013年底，湘峪古堡等6家代表性古村落被列入国家首批古村落保护利用试点，国家文物局投资上亿元，在不损坏古村落文物价值的前提下，对防御工事、古城墙等进行重点保护，修缮了官宅、帅府、延秀院、天绘图院等14处重要院落，对周边进行了绿化、河道改造，并建设旅游接待服务设施，景区的开发建设也走上了快车道。与此同时，村委会充分发挥景区西连赵树理故里，南靠国家5A级景区皇城相府和3A级景区天官王府，毗邻国家级重点文物保护单位窦庄的旅游资源优势，通过开展"世界文化遗产日活

东佛堂

动""古堡摄影大赛""乡村大舞台"等节庆活动向四方游客宣传介绍景区的生态旅游环境。随着湘峪古堡名声日盛，慕名而来的游客不仅限于山西省周边的河南、陕西等地，海内外游客纷至沓来。不少村民在自家院里经营农家乐，一年收入达四五万元。村民们更加热爱自己的家乡，年过七旬的韦满富多年来义务为游客讲解，他不图名不图利，最大的梦想就是让湘峪古堡焕发生机、走向世界。我禁不住感慨起来：湘峪美古堡，中华乃孤例！

大东沟，文化强镇风生水起

当地人喜欢将山西泽州东沟镇唤作"大东沟"，它位于晋城市区以西17公里处，近依可山，傍临长河，撷山之宽厚、水之灵气，孕育了悠久的历史文化，造就了众多地灵人杰的佳话。

大东沟的人类活动遗迹可以追溯到新石器时代。2009年3月，晋城市遗址专

号称"一进十八院"的徐家大院

古村古槐

题调查队在东沟镇辛壁村发现东、南两处新石器至商周时期大型古文化遗址,残存面积达2500平方米。从采集到的标本来看,文化层厚达3米,下部为新石器时代龙山文化遗存物,上部为夏商时期遗存,遗存物非常丰富。

  自古以来,大东沟便是晋城通往晋南、陕西的通衢要道,号称"四十里长河一码头",从长河岸边走出去的文臣武将、巨商富贾、墨客骚人难以悉数。明朝时期,赵氏五兄弟在这里落户,他们南下河南,西出陕西,以贩运泽州的煤铁发家。至今,大东沟还留存有赵家100多座400余间明清时期的古民居。明清时期,这里传统手工业十分发达,镇上的各条街道两旁店铺林立,房舍连排,侧墙相接。镇东头和镇南头的米市每月二、五、八开市,车拉驴驮,人欢马叫,热闹非凡。据当地老人回忆,粮食日交易量达数百石之多,由此派生出一个新行当——斗行,在镇南米市百十米街道上,就有十几家斗行。斗行是民间经营粮食生意的中介机构,为粮食交易双方提供标准量器,并抽取一定的粮食或银钱作为报酬。我的好友易泉先生是位有心人,他在大东沟发现一批珍贵的纸质文物,乃清代至民国的文契,

东沟白龙王庙戏台

其中两份民国十六年（1927）发给裴廷裕"永兴斗"斗行的执照弥足珍贵。

　　号称"一进十八院"的徐家大院，系东沟明清古建筑群的代表作，这里大院套小院，小院连大院，分别由南北两条纵向的甬道将18个院落串联起来，屋宇相接，楼檐叠层，错落有致。大院内既有前庭后舍的厅房院，又有形制规整的"四大八小"式四合院，还有高达15米以上的3层砖包镜面楼，其中厅房院、新院及另外3处院落保存最为完整，那风韵独特的出檐楼、雕刻精美的檐下隔屏、朴实无华的拱券门窗，无不折射出大院昔日的豪华与不凡。

　　徐家大院东侧有一座建于明万历年间的白龙王庙，当时不过是一处低矮小庙，清雍正十二年（1734）得以重建，顿时焕然一新。美中不足的是，庙宇虽气派，周围却无清泉。常言道，无水地不灵，白龙王庙乃求水之处，岂能无水？于是社内管事共议，决定用人工开凿一条溪流，从村东岭修一藏水处，取名"海眼"。东山岭上地下水积存于此，每年雨水少时，村东4眼水井仍可供村民饮水，雨水多时，自藏水处豁口流出一股清泉，溪水顺流而下从白龙王庙前经过。从此，白龙王庙前溪流潺潺、绿树成荫。史料记载，道光六年（1826）东沟村中井水、泉水突然干涸，顿时人心惶惶。社首带着村民四下查访缘由，发现竟是因为有人在村东开凿了两处矿洞，挖断了水脉。于是勒令两家矿主将矿洞填埋，罚银50两，并立碑昭告村民"永远不许开凿洞口"。200年过去了，"东沟社永禁打洞碑"仍然矗立在那里，祖辈强烈的环保意识至今令人汗颜。

　　白龙王庙是东沟人几百年来虔诚心灵的寄托,被列为泽州县重点文物保护单位,但由于岁月的摧残,庙宇已变得满目疮痍。为了保护这一重要的文物古迹,2006年农历二月十二日,东沟镇锣鼓喧天、鞭炮齐鸣,东沟镇在县旅游文物局的支持下,终于揭开了白龙王庙维修工程的序幕。修缮严格按照古建筑维修标准进行施工,修复如旧,木柱、梁架腐蚀严重,全部进行更换;斗拱、门窗及木雕、砖雕、石雕根据旧构件原样修复补齐;同时复建歇山顶拜殿3间,石础木柱,斗拱彩绘,建筑精良,气势宏伟,白龙王庙大放异彩。主体工程维修仅用了150天,精美的雕刻工艺、娴熟的彩绘手法赢得了东沟人的一致赞誉。维修竣工时,90岁高龄的原中央工艺美院院长、中国著名书画家、国徽的主要设计者张仃先生欣然为白龙王庙题写匾额。修缮一新的白龙王庙,不仅成为东沟人心灵的寄托,同时辟为老年活动中心,空巢老人老有所乐、老有所依,成为传统孝道文化传承基地。

　　近年来,东沟镇把"文化自信是更基础、更广泛、更深厚的自信"作为第一工程,通过多种形式进一步丰富群众文化生活,提升农民素质和村镇文明程度,文化强镇风生水起,被山西省授予"历史文化村"称号。

　　"八音会"是国家非物质文化遗产,它以锣、鼓、镲、钹、唢呐、笛子、笙、胡琴等乐器为主,是专门演奏上党民间器乐的一种乐队组成形式,东沟人曾把"八音会"带到北京奥运会、上海世博会。为了更好地传承历史,东沟镇专门成立了"长河上党戏迷活动中心",让100多名戏剧爱好者有了自己的"家"。从此,每个

碉楼

周末他们都要聚在一起,唱一声梆腔,练一阵八音会,每逢春节、元宵、中秋等重大民俗活动,他们热情地为全镇乡亲演出。2015年以来,该中心两次夺得全镇八音会大赛特别表演奖,多次应邀赴阳城县天官王府、下村镇敬老院、城区吴王山等地演出,成为十里八乡争抢的"香饽饽"。

贾泉村曾是远近闻名的"三乱村",为了引导村民积极开展乡村文化建设,村委会筹资50多万元,建起村民文化活动广场,组建女子威风锣鼓队、广场舞队、女子八音会,恢复了舞龙、跑旱船、二鬼扳跌等传统文化,使曾经的"三乱村"变成了"和谐家庭多、文艺节目多、传统文化多"的"三多村"。2017年国庆节,他们借晋城全域旅游的东风,举办了一系列文化旅游推介活动,既有民间社火表演、钓鱼比赛、诗书画摄影作品展,也有美食小吃、民俗展演、实景演出等文化特色休闲体验活动,充分展示了贾泉村得天独厚的乡村旅游资源,擦亮了"大美东沟、商梓贾泉"的名片。

通过保护古村落,提高了百姓文化旅游意识,通过和谐乡村文化建设,滋润了邻里关系,通过举办"情系长河、爱满东沟"文化旅游宣传月,吸引了来自全国的诗书画摄影艺术家,他们纷纷来到东沟采风,将东沟的美丽瞬间传播到祖国的四面八方。"文化活镇、成风化人"成为大东沟的真实写照。

爨底下，"京西布达拉宫"更古朴

爨底下村位于北京西郊门头沟区斋堂镇。它是我国首次发现保存最完整的山村明清古建筑群，是北京首个"中国历史文化名村"。它依山而建、高低错落、布局合理、古朴厚拙。它门楼等级严格，门墩雕刻精美，砖雕影壁独具匠心，壁画楹联比比皆是，被人们称为"京西布达拉宫"。中国古建筑学家罗哲文认为："爨底下古山村是一颗中国古典建筑瑰宝的明珠，它蕴含着深厚的北方建筑文化内涵，就其历史、文化艺术价值来说，不仅在北京，就是在全国也属于珍贵之列，公之于世，功莫大焉。"

我和好友陈昕驱车来到爨

依山建村

爨底下，"京西布达拉宫"

底下，只见村口石碑上书写着一个大大的"爨"字。它本意为"灶"，总共30画，发音"cuàn"，村民们编成顺口溜："兴字头，林字腰，大字下面架火烧。"而爨底下村村民全姓韩，音"寒"，体现了阴阳协调、人与自然和谐。

相传该村祖先于明朝永乐年间（1403—1424）随山西向北京移民之举由山西迁移至此，建立了这个韩氏家族聚居之地。如果按30年一代人推算，该村已有近500年历史。在几百年的发展历程中，爨底下曾为京西古驿道上一处繁荣的商品交易的客栈，它促进了古山村的对外交流与发展，并为村落的经济发展打下基础，全村70余座古朴典雅的四合院建筑正是古村经济发达的象征。抗日战争时期，该村曾遭日军烧杀，烧毁房屋228间，至今残存的废墟正是历史的见证。

新中国成立后，铁路、公路的开通，极大地提高了运输力，爨底下村从商旅必经之地转为发展农业生产为主的小山村。由于经济衰退，村民无力翻建新房，在京西深山峡谷之中，意外地保留了一处具有珍贵历史文物价值、风貌古朴幽静、个性鲜明的古老山村。它的发掘为京城增添了乡土文化的风采，特别是古村独有的山地四合院与京城的胡同四合院相映生辉，使京城民居文化更加绚丽多彩。如今，它虽已失去昔日的辉煌，但那亲切近人、充满自然气韵和浓郁生活气息的山村环境，依然那么动人。

爨底下村坐北朝南，层层升高，使每家采光、通风都具最佳效果，村上、村下被一条长200米的弧形大墙分开，村前又被一条长170米的弓形墙围绕，一条

条紫石、青石砌成的小巷，看上去十分幽雅。整个村落布局严谨和谐，变化有序，俯瞰全貌形似"元宝"。山村那诗情画意的山水风景、古朴的建筑艺术、温情脉脉的楹联雕刻，无不充满村民爱美求美、向往文化的追求。数代同居同耕同乐的古村环境，犹如世外桃源般祥和宁静。这是一种融自然美、人工美、社会美于一体的聚落环境，一幅古朴秀丽充满生机的田园画卷。

2003年底，爨底下村成为北京第一个"中国历史文化名村"。刚刚上任三天的村党支部书记王秀莲，果断决定把"爨底下"注册成商标。一时间，村民们议论纷纷："花一两万块钱去注册三个字，这不是瞎折腾吗？"王秀莲读过市场营销专业，她十分清楚保护知识产权的重要性：如果爨底下村这么优质的文化旅游产品拥有了自己的注册商标，可以使村里的传统文化得到更广泛的保

当年财主家——福字院

爨底下村古建筑群

护。王秀莲以北京爨底下旅游开发有限公司的名义,用"爨"字和"爨底下"3个字分别申请了5大项、50小类产品注册商标,涉及蜂产品类、杂粮系列、干菜系列、干果系列、手工艺品类等5大类产品。商标注册成功后,爨底下村陆续推出了蜂蜜、黄豆、绿豆、玉米面、小米等10多项土特产。用蓝花土布、小竹篓精心包装,并且贴上了"爨底下"商标,农产品价格一下子翻了个筋斗。次年,特色农副产品就给爨底下村带来近10万元的收益。

爨底下古山村具有"活化石"般的珍贵价值,记载着古村发展的历史、先人建村的智慧和创造实践。王秀莲上任后提出了"传承古村历史文脉,建设特色文化名村"的发展思路。她请来北京建工学院的专家为村里制定了远景规划和近期目标,确定了文物保护、生态修复、景区拓展开发等10项建设工程。从2005年起,王秀莲开始琢磨走"可持续发展的路子"。她利用国家新农村建设的各项优惠政策,先后为村里争取到国家立项资金2000多万元,完成了管线入地一期工程,实现了给排水、消防、电路、通信线路全部入地，有效保护了古村风貌。同时，还完成了村路、停车场、厕所等旅游设施的升级改造，解决了困扰村民多年的饮水问题。入村公路拓宽改造后，王秀莲积极与客运公司联系，开通了苹果园到爨底下村的929支线公交车，既方便了村民出行，又方便了散客随时来玩，还杜绝了黑车拉客现象。

爨底下浓厚的乡土文化积淀和诱人的田园风光，无不令人陶醉。从全国看，爨底下古村也是我国不可多得的古村文化经典，它具有历史文物和建筑、美术、社会学等多学科历史文化的研究价值。古村道上，一拨拨来自京城的游客或在客栈里点

写生

菜，或在土产商店里淘货，古村内外到处有举着手机拍照、摄像的人群。古巷里还有不少学生支起画夹涂抹着山水房舍。古村里几乎家家都开了客栈和农家风味餐馆，高峰时每天接待二三十人，其中不少是外国游客。村民告诉我，在这里住宿、用餐不用担心挨宰，以前村里是一家一户地搞接待，各干各的，有点乱，后来村里对旅游服务进行了规范，吃、住价格统一，而且明码标价，客人玩得舒心又踏实。爨底下村最突出的一点是，全村没有一条狗，在这里留宿不会受到犬吠的打扰，游客可以放心睡大觉。有人在网上留言："尽管住宿条件比较简陋，但绝对干净，图案朴素的床单棉被、宽阔的农家大炕，足够酝酿一个美梦。"

如今，爨底下是国家3A级景区、北京市文明单位、北京市民俗旅游专业村、"北京最美的乡村"。难怪《神探狄仁杰》《侠女十三妹》《迎春花》《慈禧西行》《太极宗师》《新少林寺》《英雄》《手机》等几十部影视剧以及十几个商业广告片，都选择这里作为拍摄的外景。说爨底下村是理想的影视基地绝非虚夸。

枫泾，"三画一棋"交相辉映

上海市金山区枫泾镇成市于宋，元朝至元十二年（1275）正式建镇，是一个已有1700多年历史的文明古镇，地跨吴越两界。枫泾镇区多小圩，形似荷叶，境内林木荫翳，庐舍鳞次，清流湍急，且遍植荷花，清雅秀美，故又称"清风泾""枫溪"，别号"芙蓉镇"。2005年9月被列入第二批中国历史文化名镇名录，2016年

程十发祖居

枫泾，"三画一棋"交相辉映

10月被确定为第一批中国特色小镇。

枫泾镇为典型的江南水乡集镇，周围水网遍布，区内河道纵横，素有"三步两座桥，一望十条港"之称。39座古石桥横跨河上，其中元代1座，明代11座，清代21座。最古的元代致和桥，距今有近700年历史。坐落于虹桥河口的瑞虹桥，清康熙初在此曾发生过被称为"中国最早的工人罢工运动"的"虹桥血案"。全镇现有29处街、坊，84条巷、弄，至今仍完好保存的有和平街、生产街、北大街、友好街4处古建筑群，总面积达48750平方米，其中9处已列为上海市第一批不可移动文物，是上海地区现存规模较大、保存完好的水乡古镇。古镇建筑多为明清风格，均具传统江南粉墙黛瓦的特色，房屋以两层砖木结构为主，前后进房之间有厢房和天井，大宅深院有穿堂、仪门及厅堂等，前后楼之间有走道相连，称走马堂楼，屋面多为观音兜和五山屏风墙。

枫泾自古便是一块适合耕读传家的桃花源。宋代有诗人、画家李甲；元代有教育家戴光远；明代有学官支大纶、大文人陈继儒、御医陈以诚；清代有二品大员谢墉、状元蔡以台、三品真人娄近垣；近代有民革原中央主席、全国人大常委会原副委员长朱学范等。

枫泾又是蜚声中外的金山农民画的发源地，当地人热爱生活，蓝印花布、家具雕刻、

丁聪漫画馆

东区火政会

枫泾古镇

灶壁画、花灯、剪纸、绣花、编织等民间艺术源远流长。金山农民画形成于20世纪六七十年代。1965年,农村普遍开展讲村史、家史活动,当时枫围公社胜利大队青年陈富林、龚明华画了一套村史、家史组画,共46幅,村民很喜欢,引起了县文化部门的注意。1974年,上海市区一批著名画家下放到枫泾农村体验生活,他们身边很快聚集起一批农村绘画爱好者,画家韩和平就在村中搞了个美术学习班,从速写、素描入手,手把手辅导作画。后来这些农民画师脱颖而出,并且带动了邻近村庄农民的作画之风。1980年,他们在北京中国美术馆举办了"上海金山农民画展",引起轰动。此后在几十个国家和地区展出,金山农民画被誉为"中国最优秀的民间艺术"。

　　枫泾"三画一棋",令人自豪的还有近代国画家程十发、漫画家丁聪和围棋国手顾水如。程十发幼年即接触中国字画,但给他印象之深莫过枫泾民间艺术。1941年他毕业于上海美术专科学校中国画系,1942年在上海大新公司举办个人画展,1949年后从事美术普及工作,长期任上海画院院长。他"取古今中外法而化之",在人物、花鸟方面独树一帜。如今,在枫泾和平街上,程十发祖居保存完好并对外开放。丁聪在北京生活多年,但家乡话一直丢不掉,故乡情结让他对枫泾魂牵梦萦。他一生喜欢购书,以至于家中书籍成"灾"。枫泾人聪明,主动提出在家乡开辟一座书屋,于是枫泾北大街便有了"小丁书屋",当地人同时将它命名为"丁聪漫画陈列馆",不仅陈列丁聪先生捐赠的大量珍贵书籍,还有大批漫画和手稿以及他生前使用过的生活用品,常常令游客驻足流连。顾水如生于"围棋世家",家

藏的棋谱对他帮助颇大。他静下来埋头悉心研究，细心琢磨，领悟棋理，终于成为中国近代著名围棋大师。在枫泾西下塘，顾水如故居仍保存完好。"金山农民画展示中心"坐落在南大街圣堂弄内，这里曾是清代状元蔡以台的读书楼，环境十分清雅，一幅幅艺术风格独特的农民画透露出浓郁的乡土气息。金山农民画、丁聪漫画、程十发国画和顾水如的围棋，这些在国内外具有相当影响的"三画一棋"集中于枫泾一镇，堪称国内罕见的地域文化现象。

从2002年起，枫泾镇党委、镇政府下决心用10年时间重新扮靓原来已显得蓬头垢面的江南老镇，不仅要恢复古镇的外貌、修缮开放名人故居，还要重点打造"枫泾三画一棋"名片，让人们触摸到古镇的地脉、文脉。2010年，枫泾再次启动特色小城镇建设。当地政府头脑很清醒：在尊重现有的乡村历史风貌和乡村肌理、不盲目拆老街区，保持宜居尺度和宜人空间、不盲目盖高楼，传承传统文化和小镇精神、不盲目搬袭外来文化的基础上，以量身定制和联动发展为基本原则，不大拆大建、不贪大求全，以千年古镇为根基，拿出绣花般的精细和定力，为上海特色小镇的建设探索出一条新路。

为了让"三画一棋"名片更靓，地方政府在金山农民画发源地枫泾中洪村辟地80亩，建成了桃花源般的"中国农民画村"。金山农民画被誉为"世界艺术珍品"，数万幅作品远销国外，30多人次在国内外画展中获奖。

在古镇西栅河沿河，有一片长达600米的古建筑群，面积达1.2万平方米。

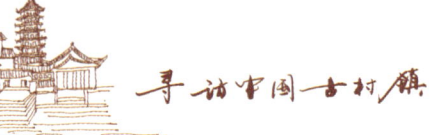

枫泾水街

位于和平街 92 号的大清邮局旧址,灰墙黑瓦,结构坚实,两边的门框都是石头柱子,高高的门洞上方"邮电局"3 个大字赫然在目。这是上海地区现存不多的一处大清邮局旧址。由于文化发达、经济繁荣,枫泾是江南少有的道教、佛教、天主教、基督教齐全的古镇。性觉禅寺、施王庙、郁家祠堂等人文景观保存完好,人们仍然可以寻觅到枫泾镇古代南北分治,半属吴地半属越境的历史陈迹。

　　北大街是商业古街风貌保存最完整的大街。穿过街道石街坊,行走在平整的板路上,一眼望去,窄窄的街道两边都是两层楼房,抬头望天,只能看见窄窄的一线天,一扇扇木格窗露出原木本色。楼房临街的一边清一色都呈平面结构,看不出每一栋建筑的特色和规模,而从后门的市河望去,家家房子都支出河面,或重檐叠瓦,或骑楼高耸,或勾栏亭阁,或底层的近水楼台,层层石级通向河埠,或倚朱阁、小轩窗,组成一道多姿的水乡民居风光。大大小小的游船不时从眼前穿过,人景辉映,真乃东方的威尼斯!

金泽,"活着的江南桥乡"

中国历史文化名镇金泽,地处上海青浦区西南部,位于江浙沪两省一市交会处,与浙江嘉善和江苏吴江、昆山接壤,是进出上海的西部门户。镇内自然资源丰富,其间湖泊星罗棋布,河港纵横交错,是典型的江南水乡。

金泽镇历史悠久,早在公元960年前(宋初)已建镇,有兴于宋、盛于元之说,

普济桥

相传昔日有耦人获石如金，曾取名"金石"。古镇至今仍完整地保存了自宋以来的古镇格局和风貌，以水为脉，呈南北向"两街夹一河"的总体布局。深厚的历史文化底蕴吸引了众多文人荟萃于此，南宋宰相吕颐浩择金泽之风水宝地，建宅舍为寺，取名"颐浩禅寺"。元代书画家赵孟頫、管道升，文学家牟巘，散文家唐顺之等都在金泽留下了动人的故事和众多的诗书画作。

古街、古宅、古桥、古寺为金泽镇"古"之所倚，是古镇的有形文化遗产要素，上下塘街是古镇有形遗产的主干，这两条风貌街巷被7座古桥及颐浩禅寺沟通缝合，构成了金泽独有的桥庙文化特色。

侄儿王新勇对金泽古镇情有独钟，他告诉我，金泽原有"六观、一塔、十三坊、四十二虹桥"，且有"庙庙有桥，桥桥有庙"之谚，每一座桥梁不仅各有特色，而且都与寺阁庵庙有关。如今绝大部分寺庙已废，但当年的桥却风姿犹存。至今镇上还保存着宋元明清时期所建的7座古桥梁，分别是迎祥桥、如意桥、放生桥、普济桥、天王桥、万安桥与林老桥。金泽古桥分布之密集、形式之丰富、年代之久远，为其他古镇所无法比拟，故被誉为"江南第一桥乡""古桥梁博物馆"。

普济桥有"上海第一桥"之誉，于1987年被列为上海市第四批文物保护单位。它建于南宋咸淳三年（1267），清雍正初年重修时加置石栏，至今已有700多年的历史，是上海地区保存最完好、最古老的石桥。石桥为单拱圆弧形，长26.7

活着的桥乡

米，宽 2.75 米，拱跨径 10.5 米。桥体坡度平缓，桥面较窄，具有明显的宋代石拱桥的特征。桥项圈刻有咸淳三年题刻，拱圈内券石上镌刻莲幡状，有"咸淳三年"等题证。普济桥的建桥设计很有讲究，它的拱圈砌置与河北省著名的赵州桥相同，它的石料与上海松江县方塔公园内的望仙桥相同，桥石多为紫石（俗称"紫石桥"）。宋代江南石桥以紫石居多，当雨过天晴时，桥面晶莹光泽，宛如一座用紫石镶嵌的宝石桥。此桥历史久长，后世又多更换，桥体杂以青石、花岗石等石材。普庆桥在建造时完全依照古代建桥工艺，采用无支架施工法，把 64 根拱圈木与 5 根横梁木形成拱圈，全部用捆绑式结扎在一起，整架桥没用一根钉子，再现了中国古代精湛的造桥工艺，具有华丽美与富丽美。桥体为朱红色，桥身上左右两边各嵌有 5 个狮子探头，一如桥面重压在狮子身上。狮子气守丹田，不敢松懈，以防桥木散架，神态逼真、憨厚可掬。

万安桥位于镇北，建于宋代景定年间，明代和清代多次重修，并立碑勒石。该桥为单孔石拱桥，长 29 米，高 5.5 米。原来桥上有亭屋，故也称"亭桥"。此桥的结构、造型和用石，与镇南的普济桥基本相同，两桥同跨一河，南北相望，故称为"姐妹桥"。《金泽小志》称："金泽四十二虹，万安为首。"它比普济桥还早几年，古桥栏石云纹雕刻非常讲究，刻工手法如同颐浩寺大雄宝殿前的"不断云"石栏，云纹连绵，变幻无穷，奇丽多姿，巧夺天工。原先在桥面上建有亭阁，

颐浩寺

亭阁四周飞檐翘角，角挂铜铃，风吹铃响，为大桥的装饰增添了美丽的外形。在桥的东堍，有佛国亭，即一座寺庙，楼亭飞檐，内有佛像；在桥的西堍，有财神阁，也是一座庙宇，内有财神老爷赵公明。整座石桥的结构设置古称"桥挑庙"，即一桥挑起两座庙，这在江南古镇中是不多见的。万安桥于1959年被列为青浦县文物保护单位，是金泽极其珍贵的古桥。

迎祥桥位于镇南，建于元代至元（1335—1340）年间，明代天顺年间和清代乾隆三十三年（1768）两次修建。桥为六柱五孔梁架式石桥，全长34.25米，宽2.14米。其构造形式颇为独特：用长青石5块并列组成石壁式桥柱4条立于水中，形成五桥洞。石壁顶面横置石盖梁，梁面琢有半圆形凹槽，以稳固地搁置5根25厘米粗的楠木梁。上部桥面由砖木组成，在楠木梁上横铺枋板，枋板上密铺用石灰糯米拌浆砌成的青砖，形成砖体桥面。两侧采用水磨箩底砖覆贴，既可保护木梁，又增加美观，还能起到压重稳固作用。桥面两坡有踏级。因为元代蒙古族以骑兵著称，经常要疾驰过桥，所以迎祥桥桥面铺砖无桥阶、无桥栏。迎祥桥纵向坡度和缓，整座桥体略呈弧状，横跨水面宛如长虹卧江，颇为轻巧。因此，"迎祥夜月"

被列入金泽八景之一,有"月印川流,水天一色"之胜。同时伴以精巧的桥面造型,在全国堪称罕见。为了保护好这座古桥,当地政府在桥南100米处建造了一座大型水泥公路桥,在古桥的东南面,另辟园地建造古亭,栽种树木花草,供游人赏景休憩。古亭上有一副楹联"虹影环空如入画,水天一色合吟诗",充满诗情画意。2014年,迎祥桥被列为上海市文物保护单位。

10多年来,当地政府始终奉行"原生态、保持和延续传统格局、还原历史风貌"的宗旨,以自身保护为先,专门成立了"金泽古镇保护管理委员会",下设"金泽古镇保护办公室"和"金泽古镇保护专家顾问组",形成了一个组织严谨、协调一致的古镇保护机构。2012年8月开始进行第六批中国历史文化名镇申报工作,2014年2月获批成为第六批中国历史文化名镇。

金泽古镇传统历史建筑众多,除已纳入市、区级文物保护单位的外,尚有数量众多的不可移动文物点,总建筑面积达43252平方米。由于金泽古镇自然生态保持较好,古镇上大部分原住民仍生活在老宅里,居民至今还保留着江南水乡悠闲、恬静的居住环境,为古镇注入了生气,可以说金泽古镇是一个"活着的江南桥乡"。在古桥边,我们与几位纳凉的老太闲聊,老人们一个个幸福写在脸上:政府帮我们装上自来水,改造了卫生间,年过60每月发放1000块养老金,不要太适意噢!早年,有位上海人花8万元在这里买了一处老宅,装修好了在此养老,现在看来真是赚大啰!

迎祥桥

七宝，修复改造承载历史

上海人说："十年看浦东，百年看外滩，千年看七宝。"七宝是一座拥有千年历史的古镇，典型的城中之镇，又是离上海市区最近的古镇，可以说是上海传统民俗文化的一个缩影。

七宝古镇，初兴于后汉，至宋初略显规模，鼎盛于明清。古镇得名有两种说法：其一，传说明嘉靖、万历年间镇上有"飞来佛""氽来钟""神树""金字莲花经""玉斧""玉筷""金鸡"七件宝物，因此得名；其二，缘寺得名，寺为"七宝教寺"，始于宋初。该寺初为福寿庵晋陆机、陆云家祠，在松江陆宝山，俗称陆宝庵、陆宝院，五代十国，庵迁往淞江，吴越王钱镠赐以金宝莲花经，并云"此亦一宝也"。后江水啮岸，三移其址于蒲汇塘之北。宋初七宝里人张泽舍宅拓寺，宋真宗大中祥符元年（1008）赐额"七宝教寺"，如今在七宝二中校园内仍有遗迹可寻，已被列入文物保护单位。

20世纪90年代末，七宝地区房地产开发如火如荼，波及古镇。因为蒲汇塘横穿古镇，"亲水"的诱惑让不少房地产商打起了如意算盘：全盘推倒重建，进行大规模开发！为保护历史文化遗产，七宝镇人民政府慎之又慎。经过反复思量，他们认定，七宝老街承载着千年文化乃至上海的发展文脉，具有厚重的历史文化价值，并最终决定，退回房地产商的定金，挖掘古镇蕴藏的旅游资源，还原古镇。

2000年9月，七宝镇政府组建了"七宝古镇实业发展有限公司"，斥巨资对七宝老街进行修复改造，整理历史文化，再现独特的人文景观与个性特色。七宝

七宝，修复改造承载历史

近水楼台

老街形成于北宋，距今已有千年历史，虽然经历风雨侵蚀，但其整体格局未变，是闵行区保留较为完整的历史文化街区。老街呈"非"字型布局，堪称中国古代城镇规划史上的活化石。其民居、商铺、桥梁仍保持典型的明清建筑风格，临河水阁、吊脚楼、拱桥等自成一体。改造前，老街破烂不堪，很多老平房藏污纳垢，居住环境十分恶劣，居民期盼早日拆迁。在老街修复改造中，他们努力把握好两点：一是尊重原有格局，适当调整；二是把握景点间的内在联系，保护深厚的历史内涵和文化底蕴。

2002年下半年老街一二期改造工程完成，全面保留了江南水乡特色，当地人概括为四句话："一钟一街三座桥，两厅两台一幢楼，一条清溪东西流，水阁风光舟悠悠。"七宝钟楼保藏的明代铜钟系七宝地方传说中的一宝"氽来钟"，距今约有500多年的历史。古钟悬挂于此，满足了游客瞻仰铜钟和敲钟的愿望。七宝老街垂直于蒲汇塘，由蒲汇塘分为南、北大街，全长368米。北大街是民俗文化旅游购物一条街，南大街是餐饮小吃一条街，荟萃了20世纪50年代原汁原味的当地小吃，别具特色和风味。步入老街，人们在此寻找老上海的传说，让人感到进入了古朴的文化氛围之中，游客在潜移默化中得到传统文化的熏陶。蒲汇塘上有

"非"字形老街

3座桥：康乐桥、蒲汇塘桥和安平桥。蒲汇塘桥也称为"七宝塘桥"，已有几百年风雨沧桑的历史，站在桥畔，可欣赏到古镇的全景。明代解元厅、清代四面厅极富古典美；世界级雕塑大师张允仁纪念馆庄严肃穆；斗姆阁八角飞翘，斗拱托檐，斗姆神是道教信奉的女神，神像三面四首左右各有4个臂膀，为研究道教历史提供了实物资料。

修复后的七宝老街，成了商业黄金地段。为凸显老街的历史文化底蕴，提高古镇文化软实力，当地政府巧打民俗牌，为人们娱乐消遣营造富有价值的公共空间，先后设立了张充仁纪念馆、周氏微雕馆、皮影馆、棉织坊、老行当、老当铺、老酒坊、蟋蟀草堂等八大景点，老街人流如织。

张充仁（1907—1998），七宝人，青年时代求学比利时，其作品于欧洲数获殊荣，曾与漫画大师爱尔热合作编绘《兰莲花丁丁在中国》而轰动欧洲。学成回国，艺术精品迭出,引起海内外注目,卓越成就使其成为杰出画家、世界级雕塑大师。七宝人民为了纪念张充仁,专门设馆展示他的生平及艺术成就。

周氏微雕馆以"红学"为文化底蕴,以微雕为表现手法,用大观园全套微雕作品、《红楼梦》石刻、大量图文资料,全面展示《红楼梦》的巨大艺术魅力。

七宝皮影是上海近代皮影的发源地,有百余年历史,至今有7代传人,系江南皮影的一大流派。"皮影馆"集当地民间戏剧、民间美术、民间工艺、民间音乐和地方方言为一体的七宝皮影,具有鲜明的传统色彩和独特的艺术风格。

明清两代,七宝因棉纺织业的发展而趋于繁荣,所产棉布有"七宝尖"之称。"棉织坊"以实物、操作表演、人物蜡像,展示棉布的纺、染、织传统工艺,让今人领略七宝地方布文化与先人的智慧与勤劳。"老行当"拂去历史封尘,将传统行业浓缩、提炼,以街景、实物、人物蜡像再现旧时七宝百业兴旺景象。铁匠、竹

蒲汇塘桥

七宝老街

匠、银匠、作铺、豆腐坊，置人于数百年前叫卖声中，体味先人劳作与生存状态。

"老当铺"曾因典当浙江巨商 12 对紫金狮子而闻名遐迩，抗战期间，毁于日寇炮火，现于原址建以传统当铺模拟景点，表现千年古镇商业文化风情。

七宝蟋蟀名噪沪城，尤以"铁砂青"饮誉江南。"蟋蟀草堂"则展现了这一饶有趣味的文化现象。草堂于典雅环境中，挖掘、归纳历代蟋蟀文化，或捕，或饲，或竞斗，其器具、方式一一展示。每年秋天，当地人在此举办"蟋蟀节"，于闲暇中衍生了无穷乐趣。

如今，七宝人十分庆幸，在波澜壮阔的城市化进程中，当地政府凭着对历史文化的敬畏，老街不仅保留下来，成为上海的一个知名旅游景点，形成了"东有城隍庙，西有七宝街"的品牌效应，而且为中国历史文化街区保护提供了又一成功的案例。历史还在，文化也有。

朱家角，闯出古镇保护模式

朱家角坐落在上海市青浦区内，号称"上海第一大镇"。据史料记载：朱家角镇在宋元期间形成小集镇，名"朱家村"，先后分属于华亭县、上海县、青浦县、昆山县。明朝万历四十年（1612）因水运交通便利，商业日盛，朱家角逐成大镇。朱家村改名为"珠街阁"，又名"珠里""珠溪"，俗称"角里"。朱家镇曾以标布业著称江南，号称"衣被天下"，成为江南巨镇。清代以后，成为青浦县西部的贸易中心。至清末民初，商业之盛已列青浦县之首，为周围四乡百里农副产品集散地。宋如林在清嘉庆《珠里小志》序中描述道："今珠里为青溪一隅，烟火千家，北接昆山，南连谷水，其街衢绵亘，商贩交通，水木清华，文儒辈出……过是里者，群羡让耕、让畔之风犹古，而比户弦歌不辍也。虽高阳里、冠盖里媲美可也。"至抗日战争前，镇上商贾云集，人烟繁盛，以北大街、大新街、漕河街为商业中心，从一里桥元号油厂至东市

石拱放生桥

漕港河将朱家角分成两半

街梢,街长三里多,店铺千余家,有"三泾(朱泾、枫泾、泗泾)不如一角(朱家角)"之誉。民国时米市极盛,青角薄稻米名闻遐迩,其时漕港两岸的米厂、米行、米店就有百多家,每届新谷登场,河港几为米船所壅塞,其盛况可见。加以镇上商业行业齐全,网点遍布,货源充足,营业兴盛。

如果说900岁的水镇周庄小巧精致,似小家碧玉,千年古镇朱家角则具气势磅礴、大家闺秀的风采。同学陆德琮、宋文海是上海人,对朱家角的特色耳熟能详:一桥、一街、一寺、一庙、一厅、一馆、二园、三湾、二十六弄。漕港河将朱家角分成两半,北岸井亭港,南岸北大街,两岸遍布蜿蜒曲折的小巷,花岗岩石的街面,青砖黛瓦的明清建筑及众多的历史遗迹。一桥,当推沪上第一石拱放生桥,也是江南地区最大的五孔大石桥。其他30多座古石桥之壮美也不逊于其他古镇,中和桥和西栅桥可与周庄双桥媲美,三步之遥的"高低桥"、"微缩景观"的课植桥、"咭咯"作响的戚家桥、"纪念国耻"的永丰桥也颇具特色。二十六弄,路通街,街通弄,弄通弄,形成网络式棋盘格局,以多、古、奇、深名闻遐迩。

朱家角迷人之处还在于世人皆知的"三多":名人多,明清建筑多,河埠、缆石、茶馆多。"名人多",朱家角环境幽静,是读书做学问的风水宝地,历来文儒荟萃,人才辈出,明清两代共出进士16人,举人40多人。其中知名度较高的有清代学者王昶、御医陈莲舫、小说家陆士谔、报业巨头席子佩、画僧语石等。"深宅大院明清建筑多",历史上许多富贵人家和文人雅士在此建园造宅,全镇古宅建

筑有四五百处之多,风火墙、石库门、墙门人家随处可见。"三泖渔庄""王昶故居""福履绥祉",以及席氏厅堂、陆氏世家、陈莲舫故居、仲家厅堂等数十处,还有无数沿街明清建筑,飞檐翘角,黛瓦粉墙,组成一幅明清水墨画卷。"河埠、缆石、茶馆多",朱家角是水的故乡,水多桥多,河埠多,紧挨在一起的缆船石不计其数,那造型各异的水桥,那千姿百态的缆船石,布满全镇的大河小巷,这些江南水镇特有的景观,细细欣赏观察,不觉令人兴趣盎然,简直是历史、文物、建筑、风情、

朱家角备受中外游客青睐

朱家角因水而秀

艺术等内容构成的综合体。有凸出石驳岸的"两面河滩",有凹进石驳岸的"单面河滩",更有"人从前门进,河滩从屋后出"的"隐身河埠"。而那些镶嵌在水巷石驳上的花岗石浮雕缆船石更是琳琅满目、趣味无穷,有的雕成牛角,有的凿成宝剑,有的刻成怪兽,面目狰狞,有的琢成如意,呈现吉祥、古朴的美,这些已有几百年历史的雕刻艺术将古镇点缀得更具风韵。古镇茶馆,大多集中在放生桥、北大街一带,不下十几爿,有年代久远古老的"俱乐部茶楼",更有古色古香的"淼趣楼",也有排门板门面、几张桌子几条长凳的简易廉价的农家茶馆。最有趣的是在茶船上品香茗、望廊桥、看水景、听流水,煞是优哉游哉,不亦乐乎。

与其他古镇相比,朱家角最大的优势在于地处上海后花园,享受着上海卫星城及重点城镇开发的待遇,是上海试点城镇建设中唯一定位中国传统文化特色的市镇。在经济建设大潮中,当不少古镇纷纷失去旧时模样时,拥有1700年历史的朱家角古镇,却将珍贵的传统风貌顽强地延续了下来。近20年来,当地政府从历史责任感的高度,聘请各路专家为古镇保护把脉开方,曾先后三次举办集全世界建筑、艺术、文学泰斗之智的"新江南水乡"国际论坛;一掷万金在全球范围内征集"新江南水乡"概念设计方案,得出了"留住我们的根"的共同呼声,古镇保护的"朱家角模式"应运而生。

"朱家角模式"第一要义就是对古镇保护提出"高起点的规划"。在朱家角的保护和开发过程中，他们富有创造性地提出了"保护是最具远见的开发，开发是最富成效的保护"的理念，正确处理新与旧、保护与开发的关系。大胆地实施保护古镇、开发老镇、建设新镇，以新促老、以老带新的举措。2003年，《朱家角古镇保护规划》将朱家角古镇历史文化遗产构成要素条分缕析，建立了以节点、轴线、区域为原则的遗产资源保护系统结构框架，提出了完全保留、保留修复、保留外观改造等方法，以保留古镇原汁原味的历史风貌。2004年，《朱家角中心镇控制性详规》将中心镇布局为历史保护和观光旅游、城镇居住、特色居住、公共商业服务和休闲度假旅游五个功能区，为朱家角中心镇新一轮发展提供了规划控制与法定依据，充分体现了江南水乡和生态宜居的特点。

在破解古镇保护的难题上，当地政府大胆提出了"让古镇居民享受现代文明"的口号，赢得了大量"原住民"的欢迎。在改善旅游环境、改善基础设施的过程中，地方政府花大力气收购了一批优秀历史建筑，向社会公开招租，"筑巢意在引凤，买椟为了藏珠"，期望能在保留原有历史风貌的同时再造文化氛围。正是在这样的大手笔下，一批高品位的展示馆相继在朱家角落户：丝绸博物馆、申窑展示馆、翰林匾额博物馆、全华水彩画艺术馆、上海手工艺展示馆等五个颇具特色的顶级博物馆在不到两年的时间内，相继落户朱家角，为营造古镇原生态文化氛围奠定了基础。

古镇以桥多、弄多显露出无限的水乡文化气息，朱家角因水而秀，因水而盛，数百年造就了无数豪杰。早在明代，朱家角就办有书院、义塾，清代以后兴建众多学堂，民国时期开始兴办中学。朱家角的"文儒"个个惜书如命，平民百姓也以读书、藏书为乐。如今，朱家角的"民间藏书"名扬海内外，镇上家庭藏书普及率达50%以上，民间藏书的总数10万多册，超过全区21个镇图书馆藏书的总和。比文化功底，讲文化品味，行文化消遣，吮文化内涵，已经成了朱家角人的生活时尚，它犹如绿叶衬牡丹，给水乡泽国添上重重一笔，这应是朱家角一笔丰厚的文化遗产。

磁器口，留住旧日老时光

磁器口牌坊

"一条石板路，千年磁器口"，相信到过重庆的人都知道这个地方：青砖黑瓦，简洁大气，一条条青石板铺就的巷子曲径通幽，一幢幢斑驳的房屋古朴陈旧，一旁的嘉陵江水缓缓地奔流着，这一切仿佛都在向人们诉说着老重庆最朴实、最宁静的篇章，而来来往往的人群却又让这里时时刻刻充满着热闹与喧哗。这就是磁器口古镇，重庆城里最具历史记忆的地方——国家4A级景区、中国历史文化名街、重庆市重点保护传统街。

磁器口古镇位于重庆市沙坪坝区嘉陵江畔，始建于宋代，拥有"一江两溪三山四街"的独特地貌，形成天然良港，是嘉陵江边重要的水陆码头。曾经"白日里千人拱手，入夜后万盏明灯"，繁盛一时。磁器口蕴含丰富的巴渝文化、宗教文化、沙磁文化、红岩文化和民间文化，各具特色，是重庆古城的缩影，被赞誉为"小重庆"。

磁器口最早的名字叫白岩场，始于宋真宗咸平年间（998—1003），因为这里曾有一座白岩寺而得名。相传明建文四年（1402），建文帝朱允炆被其四叔朱棣篡位，逃出皇宫后削发为僧。当他流落到巴渝一带时，曾在白岩山上的宝轮寺隐匿长达四五年。世人知情后，就以皇帝真龙天子曾经隐居在此的事实而将宝轮寺改名为龙隐寺，白岩场也被改称为龙隐镇。清朝初年，瓷器在很长一段时间里成为龙隐镇的主要产业。1918年，本地商绅集资在镇中青草坡创建了新工艺制瓷的"蜀瓷厂"，远销蜀外。后来随着工艺进步，瓷器品种增多，名气越来越大，龙隐镇里瓷器业最发达时有70多家。民国时期，重庆成为陪都，因为水运方便，龙隐镇成为嘉陵江中上游各个州、县和沿江支流的农副土特产的集散之地。城里的一些大商贩在磁器口开设分店收购货物，输出以棉纱布匹、煤油盐糖、洋广杂货、日用百货、五金颜料、土碗土纸和特产烟丝等为大宗物品。当时有商号、货栈和各种作坊达1670多家、摊贩760多户，

打更

华子良塑像

热闹的街市

每天有 300 多艘货船进出码头。商人们将龙隐镇叫成了"瓷器口",后来因为"瓷"与"磁"相通,又被叫成"磁器口"。1958 年,码头移至汉渝路,磁器口逐渐失去过去水陆码头的集散地和中转站的作用。为了保存这片蕴藏丰厚历史和文化的遗迹,当地政府采取有力措施,将磁器口古镇打造成民俗文化街区。1997 年,重庆新发行的一套《最后的回忆》地方磁卡,与解放碑、通远门、临江门并列的就是磁器口大码头。2008 年 4 月,为保护磁器口古镇山城山水特色和民俗风情风貌,继承并弘扬巴渝优秀历史传统文化,当地政府制定《重庆市磁器口古镇保护暂行办法》,鼓励在古镇内传承具有地方特色的非物质文化、发展创意产业。磁器口以鲜明的民族和地域特色,显示了旺盛的生命力和强大的吸引力,每天来自海内外参观、旅游的游客络绎不绝。

磁器口古镇历史文化底蕴丰厚,是重庆历史文化名城极其重要的组成部分,尤其令当地老人引以为自豪的是古镇有"三多":庙宇多、名人足迹多、茶馆多。

在磁器口，几乎所有的人都知道，当地佛、道、儒三教并存，有"九宫十八庙"之说，宝轮寺、云顶寺、复元寺、文昌宫……不一而足。在小巷穿行，只要发现残墙断垣，向居民打听，准会得到这样的答复："这里原来是个庙子。"昔日，在这里香会、庙会、花会，以及正月龙灯、清明风筝、端午龙舟、七月河灯、中秋赏月、重阳登高等，一年到头从不间断。在老百姓中流行着这样一句话："初一十五庙门开，烧香拜佛请进来。"现在保存完好的"宝轮寺"，建于唐初，大雄宝殿正梁上刻有"尉迟恭建修"字样，殿柱是约两人合抱的马桑树，整个建筑系全木结构，未用一颗铁钉。殿中两桩刻有盘龙抱柱，栩栩如生，最奇的是两柱基石，一柱凸出地面尺许，一柱凹下几寸，但两柱平衡，历时千年之久，全殿无歪斜之影，堪称一绝。

20世纪初，四川总督刘湘在磁器口开办炼钢厂、机修厂，成为四川最早的炼钢基地。抗日战争时期，省立教育学院在磁器口办学，学贯中西的国学大师吴宓在这里任教，除传道授业、著书立说之外，偶尔也会到镇中心的茶馆去坐坐，一边品茶一边与茶客摆"龙门阵"，了解民情与社会。著名的诺贝尔物理学奖获得者、美籍华人丁肇中，在抗战时期曾就读于磁器口正街宝善宫内的嘉陵小学。磁

山城一角

器口凤凰山作为国民政府教育部美术委员会驻地，聚集了徐悲鸿、傅抱石、王临乙、张书旗、丰子恺、宗白华等众多的全国知名的美术家及美学家。当年一部《红岩》，燃起多少年轻人激情澎湃的梦，许云峰、江竹筠、成岗、双枪老太婆等英雄形象光彩照人，展示了革命者的崇高精神境界和思想光辉。华子良更是家喻户晓，在磁器口留下了他革命活动的足迹。据老人们讲，华子良经常到镇上买菜、担盐巴、挑酱油，买完东西就走，老辈人都见过。如今，在磁器口正街169号鑫记杂货店门口，伫立着华子良的铜像。老人蓬头垢面、身背竹篓、手拿草帽，似乎在镇上买菜，其实是在与地下党接头，因此鑫记杂货店为古镇增添了神秘色彩。

磁器口古镇最有特色的还是茶馆。昔日在这千年古镇随处可见茶馆，当年的水手、袍哥大爷、闲杂人等都喜爱出入此间，茶馆成了鱼龙混杂之地。在重庆作为陪都期间，这一个小镇茶馆达100多家。"书场茶馆"又称艺人茶馆，是品茗欣赏民间艺术的地方，这里有川剧坐唱（打围鼓）、四川清音、四川竹琴（扬琴）、荷叶清唱，茶馆里每天座无虚席。特别是晚上能在茶馆登台说书的人，都是上品的高手，所以人们称之为"品仙台"，都是挂牌说书，看谁有绝技高招，谁能争取更多的茶客，谁就能得到"红包"。哪一位说书人讲得好，茶馆的生意必定会更加兴隆，老板自然高兴，说书人得的红包就越厚实。直到现在，茶馆仍是磁器口一景，百来米长的老街便有13家茶馆，家家茶客满座，古风犹存。

磁器口虽然以古朴的建筑和独特的历史记忆为主要特色，但近几年，古镇开发了榨油、抽丝、制糖、捏面人、川戏等传统表演项目和各种传统小吃，每年春节的磁器口庙会盛况空前。具有浓郁地方特色的传统技艺，留住了旧日老时光，吸引了数十万市民前往观赏。

镇北堡，张贤亮打造银川神话

镇北堡距银川市35公里，曾经作为军事设施存在的古堡，如今是宁夏因地制宜打造出的一个文化符号。它保持并利用了古堡原有的奇特、雄浑、苍凉、悲壮、残旧、衰而不败的景象，突出了它的荒凉感、黄土味及原始化、民间化的审美内涵，

镇北堡遗址

成为现代影视作品诠释西部风光的最好载体。

　　汽车穿过银川西北郊一片荒野,两座古代城堡遗址赫然跃入我们眼帘,这就是闻名国内的镇北堡古城、被誉为"中国一绝"的镇北堡西部影视城所在地。

　　两座城堡是明清时期为防御贺兰山以北各族入侵府城(银川城)而设置的驻军要塞,镇北堡因此得名。当地群众分别称之"老堡"和"新堡"。据地方志记载,老堡始建于明弘治十三年(1500)。当年明朝参将韩玉将军准备在贺兰山这一带修建城堡时,曾请风水先生看过"风水"。先生走遍四周,说这地方正处在贺兰山山脉中间,有"卧龙怀珠之势",有一条龙脉延伸下来,预言此处将来必出帝王将相,于是韩玉才决定把城堡建在这里。"老堡"在清乾隆三年(1738)被地震摧毁。清乾隆五年(1740),清政府为防御外族的趁虚而入,在震毁的老堡旁边不到200米处的地方,又修建了一座比"老堡"略大一点的土城堡,这就是所谓的"新堡"。这种古堡,在当地俗称"土围",是中国西北地区特有的"覆土建筑"。古代人讲究因地制宜、就地取材,城堡墙体没有一块砖石,完全用黄土夯筑而成。两堡一南一北,均坐西朝东。紧邻沿山公路东侧的老堡已被风蚀殆尽,仅存残墙断垣,形制尚存。城东西长175米,南北宽160米。向北穿过城中黄土路,是老堡瓮城遗址。再向北行200米便是新堡。新堡城池较完整,东西长170米,南北宽150米,高10余米。东面辟有半圆形瓮城,城门南侧有一斜坡可登上城墙。城墙宽5米,墙

古堡老街

上筑砌有 1.8 米高的堞墙垛口。城墙四角原建有角楼，角楼基址依稀可见。经过数百年的雨雪风霜以及人为的破坏，到 20 世纪五六十年代，边防要塞的雄姿已经荡然无存。

月亮门

20 世纪 70 年代初，张贤亮以"劳改犯"身份到贺兰山下的南梁农场进行"劳动改造"。在经常往返的从农场到银川的途中，他注意到了这座已经废弃的古堡镇北堡。荒凉的古堡在那个时代没人留意，张贤亮却注意到了荒凉地貌和文化内涵后的价值。20 世纪 80 年代，张贤亮以《灵与肉》《绿化树》《男人的一半是女人》等作品蜚声文坛，同时将镇北堡介绍给电影界朋友。1988 年，张艺谋执导的电影《红高粱》斩获国际大奖，其主要外景地镇北堡逐渐进入人们视线。

1992 年，《光明日报》《人民日报》分别发表了题为《红高粱"红"了镇北堡》《影视界看好宁夏"外景地"》的文章。两篇报道吸引了镇北堡所在地贺兰山林草试验场时任场长袁进琳（后任宁夏回族自治区人大常委会副主任）的关注，他不仅将

这两篇报道大量复印，广为散发，而且就此率先提出恢复外景地、发展旅游事业的初步设想，得到各方的热烈响应。在具体筹划时，大家一致认为此事应该由时任宁夏文联主席的张贤亮牵头，借助他的名望和号召力促成此事。张贤亮当仁不让，坚定地扛起这杆大旗，贡献了毕生精力。

1993年镇北堡西部影城成立，颓垣断壁不仅得到"修旧如旧"的维修，而且按国际上整修文物古迹所通行的"可逆性"原则逐步修复。1998年，镇北堡西部影城又在自治区及银川市政府的支持下搬迁了堡内居住的22户牧民，区市两级政府和镇北堡西部影城给搬迁的牧民盖了新砖房、新羊圈，一次性地支付了搬迁费用，让牧民们能在崭新的基础上发展经济。不仅如此，镇北堡西部影城还承诺每年给牧民们所在的乡村7万元公益补助金。在全国范围内，很难再找出一家如此善待搬迁户的企业。镇北堡西部影城可说是在维护文物古迹的基础上发展旅游业的一个典范。

宁夏华夏西部影视城有限公司成立于1993年9月，系股份有限责任公司，由著名作家张贤亮任董事长。镇北堡西部影城在中国众多的影视城中以古朴、原始、粗犷、荒凉、民间化为特色。谁会想到一座被遗弃于西部荒漠的明代古堡，虽没有秦都唐宫那样气派壮观的废墟遗址，却会在数百年后的今天闪烁出那么耀眼的火花？在这里，朱时茂和丛珊脱颖而出，姜文穿着大裆裤伸手摘走"百花奖"的桂冠，巩俐坐着"我奶奶"的轿子颠进了世界的行列。喜剧明星葛优也最先从这里亮相，陈道明、周里京、谢添、刘晓庆、斯琴高娃、林青霞、王馥荔、周星驰、王玉梅、赵雅芝等影视明星都在此留下了他们的身影和足迹。

古堡又因地貌和影城

张贤亮

内部场景代表了旧中国西北地区的乡镇风情而被誉为"中国一绝,西北大观"。它是融合了历史遗迹的人文景观与现代影视艺术相结合的产物,是享誉海内外的中国西部题材和古代题材的电影电视最佳外景

《红高粱》拍摄地

拍摄基地。镇北堡西部影城"借影视艺术之体,还民俗文化之魂",再现了祖先们的生活方式、生产方式和游乐方式,现已逐步成为中国古代北方小城镇的缩影,以"继承中华传统,弘扬民族文化"精神为主线,逐步实现了从"出卖荒凉"向"出卖文化及历史"的跨越。

将一个昔日废弃多年的古城堡,逐步发展成为今天的"镇北堡西部影城"和5A级旅游景区,古堡历经数百年沧桑,以其雄浑、古朴的风格,成为贺兰山东麓风景旅游景观,并以它那特有的神韵,引起中国许多著名电影艺术家的浓厚兴趣,被艺术家们称赞为"神秘的宝地",成为宁夏最响亮的文化品牌,给西部大开发提供了一个成功的范例。迄今为止,这里已拍摄了获得国际国内大奖的《牧马人》《红高粱》《黄河谣》《黄河绝恋》《老人与狗》以及著名影视片《大话西游》《新龙门客栈》《乔家大院》等近百部影视剧。在此摄制的影片之多,升起的明星之多,获得的国际、国内影视大奖之多,皆为中国各地影视城之冠,所以有"中国电影从这里走向世界"的美誉。

当年张贤亮先生宣称:"科学技术是第一生产力,而作为人文科学的文化艺术也是一种生产力!文化艺术能极大地提高商品的附加值,在市场经济高度发达后,文化艺术品将是最昂贵的商品之一。""文化是第二生产力"。当我漫步在这些影视场景之中,仿佛来到了梦幻般的神仙地界,张贤亮的确创造了一个神话。

鸡鸣驿，再现昔日光彩

2005年6月，世界文化遗产基金会公布全球100处濒危遗产名单，中国有6处，张家口市怀来县鸡鸣驿赫然在列。毫无疑问，鸡鸣驿这座有着近800年历史的古村落，乃京都周边规模最大的驿站，是目前国内保存最好、规模最大、最富有特色的邮驿建筑群，具有重要的历史、艺术、科学价值，成为中国古代邮政考古、机要考古的活化石。

中国的通信历史源远流长，距今已有3000余年。孔子曰："德之流行，速于置邮而传命。"用"邮"的速度来比喻德政的施行，可见春秋时期邮传已经相当普遍。驿站作为古代邮驿的重要组成部分，设置于驿路沿途，是供传递官府文书和军事情报的人或来往官员途中食宿、换马的场所。因为承担的都是通信功能，人们常常把驿站比作古代的邮局，只不过驿站向来都是官办官用，并不能解决普通百姓的通信需求。

1900年，八国联军侵占北京，慈禧太后和光绪皇帝在西逃途中曾留宿于此院

鸡鸣山驿

从北京出发，过居庸关，穿八达岭，经延庆一路往北行走100多公里，一座奇特的山峰便耸峙在人们面前，这就是怀来县内海拔最高的鸡鸣山。背靠鸡鸣山有一条古驿道，早在先秦时期，这条驿道就是"上古干道"的组成部分，从河北蔚县而来的"直道"，经过这里直抵辽阳。汉代随着商贸交流的增多，这条路扩展为"古北平西北干道"。到了辽代，驿路又成为连接析津府（今北京）的"五京邮路"。经过各朝代的扩展延伸，驿路成了东经居庸去燕、冀，西至大同、新疆，南通飞狐、紫荆关，北达库伦、俄罗斯的政商通路，而鸡鸣驿就坐落在这条驿道的咽喉部位。

明代迁都北京后，为加强北方边防，抵御蒙古的南侵，鸡鸣驿逐渐成为宣化府通往京城的第一大站，兼有递运、接待、传烽等功能，城内驿丞署、驿仓、指挥署、驿馆、马号等邮驿设施逐渐完善，基本形成了今天我们看到的驿站格局。正统十四年（1449）"土木之变"后，北部边境吃紧，出于防御的需要，鸡鸣驿始建土垣。隆庆四年（1570）春，又在原有城墙基础上加厚加高，并在城墙内外侧镶包青砖，以起到保护墙体的作用，筑就起了保存至今的坚固城墙，鸡鸣驿最终完成了从一个驿站到一座驿城的华丽转身。

到了清代,九边对峙的状态彻底结束,清廷开始合并减缩卫所,减裁兵员。1896年,大清国家邮政开办,清廷宣布裁汰驿站。1913年,北洋政府撤销全国驿站,鸡鸣驿作为驿站的历史最终落下了帷幕。

说鸡鸣驿是一座驿,倒不如说是一座城。鸡鸣驿城墙周长2330米,墙高11米,墙体底宽5—8米,顶宽3—5米。在城墙东、西偏南处设有两座城门,城门上方筑有两层越楼,门额分别写有"鸡鸣山驿"和"气冲斗牛"。从东城门两侧的台阶拾级而上,登上城楼向城内俯瞰,鸡鸣驿的整体布局在眼前铺陈开来。驿城近似方形,面积22万平方米。城中贯通东西两座城门的主街与城外的驿路相接,这条大街也就成了驿路的复道。来往的驿马由此穿城而过,所有军报、公事的传递,物资护送转运,过往官员接待等都曾在这里留下过历史的足迹。鸡鸣驿东西大街上的商业曾繁盛一时。由于处于商旅往来必经的交通干道,驿城内私人经营的车马店、茶房、酒肆等在明代后期逐渐兴起。到了清代,随着张库大道通往俄罗斯的国际交通干线的开设,鸡鸣驿成为当时著名的商品集散地,清末曾有"商贾一条街"的美誉。鸡鸣驿保存较好的建筑有驿丞署、指挥署、公馆院、马号、军号、驿仓、驿学等,其中,驿丞署、指挥署和公馆院的规制较高,规模也比较大,展现着"京西第一大驿"曾经的辉煌。

明代建筑的指挥署，是明清两代负有执行驿务和防守驿城双重责任的指挥机构，也是全城最高军事长官的官署。指挥署现存有5进院落，房檐上精美的砖雕、木制的房门和窗户大多保存完好，屋内门窗隔扇做工考究，雕刻有琴、棋、荷莲、蝙蝠等图案，颇为精致。其中二进院是指挥署的主要院落，1900年，八国联军侵占北京，慈禧太后和光绪皇帝在西逃途中曾留宿于此院。据村民介绍，院门外拐角墙上砖刻的"鸿喜接福"4个大字就是慈禧当年所题。

此外，鸡鸣驿内还保存着众多寺庙建筑，现存的永宁寺、龙神庙、白衣观音庙、财神庙、关帝庙、普渡寺、泰山行宫、城隍庙等分布在驿城四处。许多庙宇的墙上还保存有精美的明清时期壁画。其中，最具特色的当属泰山庙主殿东西两壁上的碧霞元君修道图，这48幅连环民俗壁画，长约9.8米，高2.3米，展现了碧霞元君从下凡降生到苦修成真的全过程。壁画用笔婉转流畅，充分显示出中国传统道教文化的精髓，气势宏大，令人叹为观止。

自20世纪初驿站被裁撤后，鸡鸣驿这座古村落便远离了车马的喧嚣，渐渐趋于平静。除了高大宏伟的城墙，这里似乎和张北平原上其他的村庄没什么不同，人们日出而作、日落而息，依旧行走在那条穿城而过的驿路上。而驿站内的衙署建筑，大多被私人购买和居住，指挥署变成了贺家大院，驿丞署则先后用作大队部、供销社和卫生所。这些建筑年久失修，或倒塌，或改建，往日驿站的风采渐渐埋

修复后的古城墙

传递官府文书情景

没于百姓家长里短的生活之中。

1982年，鸡鸣驿被列入河北省重点文物保护单位，当地政府加强了对城墙和文物建筑的保护，对城内部分文物建筑进行了抢险维修，延缓了文物建筑的损坏速度。1996年8月，当时的邮电部为纪念中国邮政开办100周年，发行了纪念邮票《古代驿站》一套2枚，其中一枚就是鸡鸣驿。2001年6月，鸡鸣驿被国务院公布为第五批全国重点文物保护单位，2005年又被建设部、国家文物局列为第二批中国历史文化名村。2003年、2005年，鸡鸣驿先后两次被美国世界文化遗产基金会列入100处世界濒危遗产名单，鸡鸣驿城的重要历史地位和文物价值逐渐被人们认知和重视，抢修和保护驿城的工作相继展开。

2008年12月，总投资5亿元的鸡鸣驿城墙整体加固保护工程正式启动，至2011年顺利完工。2013年，鸡鸣驿又启动了指挥署、驿丞署、玉皇阁和魁星楼等22处文物建筑的维修工程，经过两年多的紧张施工，维修工程陆续完工。东城门下鸡鸣驿邮驿博物馆，翔实展示了鸡鸣驿的前世今生。博物馆前广场上有一组飞马传驿铜质雕塑，造型写实，生动形象，再现了鸡鸣驿的昔日光彩。

镇边城，巧做"红色旅游"

在河北怀来与北京昌平的交界处，一个叫作镇边城的村庄掩映在崇山峻岭之间，静谧、低调。可就这一个小小的村庄却被河北省人民政府列为第一批省级重点文物保护单位，2015年被农业部授予"最美休闲乡村"称号，2016年荣膺河北最美古村镇。

镇边城靠什么吸引人？当地友人蒋永宽是土生土长的镇边城人，他告诉我，镇边城，顾名思义因镇守边关而得名，它作为扼守京西的军事重地，在明代与北京的长峪城、白羊沟并称北京边关三城。明成祖迁都北京后，京西北因靠近蒙古各部，常常遭到侵扰。为避

镇边城南门

东城门墙体上留有密密麻麻的弹痕

免游牧部落的掠夺侵扰，明代便在这些峡谷中修建了大量的防御设施，堡垒、关城、烽火台、边墙错综复杂，烽火台更是一直穿山而出，直达官厅水库附近的怀来盆地。镇边城其实是一座石头城，城内过去有三街六巷七十二胡同，南北为街，东西为巷，无论街巷，均就地取材用石头铺就。房屋基本是四合院，大部分为石头砌成。城中间原有一座钟鼓楼，不对称地分布着12座寺庙、戏台和深达120米的古井，可惜这些寺庙均毁于"文革"，仅有关帝庙保存较完好。这里的居民大多为明初移民和戍边将士的后裔。在现代历史上镇边城也书写过辉煌：抗日战争时期，这里是昌（平）宛（平）怀（来）联合县政府所在地，中共怀来县第一个农村党支部在这里诞生。

面对如此厚重的历史，我们怀着一颗敬畏的心走进镇边城。刚刚修复的城墙和城门，巍峨古朴，城门上方"镇边城"3个大字，遒劲有力，给古城增添了几分神秘色彩。据当地人介绍，原墙体宽4米，顶宽2.5米，高4.5米，周长1732米，全部用凿石砌成。西城墙上原有北、中、南3个角楼，均设铁炮防守，城东、南、北面3座城门，其中南、北两座城门还带有两座瓮城。镇边城西边有凤凰山，西南是巍峨秀挺的笔架山，南边是磨脐山，东边有九龙山。城墙依山势而建，人们称它为"一龙九凤"。

据怀来县史料记载：1937年7月29、30日，平津相继失陷，日军约7万人沿平绥线进攻南口，国民党第七集团军汤恩伯、高桂滋部6万余人，奉命沿南口长城一线摆开战场进行阻击。这场攻守战从8月8日开始，到9月1日国民党军

镇边城，巧做"红色旅游"

队撤出镇边城，历时 20 余天，中国军队以伤亡 33691 人的代价，歼敌 15000 余人。走进东城门，我们便发现了墙体上密密麻麻的弹痕。这是抗战初期北战场一次重要战役。战后，中共中央机关刊物《解放》周刊发表短评："不管南口阵地事实上的失却，然而这一页光荣的战史，将永久与长城各口抗战、淞沪两次战役鼎足而立，长久活在每一个中华儿女的心中。"

1937 年 8 月，八路军晋察冀军区宋时轮、邓华支队挺进平西，开辟抗日根据地，建立抗日民主政权，昌（平）宛（平）怀（来）联合县政府在斋堂成立。随后，邓华支队来到镇边城村，发展李环九、李少伯、张怀仁加入中国共产党。同年在这里成立了以李环九为书记的"中共镇边城党支部"。党支部成立后，村民革命热潮高涨，村内相继成立了童子军、游击队、民兵连、妇救会等组织，党支部带领民兵和妇救会站岗放哨、破坏据点、筹集公粮，有力地打击了敌人，为新中国的解放事业做出过重大贡献。

"我们有古长城，有石头古城，有红色的历史，有质朴的民风，我们要把红色品牌做强做优，让红色文化作为全村旅游业的主导方向，引领旅游产业快速发展。"这是镇边城村原党支部书记张福成说过的一席话。张福成是蒋永宽的"发小"，当年可是村里的第一个"大款"。1981 年他贷款买了手扶拖拉机，到北京房山大安山煤矿去拉土

古城遗址

方，后来他买卡车搞运输，在村里做起了山货生意，每年把 300 多吨当地山货发往全国各地。像这样有经济头脑、为人正直、办事公道的共产党员，岂不是新形势下村干部最佳人选？经村党支部培养和推荐，2003 年张福成当选镇边城村党支部书记，并被村民选为村主任。

为挖掘怀来县"第一个农村党支部"的历史，张福成和党支部成员多次前往档案局收集有关历史文物，筹集 6 万元资金，修缮并恢复了怀来县第一个农村党支部旧址，使其不仅成为县、乡传统教育基地，也成为该村发展红色旅游的一大亮点。党支部旧址坐落在大槐树往北的一个小院里，两间正房，一间西房，屋内依然是当年的布局：几个旧木柜和一个小木桌，当时使用的火盆、油灯还在。每逢建党纪念日或新党员入党的日子，来自北京、河北的新老党员们会聚到这里，回顾党的光荣历史。每年来这里参与"红色旅游"的游客达 4 万人次。2012 年，党支部成员又筹资 300 万元对古城墙、古城楼和部分古庙宇进行全面修复，再现了长城边关风情。

通过抢修古城墙、古建筑，修缮农村党支部旧址、翻新古民居等举措，镇边城村形成了全民参与旅游服务的新格局。随着前来旅游、参观的游客逐渐增多，村两委班子成员意识到，游客在参观的同时，更喜欢"吃农家饭、住农家屋、干农家活、享农家乐"，如何抓住这一新的消费需求，拓宽村民和集体经济收入渠道，成为班子成员面临的新课题。张福成率先垂范，在古城东门对面，带头将自家的院子腾出来搞起了餐饮、住宿服务一条龙的农家小院。在他的带动下，村民们纷纷建起了不同风格的农家小院，同时利用乡微信公众平台、博客等网络媒体加强对外宣传力度。目前全村生态农家院已发展到 20 个，村里 260 余人从农家小院的经营中获益。

镇边城栽培核桃的历史可追溯到明朝万历年间，它粒大壳薄、果仁饱满、香脆可口，颇受国内外消费者青睐。2007 年镇边城成功注册"万历核桃"商标，党支部牵头成立核桃协会，全村核桃产业迈进了集约化经营、规模化发展、良种化栽培、科学化管理、产业化开发的轨道。2014 年，该村引进文玩核桃新品种，打造精品文玩核桃，每棵树利润至少 2000 元。目前，核桃产业已经成为村民增收致富的主要渠道，镇边城"寻古旅游""红色旅游"越来越兴旺，村民的日子过得越来越红火。

大汶口，山西街村在博弈

大汶口镇位于巍巍泰山南麓，悠悠汶水之阳，是举世闻名的大汶口文化发祥地。大汶口文化底蕴深厚，自新石器时代至今，已积淀了6000年的文明。汉朝时期，大汶口镇是钜平县城所在地，自清朝设镇已有近400年的历史。近年来，大汶口镇依托厚重的大汶口文化，借助大汶口遗址被列入国家"十二五"大遗址保护规

明代石桥

划和首批 23 处国家考古遗址公园立项名单的东风，深入挖掘全镇文化旅游资源，按照"政府主导、政企合作、产业引领、农民致富"的运营理念，对大汶口镇实施区域规划、产业策划、整体运作，努力提升大汶口镇的知名度和美誉度。以滨河石头古村落闻名的山西街村则浮出水面：古村内，一座明代石桥贯通南北，数百年来人们闲听汶水流淌、坐观历史兴衰；一块块花纹漂亮的汶河石作为古镇建筑的主材，让每栋房屋有着独特的韵味和岁月磨砺的质感；一所山西会馆依稀唤起人们对于这处明清商贾重镇车水马龙、一派繁华的憧憬与想象；村镇周边膏腴的汶阳田养育了一代代大汶口人，成为享誉世界的丰美粮仓。

如何将这座古村的优秀基因转化成"安其居、乐其俗"的心灵休憩之所？如今，古村的开发建设者——北京某投资公司，正在探索一种新的模式：以产业规划为重点，形成"以农业为基础，文化旅游为先导，休闲体验为核心，互联网技术为手段"的全面繁荣。为了让古村文化"活"起来，为了在保留古建筑的同时传承古村落的精髓文化记忆，建设者特别邀请高校专家对改造区域进行院落普查，并对当地村民进行访谈，形成了 30 余万字的《院落志》，详细记录了房屋历史、家族演变、村落传说。与普通的商业项目相比，山西街村开发的最大亮点是"改造"而非"新造"。没有推倒重建，而是进行抽丝剥茧式的尝试，为的是保留住时间和文化的印记，并将现代生活的品质融入其中。他们清醒地认为，如果不尊重古村

山西会馆

经历数千年磨砺而成的自然现状，只是一厢情愿地规划开发，不仅会遗失真正的古村之美，甚至对于古村本身的价值也是一种损伤。因此，项目团队用3年时间对该村的历史、人文、地域、产业特征进行深度研究，拟立了"80%老建筑保留，20%老建筑改建"的原则，在完整保留原有村落肌理的基础上，再进行艺术化创新，形成多元文化社区。

走进乡奢艺术酒店，"燕临居""香水""山楂树之恋""陶舍"等12座不同主题的院落格外抢眼。设计师的创意独具匠心：设计师根据院子格局、大小、位置设计主题，利用水景、树影、泳池、露天淋浴等元素来丰富庭院内容，更好地诠释乡村院落生活。"山楂树之恋"院子里有一棵老山楂树。古屋檐角有一个燕子窝则命名"燕临居"。老木梁、三条腿的旧木桌、喂牲口的石槽、河边的蒲草，这些被时间打磨的物件是乡村的最美馈赠，设计师将它们一一改造，成为可望而不可即的"奢侈品"。同时配备满足现代需求的各种设施，如泳池、地暖、酒窖、陶舍、木工坊等，让都市人体会传统而又鲜活的乡村生活。它既有历史的深刻与厚重，也有田园的闲适与温煦。既然叫"乡奢"，走的便是高端路线："山楂树之恋"独门独院，有一定的私密性，6间客房6347元起。我们对酒店的客源十分敏感，服务员声称没有问题，节假日供不应求。

在明代石桥正北边，坐落着一座气势恢宏的古建筑，当地人自豪地称之为"山

西会馆"。山西会馆作为山东省省级重点文物保护单位，坐西朝东，分南北两院，北为关帝庙，南为戏楼，总面积2883平方米。古代由于水路发达，大汶河作为南方和北方的交通枢纽，码头边逐渐出现了居民和店铺、旅店、手工作坊等设施，形成最初的村落。说到山西会馆，就不得不提大名鼎鼎的晋商。山西街村是随着明代古石桥建成而逐渐发展起来的，距今已有500年历史。乾隆二十四年（1759），具有敏锐眼光的山西商人看好这条生财之道，在石桥北街建起了山西会馆，用以接待过往的客商。会馆建成后，众多商贩、香客、游民聚集于此，逐渐发展成为集观光、民俗、文化、商业于一体的街区。由于山西商人在此落户比较多，所以得名"山西街村"。

据会馆对面一家餐馆的老板介绍，山西会馆最初是山西商人兑换银票的地方，山西人信奉武财神，所以会馆里面供奉的是关公像。新中国成立前，山西会馆由最初的食宿招待所改为学校，新中国成立后又先后改为盐业公司的仓库和供销社

山西会馆

破败不堪的老宅

修缮一新的民宿

的仓库，改革开放后才作为历史遗址保护起来。几年前，山西会馆的后人遵循"修旧如旧"的原则，投入巨资进行修缮，恢复了这座古建筑的本来面貌。会馆的后人坚信，山西街村拥有物质形态和非物质形态文化遗产，具有较高的历史、文化价值，希望山西会馆成为传统村落观光地。由于地方政府与投资公司确定了战略合作关系，对方负责实施区域规划、产业策划、整体运作，山西会馆后人不愿转让祖上的家业，亦不能单独对外开放，只好长期关门谢客。

2012年12月，为促进传统村落的保护和发展，我国确定了第一批共646个具有重要保护价值的村落，大汶口镇山西街村被列入中国传统村落名录之中。大汶口镇政府不仅数次投巨资，对山西街村古建筑群进行修缮，还在别处建设新村，实现原住民异地安置。在山西街村，我们看到不少百年老屋已经破败不堪，这些村民搬新楼当然求之不得，但不少原住民对政府和投资公司的做法表示不满。我们走进一处凌霄花盛开的院落，主人显然对这座面积达200多平方米的旧居怀有特殊感情。如今实施区域规划，给他们两种选择：其一，搬进120平方米的新楼；其二，以11万元的价格卖给投资公司。主人气愤地说，别打着古村保护的旗号，掠夺古村落的有限资源，政府口口声声要"产业引领、农民致富、提升群众生活水平"，我们失去了有限的资源拿什么致富？据了解，村里有十几户农民至今拒绝搬迁，一场利益的博弈也许刚刚开始。

二奇楼,唤起心底温暖的记忆

二奇楼

二奇楼,乃山东泰安西南群山环抱之中的一个古村落。二奇楼"奇"在哪里?有道是"精美的石头会唱歌",二奇楼的石头并不精美,也没有特别美丽的传说,却被网友认定为"山东十大最美古村落"之一,还被评为"山东省传统古村落"。当好友李广春顶着烈日陪我们走进古村,我感受到少有的古朴、宁静,唤起心底一缕温暖的记忆。

二奇楼村是一座名副其实的石头村落,石头铺路、石头盖房,村里随处可见石磨、石碾、石头水窖,用如今流行的话说就是原生态。村里很多石屋已经荒废,屋顶塌落,屋内破败不堪,之所以受到网友的追捧,就是因为它维持了古村落的原貌。村子掩映在绿树中,灰色的石头墙,青瓦、红瓦的屋顶,耳边掠过风的声音,让人不禁怀疑自己是否穿

1965 年四清工作队为村里建造的蓄水池

越到了从前。村中家家户户的门牌均为"二起楼",为何更名"二奇楼"?难道是为了猎奇?在村中一块空地上,我们发现一块断成三截的碑刻。仔细辨别可以认定这是清咸丰八年(1858)立的萧氏族谱碑,上书"盖谓万物本乎天,人本乎祖。始祖彦自洪武,迁居泰邑西南乡萧家店,已数百年矣。传至十世敬祖,又迁居肥邑石屋庄建茔,村西建立谱碑,阅十二世明祖,迁居泰安邑二奇楼……"。说明萧家从明初迁居泰邑西南萧家店,大约在清朝初期十二世定居二奇楼。萧氏一族迁居二奇楼后,慢慢发展成为村中最大的家族,至今肖姓还是村里姓氏最多的人家,虽然音同字不同,有学者指出现在的肖姓就是萧姓,因为年代久远或者其他原因,两个字被弄混了。据村中老人介绍,"文革"中"破四旧,立四新",村中部分年轻人认为"奇"就是"怪",是"四旧"的产物,故将村名改为"二起楼"。2016 年初,鉴于对古村落开发保护的需要,综合考虑当地风土人情和群众的认可度,经村两委会和群众代表大会研究,并报请泰安岱岳区道朗镇政府、民政局同意,正式恢复"二奇楼村"的村名。

在农村生活过的人都知道,一个有年头的村庄多少都有几个"地标性"物体,可能是古树、石桥,也可能是牌坊、祠堂等等,二奇楼村的"村标"就是一座全部用石头砌成的二层石头小楼。石楼底座为正方形,楼体四面长 3.5 米,高 5 米,

废弃的石屋

分两层,中间用厚厚的石条隔开。石楼顶部有8座突出的石垛,石垛中有"十"字形的瞭望孔。整个建筑全部用石头盖成,没有用到任何的黏合剂和泥土,甚至没用木头,就连楼顶也是石块从四周向中心砌成拱形而成,结构坚实。据传,清朝中期,萧氏兄弟二人给人放牛,晚上在此住宿,为了防止野兽侵袭,盖了二层石楼,上层住人,下层拦牛,"二奇楼"村也因此得名。石楼历经数百年,至今仍完好无损。

小楼最奇特的地方在于楼顶中央一个奇异石雕,石雕底围长90厘米,中围长75厘米,高80厘米,被人们认为是古人顶礼膜拜的石质男性阳具"祖"图腾,这在山东境内甚至整个北方地区是独一无二的。在中国传统文化中阳具是汉字"祖"的初始原型,象征子孙繁衍,传宗接代。远古部落的图腾多以人体五官和器官为之。西周以后,阳具图腾崇拜在中国内陆地区几乎绝迹,或弱化为象征性的器物,像二奇楼这样的生殖器崇拜在中国北方极为罕见。齐鲁文化学者刘传录曾在《江北第一"人祖"祭坛二起楼》一文中提到,山东是孔孟之乡,儒家文化影响深远,在齐鲁大地还能出现生殖崇拜也许是战乱造成的人口稀少所致。据历史记载,南北朝时期和金元时期,泰山前后是主战场,人丁不旺,特别是二奇楼所在的山区严重缺水,制约了人口的繁衍,设立图腾祈求子孙兴旺也就顺理成章了。

村里老人告诉我们,听自己长辈说,自从有村子以来就有这座二奇楼矗立在那里,至于楼顶的石雕,就像禁忌一般存在。即使在"文革"期间,大量文物古

迹被毁，二奇楼和楼顶的石雕也没有遭到破坏，因为村里有个世代口口相传的约定：石雕绝对不能触碰，否则会有祸事发生。正因为如此，几百年后的今天，二奇楼依然完完整整地存在着，让人猜测，令人联想。

石水流子是二奇楼村建筑的一大特色。农村寻常能见的水流子都是用来向外面排水，但在二奇楼村所有的水流子都引向院内。屋檐上一个个精美的石水流子在末端拐弯90度，两两相对，下雨时主房、厢房或者南屋房顶积聚的雨水都由水流子流向天井，形成了所谓的"肥水不流外人田"的格局。此种建筑风格以晋商和徽商为主，在山东比较少见，可能与二奇楼缺水有关。二奇楼村自古就缺水，早些时候村里人都是去山里的泉眼挑水喝，为了存水，家家户户都有水窖。通过这样的"肥水不流外人田"，就能

空巢老人与留守儿童

将雨水储存起来。1965年，驻村工作队修建了巨大的"四清池"，家家户户饮用水得到缓解。2016年7月份，村中625米深水井配套工程正式完成，村民们终于结束了挑水、窖水的日子。

二奇楼村还有一种"进士大门"，大门的台阶两侧用竖着和横着的整块石板挡起来，让人可以坐在上面聊天。它除了显示大门气派，还寄托着儿孙出人头地的美好愿景。有户人家大门两侧都有相对而置的两个呈扁形的石鼓，门楣上方有圆柱形雕砖，这便是建筑学上所谓的"门当""户对"。它原来是用以镇宅装饰的，后来"门当户对"成为宅第主人身份、地位、家境的重要标志，逐渐演变成衡量男婚女嫁条件的一个成语，倒是让人忽略

历史的见证

了其原来的意思。

这几年，自从二奇楼出名以后，村里不少在外打工的年轻人想回来创业，上级交代他们"一定要守住这个村，保护村里的传统风貌"。如今不少慕名来村里参观游览的驴友，希望旅游能让村子恢复生机。为了方便游客，村里在村口修建了一处停车场。在村委会门口挂着几块牌子：泰山学院美术学院写生实践基地、泰安市摄影家协会创作基地、泰安市青年摄影家协会创作基地。由于历史风貌保留完整、建筑特点鲜明，加上民风淳朴，电视《家住泰山》、电影《石敢当》均在二奇楼取景拍摄，这座古朴、宁静的石头村落的好日子快来了。

丽江模式，文化品牌的魅力

大研古镇

丽江古城又名"大研古镇"，始建于宋末元初，距今已有800多年历史。古城总面积3.8平方千米，居住着6200多户、2.5万名以纳西族为主的居民。古城依傍雄伟神奇的玉龙雪山，清澈的玉龙雪山圣水经玉泉河分三条支流穿城而过，构成了一幅家家流水、户户垂柳的独特画卷。古城内独具特色的小桥、流水、人家、纳西象形文字、纳西古乐、三眼井、丽江粑粑、放河灯、民族打跳、五彩石路十大景观，使之成为融自然、历史、民族文化为一体的世界著名的风景旅游区，成为中国罕见的保存相当完好的少数民族古镇。1997年12月，联合国教科文组织世界遗产委员会一致通过，将丽江古城列入《世界遗产名录》。

"没有文化的旅游是苍白无力、枯燥乏味的，没有文化内涵的旅游产品不具备足够的市场竞争力和吸引力。800年古城是一部厚重的历史，我们保护古城就是

古城夜色

保护人类共同的财富,就是保护和弘扬中华民族的优秀文化。"这是丽江人长期以来形成的共识。丽江人"以特色为根、自然为本、文化为魂",让丽江从一个名不见经传的西南边陲小镇,变成经济发展、文化繁荣、社会和谐、民族团结、享誉中外的世界级旅游文化名城,将世界文化遗产、自然遗产、记忆遗产三项世界级桂冠拥在怀中,先后荣获"全球人居环境优秀城市"等10多个世界级、国家级荣誉称号,成为全球旅游者心目中最向往的旅游地之一。联合国教科文组织将它确定为"丽江模式",认为它为世界文化遗产管理与旅游业开发提供了典范,为中国乃至亚太地区的世界文化遗产管理提供了成功的范例。

1996年2月3日丽江发生的7级大地震,大家记忆犹新。丽江古城损失惨重,但作为古城骨架的巷道没有倒,作为古城灵魂的水系没有垮,古城的价值没有因为地震而消失。当地政府从保护、保存、整治和发展四个方面入手,按照"原貌恢复、修旧如旧"和"保护古城的历史、文物和艺术价值"的原则,投入大量资金实施丽江古城保护工程:140户重点保护民居安排专项资金进行重点保护,对古城景区的主要巷道、游路及时进行修缮,恢复和新建了130多座石桥、木桥,新增绿化面积1.2万多平方米,常年摆换鲜花5万多盆。

小桥、流水、人家,被誉为是丽江古城最容易识别的三张面孔。丽江的决策者意识到,文化是旅游的生命所系、灵魂之源,"人家"是最具影响和创新的因素。对于游客来说,初级阶段看山水,中级阶段看文物,高级阶段看文化。目前,大部分游客的物质需求已得到较大满足,在精神方面的追求正朝着高级阶段迈进。因此,没有文化内涵的旅游目的地，只会使绝大多数游客来去匆匆。要想增强旅游吸引力，实现旅游业的持续发展，必须把文化与旅游相融合，形成赏山水、品文化的发展格局。

丽江古城有着绚丽多彩的地方民族习俗和娱乐活动，纳西古乐、东巴仪式、占卜文化、古镇酒吧以及纳西族火把节等，别具一格。长期以来，丽江致力于民族文化的保护、传承和创新，强调文化产业与旅游产业的互动。因此，当地旅游业与民族传统文化始终共生共荣、协调发展。旅游作为文化的载体，其发展到哪里，文化就跟进到哪里。作为全国文化体制改革试点单位，丽江始终把文化产业放在支柱产业、龙头产业的位置，成功树立了众多知名文化品牌，相继推出了"纳西古乐""丽水金沙""印象丽江""摩梭风情"等一个个在全国乃至世界上有影响的文化品牌，为人类保存了具有较高价值的自然遗迹和人文遗迹。

有人说，不到丽江不算到云南，不听纳西古乐不算到丽江，不听宣科讲演不算听过纳西古乐。纳西古乐起源于公元 14 世纪，它是云南省最为古老的音乐，也

丽江古城

小桥、流水、人家

是中国甚或世界最古老的音乐之一。在丽江古城中一座有二层看台的前清民宅，我第一次感受了大研纳西古乐的艺术魅力。正房作为舞台，古朴而简陋，台口有一副光彩夺目的楹联："曲奏阳春弘扬国粹玉龙骄子宣科呕心沥血，词吟白雪大启人文唐宋遗音雅乐过海漂洋"。显然，这是宣科和纳西古乐的金字招牌。台上横梁处悬挂着十几位老艺人的照片，下面的观众至少三分之一为外国游客。纳西古乐最具欣赏性的地方是其"稀世三宝"：第一件宝贝是古老的曲子，最早的已有1200多年的历史；其次是古老的乐器，乐师们手上所持乐器皆有上百年历史；再则就是一批年逾古稀的老艺人，演奏者中最年长的已是85岁高龄。被人们称为"纳西神人"的宣科，藏裔纳西族人，系大研古乐研究会会长，在潜心发掘和研究纳西古乐、组建乐队方面做出了巨大贡献。他虽然年过八旬，仍精神焕发，说话时手舞足蹈，幽默诙谐，看上去顶多60多岁。他民国时期就读于昆明教会学校，做过中学英语教师，能将中英文串在一起，以近乎脱口秀的方式，向中外游客介绍中国古老文明和纳西古乐。宣科和纳西古乐曾到过英国、法国、挪威、芬兰等10多个国家，每到一处便成为当地的新闻热点。更为可贵的是，现在的乐队里已经培养了不少年轻的纳西乐手。

民族文化是丽江古城的灵魂，丽江的精髓就在于多姿多彩的民族文化与美丽的自然风光有机结合。自然风光是形，民族文化是神，"形神兼备"成了丽江旅游的生命力和吸引力之所在。中央政策研究室专家认为，特色是旅游的竞争力和生命力，风光的排他性和民族文化的排他性，使丽江走出同质化，形成了独具特色的旅游产品，而长期以来对原始自然风光、青山绿水、蓝天白云的有力保护，让丽江经济、生态和社会效益实现了可持续发展。通过挖掘和深度结合，许多本来空洞无物的东西被赋予了文化内涵，具有了生命力、吸引力和感染力，使其在游客心中产生共鸣，从而让人流连忘返。彰显文化，扩大开放，促进民族团结、社会和谐，这便是"丽江模式"的成功之处，也是文化品牌的魅力所在。

一批年逾古稀的老艺人在演奏纳西古乐

安仁,"文博小镇"的经典范本

四川安仁镇,取"仁者安仁"之意,早在唐武德三年(620)就建安仁县,元朝至元二十一年(1284),安仁县建置撤销,其区域划归大邑县。安仁老街建筑建于清末,高贵、典雅、大方,创造了安仁城特有的建筑风格,被称为"建筑文化"。目前,在安仁历史街区保存相对完整的庄园建筑和古建筑,面积约30万平方米:有刘氏庄园、刘湘公馆等古民居27座;红星街、树人街、裕民街古街道3条;古建筑有原"公益协进社"旧址洋楼、原来的私立"文彩中学"建筑群和钟楼。2009中国博物馆学会正式授予安仁"中国博物馆之乡"称号,至此安仁成为中国唯一以博物馆命名的古镇。

大邑刘氏庄园博物馆

走进安仁镇,让人觉得每一个角落都隐藏着历史不可言说的神秘。在刘氏家族兴建的宅院、商街、学校、茶楼里,一群人或居,或商,或闲逛,或茶饮,或摆龙门阵。在他们身边,到处都是20世纪30年代的画

安仁中学

栋雕梁、青砖黛瓦，每座建筑的背后都是一个精彩的故事，它是一种神秘而尊贵的生活象征。

在中国近代史中，地主刘文彩的名头无疑最响，长期以来他被斥为无恶不作的大地主，"刘文彩"这3个字实际上充当了旧中国地主的代名词。新中国成立前安仁有"三军九旅十八团"之称，相继涌现出了刘文辉、刘湘等军政要员。大邑刘氏庄园由近代四川大官僚地主刘文彩及其兄弟（刘文渊、刘文昭、刘文成、刘文彩、刘文辉）陆续修建的5座公馆和刘氏家族的一处祖居构成，为南北相望的两大建筑群，占地总面积达7万余平方米，建筑面积2.1万余平方米，房屋共545间，是目前国内规模最大的近代地主庄园建筑群。整个庄园建筑群始建于清末，历经几次大规模的兴建和扩建，至民国末年形成现在规模。其中最具代表性的刘文彩公馆为高墙深院封闭式院落，典型的中西合璧建筑风格，山墙压顶，重门深巷，迂回曲折，宛若迷宫，充分体现了近代川西富豪之家的奢侈和排场。庄园保存完好，被列为全国重点文物保护单位。

近20年来，在地方政府和社会力量的合力下，安仁镇以上世纪30年代的庄园古建筑群为原点，通过文旅融合的方式，不断聚集文博资源、打造文博旅游产业链，成为文博界一份独特的"范本"。

樊建川，山西兴县人，1957年出生于四川宜宾。他曾下过乡、当过兵，从普通的解放军战士到军校老师，又从政府官员成为房地产开发商，从事收藏数十年，其藏品种类繁多，重点为抗战文物和"文革"文物。2003年，樊建川邂逅安仁，近30万平方米的历史街区和庄园古建筑群吸引了樊建川，他将自己收藏的800多万件文物带到安仁安家，个人出资建立了全国第一个也是最大的民间博物馆——建川博物馆聚落。博物馆占地500亩，建筑面积近10万平方米，拥有藏品1000余万件，其中国家一级文物329件。博物馆以"为了和平，收藏战争；为了未来，收藏教训；为了安宁，收藏灾难；为了传承，收藏民俗"为主题，建设抗战、民俗、红色年代、抗震救灾四大系列30余座分馆。

2005年8月15日，抗战胜利60周年之际，这座占地500亩，建筑面积达1.5万平方米的博物馆首次向世人开放。在建川博物馆聚落整个的设计当中，抗战系列无疑是一台"重头戏"。这个系列目前开放的有中流砥柱馆、正面战场馆、川军抗战馆、援华美军馆和抗日俘虏馆5个单馆，以及中国壮士群雕广场、抗战老兵手印广场2个主题广场。2009年5月11日，在汶川大地震一周年之际，汶川地

抗战老兵手印广场

震博物馆开馆。汶川大地震发生后，樊建川开始收集跟地震有关的实物资料，此后通过陆续搜集，加上社会各方面的捐赠，地震实物达到5万件。樊建川认定，灾难既是悲剧，也是体现人性光辉的特殊舞台，是值得人类铭记和珍藏的历史。

老式电影放映机成为电影博物馆特有的标记

2006年，四川日报报业集团看准安仁老公馆的建筑、历史和文化价值，成立四川安仁镇老公馆文化发展有限公司，以保护为前提，开始对安仁老街上的老公馆群落进行修缮开发。川报集团作为文化产业的主力军，首次投资老公馆公司、试水文博旅游产业，从内容供应转向文化产品创造，不啻是川报集团进行产业结构调整升级、扩大产业半径的一次尝试。

泥塑《收租院》

老电影博物馆位于刘元瑄公馆,门口放着的老式电影放映机,成为电影博物馆特有的标记。2011年10月,由安仁镇与电影收藏家曹贵民合作建成的电影博物馆正式开放。这里"住着"与电影相关的22万件藏品,人们来到这里仿佛进入老电影的时光隧道:全世界现存最早的电影放映机——19世纪末德国克虏伯公司生产的手摇无声电影放映机;中国特产的8.75毫米电影拷贝、1936年最早刊登《三毛流浪记》的《新华画报》;徐悲鸿签字报销的中央美院学生集体看电影的票据……其中的镇馆之宝便是《西洋镜》中为慈禧太后放映电影的那台德国克虏伯放映机,堪称无价之宝。

经过多年发展,安仁镇已经聚集了27座老公馆、35个博物馆,俨然一座保存历史、传承文化的文博高地。2011年5月,经过近两年的规划建设,安仁博物馆小镇一期项目正式亮相。以新建成的"安仁接待站"为起点,通过有轨电车、观光车、黄包车等交通工具,串起"安仁老街""刘氏庄园""建川博物馆聚落"精品游览线路。在几百米长的安仁老街上,老公馆公司旗下的8座老公馆在保持原貌的基础上,"变身"为不同产业的载体:1家画廊、3家博物馆、1间以书为主题的客栈和1座特色食馆。吃、住、游、购,功能齐全。老公馆既是一份韵味悠长的文化遗产,也是一个承载文化产业的最佳载体,老公馆被注入更多的文化内涵。

目前,一个以政府为主导,融合国有文化企业、国有事业集团、社会民营企业三种资源的开发平台已在安仁成功搭建。据友人透露,当地政府正在重新定位古镇的产业功能,以文博产业为特色,形成博物馆及相关产业、文博会议、商务休闲、影视与创意、综合旅游服务、宜居社区等六大产业,为安仁构建出一套可持续发展的产业体系。同时,吸引80—100座私人博物馆在安仁落户。他们的终极目标是将安仁打造成为一个世界级的博物馆小镇。

李庄,"抗战文化"激活古镇

四川宜宾李庄古镇,是一座文化和历史遗迹沉淀的古老的小镇,是一个能折射汉族传统文化、涵养着汉族民族精神的古老的小镇,又是一座诉说着抗战风云和沧桑的古老的小镇。

李庄位于长江南岸,古为渔村,汉代曾设驿站,由于濒临长江,故为明清水运商贸之地,素有"万里长江第一古镇"之称。它有1460年建镇史,依长江繁衍生息,形成了"江导岷山,流通楚泽,峰排桂岭,秀流仙源"的自然景观。从高处俯瞰,李庄的房子近乎清一色青砖灰瓦,大大小小的四合院沿街巷相连成片,小的四合院面积150至200平方米,大的四合院面积由数百至数千平方米不等。作为历史文化名镇,李庄至今完整保存着18条明清古街巷,镇上酒肆、茶楼、商店林立,石板街道两旁多为清代建筑,风火山墙高耸,雕花门窗古色古香,院落间有幽深的小巷。临江码头,有石板阶梯层层叠叠而上通往大街,具有浓厚的川南地方民族特色。镇内有体现明清建筑特点的庙宇、殿堂、楼台、古戏楼,有很高古文化欣赏价值的慧光寺、玉佛寺、南华宫、文昌宫、东岳庙等"九宫十八庙"。被

宣传抗战

建筑大师梁思成先生称为"梁柱结构之优，颇足傲于当世之作"的旋螺殿与魁星阁、百鹤窗、九龙碑堪称古镇四绝。古建筑群规模宏大，布局严谨，比较完整地体现了明、清时期川南庙宇、殿堂的建筑特点。木雕、石刻做工精细，图像生动，有较高的艺术欣赏价值。

旋螺殿是李庄古镇最著名的景点之一，建于1596年，它是国家重点文物保护单位，整座高25米的三层建筑没有用一颗钉子。张家祠堂，占地近4000平方米，主体为四合院式木结构建筑，上其厅房的50扇窗门，每扇均用上等楠木精工雕刻了2只仙鹤，50扇窗共百只仙鹤，形态各异，栩栩如生，四周配以飞彩流云，谓"百鹤祥云"窗。抗日战争时期，故宫博物院的数千箱珍贵文物曾历经艰辛转运来李庄，就放置在张家祠内保存，长达五六年之久，这里曾举办过包括有"北京人"头盖骨化石在内的多次文物展览。

李庄被誉为"民族精神的涵养地，传统文化的折射点"。抗战全面爆发后，以国立中央大学、西南联大、金陵大学、中央研究院为首的众多文教机关辗转撤退到重庆、成都、昆明。1939年，原本准备在昆明海埂建校的同济大学打算往四川迁移，在昆明的中央研究院史语所、社会学所和中央博物院筹备处也在酝酿搬迁。时任国民党李庄区党部书记的乡绅罗南陔获知消息后，立即约请乡绅们到家中商议。乡绅们深明大义：支持国家是民族大义，接纳同济大学等文教机构能给李庄

李庄抗战文化陈列馆

的青少年创造前所未有的教育环境,这是李庄千载难逢的良机。几天之后,罗南陔代表李庄向同济大学发出一封16字的电文,这也是这位开明士绅一生中最重要的文字:"同大迁川,李庄欢迎,一切需要,地方供给。"李庄的命运从此改变。

当地士绅罗南陔著名的12个字

当时人口仅3000左右的李庄,接纳了约1.2万名内迁的学者、学生。国立同济大学、金陵大学、中央研究院、中央博物院、中国营造学社等10多家高等学府和科研院所纷纷迁驻李庄,其中全国知名专家、学者如李济、傅斯年、陶孟和、吴定良、梁思成、林徽因、童第周、梁思永、劳干等云集李庄达6年之久。在这期间,人们耳熟能详的民国大师在李庄取得了丰硕的学术成果:中研院历史语言研究所发表了学术研究论文集《六同别录》,董作宾完成了《殷历谱》,梁思成完成了《中国建筑史》《图像中国建筑史》。同济大学在李庄期间有数百名学生毕业,后来在大陆成为"两院"院

士的朱洪元、陶亨咸、王守武、唐有祺、俞鸿儒、卢佩璋、吴孟超、王守觉、吴式枢、裘法祖、曹楚南、吴旻等人都在其中。李庄因此与重庆、成都、昆明并称为抗日战争时期中国的四大文化中心，在中华民族的文化地标上拥有了自己的独特位置。

然而，抗战胜利后，民国大师相继离开李庄，整整大半个世纪，作为抗战文化重镇的李庄几乎从人们的视野中消失，偶尔被提及也只是小圈子里的话题。值得庆幸的是，几度沉浮的李庄终于与反法西斯战争胜利的记忆对接。反法西斯战争胜利60周年时，李庄举办抗战文化节，获得了5000万的保护资金，近20年，因文化抗战闻名的李庄不断获得新机遇。

2001年8月，同济大学授牌李庄为"四川李庄同济大学爱国荣校教育基地"。从那时起，每年都会有同济的学子到李庄中学支教。2006年，同济大学与宜宾市在李庄建立了"李庄同济纪念广场"，树起了纪念碑。2010年12月为纪念并彰显中国著名建筑学者梁思成保护人类文化遗产的成就，梁思成先生铜像在李庄镇揭幕。2012年4月，李庄同济医院奠基，当年在李庄就读的同济学子、"中国肝胆外科之父"吴孟超在李庄同济医院做了第一台手术。正在实施的《李庄古镇保护与发展整合规划》则由上海同济城市规划设计研究院编制，费用自然比其他项目低得多。此外，清华大学的建筑学院还参与了李庄中国营造学社旧址的设计与改造。南京博物院为感谢李庄昔日接纳其前身中央博物院，提供了一批藏品的复制品给李庄陈列展览。北京电影学院则与李庄签署了总投资20亿元的西南影视文化创意产业园

故宫文物南迁曾在李庄避难

旋螺殿是李庄古镇最著名的景点之一

项目。2012年5月13日，大型人文纪录片《从李庄走来的大师们》（吴孟超专辑）在李庄古镇正式开机，以全面展示当初从古镇李庄走出的大师们在各自领域取得的卓越成就，充分展现他们的爱国情怀和高尚品格，反映他们为中华民族的伟大复兴做出的巨大贡献，不仅是对中华优秀文化的保护和传承，也是在文化深层次上展现李庄作为中国文化圣地的魅力。2015年7月，建川博物馆馆长樊建川将馆藏的1672件抗战文物无偿捐给李庄的6座陈列馆，这批赠品大多是抗战时期与李庄相关的文物。

久旱逢甘霖，深埋地下种子终于破土而出。70年前那批乡绅们对中国文化传承的担当，正成倍地回报着今天的李庄人，先辈们埋藏的种子深刻影响着这座川南小镇的命运。

罗城，"船形街"破茧成蝶

四川罗城镇被誉为"中国的诺亚方舟"，始建于明末崇祯年间（1628），成形于清代。古镇由于地处边陲，曾是军事要地，明清两代均是屯兵制边的"军事铺"，故称"罗城铺"，镇西的营盘山就是当年的屯兵之地。镇上至今仍保留着部分明清时代老四川文化的人文风貌。

1983年，从"广交会"传来一则令人振奋的消息：四川省西南建筑设计院展出了空中俯拍到的罗城"船形街"图形，在投标中被澳大利亚参会方选中，双方于当年四月草签协议。由日本、泰国以及中国香港等8个国家和地区投资者组成的澳大利亚"中国城股份有限公司"，决定在澳大利亚距墨尔本市24公里处的洛

船形街

克斯,投资建设以罗城"船形街"为母本、占地9公顷、建筑面积约3万平方米的"中国城"。

罗城这名不见经传的小镇从此名扬海外,联合国教科文组织的官员专程到罗城进行考察。一时间,来自世界各地的旅游者蜂拥而至,人们争相目睹这艘承载着历史的"大船"。1992年,罗城镇被评选为"省级历史文化名镇"。2007年6月"凉厅街"成为省级文物保护单位,2010年1月被评为四川省首批"历史文化名街"。2018年1月,罗城古镇被评为国家4A级景区。

备受外国友人青睐的"船形街",其实是罗城古镇的主街——凉厅街。该街

罗城"船形街"示意图

为船形结构,东西长,南北短,很像一把织布的梭子,素有"山顶一只船,云中一把梭"之美称。我和友人刘正平登上一座小楼的天台从高处俯瞰,"云中一把梭"

又像是一只搁置在山顶上的大船，街面是船底，两边的房屋建筑是船舷，中部的戏楼是船舱，东端的灵官庙好似大船的尾篷，西端的天灯石柱恰似大船的篙竿，灵官庙右侧长22米的过街楼犹如船舵。这样一艘头尾具备，全身毫发都与船结缘的街道，在此后愈演愈烈的古镇旅游开发里，成为犍为乃至乐山最独特、最典型的一个文化标志。

关于这艘大船的来历，当地流传着这样的传说。明末崇祯年间，有个外地人张秀才来到此地，坐在茶馆里喝茶，看到茶客们一个个唉声叹气，临行时还把茶杯里的水喝得一干二净，便向邻座的一位老人打听缘由。老人一声叹息：这镇上缺水呀！张秀才沉默良久，念出四句口诀："罗城旱码头，客商难久留。若要不缺水，罗城修成舟。"众人齐声赞叹，一致推举急公好义的张秀才做造船的领头人。张秀才带领数百名能工巧匠，大兴土木，拆旧屋建新房，不到三年时间，"大船"便修成了。毗邻的四州八县的人，听说这山顶修了一只大船，纷纷远道而来看稀奇，一时间，人来人往，罗城镇日渐兴旺。"船形街"表达了罗城能工巧匠和文化精英

罗城"船形街"

罗城，"船形街"破茧成蝶

古戏台

对水文化的殷切愿景。

400多年过去了，古镇"奇、醇、特"的三大特点越发明显："奇"在船形建筑。古镇特有的船形建筑构思精巧、设计独到、功能实用，是国内外古镇建筑中的孤品，被誉为"东方诺亚方舟"。"醇"在文化积淀。古镇历史悠久、兼容并蓄，民俗文化、宗教文化、移民文化、商贸文化、武术文化在此交相辉映，展现着中华民族灿烂的文化魅力。"特"在市井风情。船形街两侧木结构的罕见长廊名为"凉厅子"，又称"晴雨市场"。在这条"集市之船"上，罗城人在这不怕雨淋日晒的"凉厅子"下贸易、喝酒、吃肉、饮茶、看戏、观灯、听小曲、掏耳朵、抽叶子烟、卖狗皮膏药，享尽了人间红尘的清福，其乐融融，是老四川人休闲生活的真实写照。

走进罗城，古镇鲜活的市井气息扑面而来。在乐山的古镇文化里，再没有一个古镇能像罗城一样，无论是青灰色"凉厅子"长廊上的瓦片，100多根立在六边形长条石柱上的旧圆木，还是交织在古镇上的任何一个小店面、茶馆酒铺，乃

至"三宫五庙",都那么原生态,和现代城市建筑与文化产生鲜明的对比。凉厅街是罗城古镇的核心区域,是罗城人购物买卖、休闲娱乐的贸易市场。罗城的人文遗迹主要体现在"三宫五庙"上——南华宫、文昌宫、寿福宫、禹王庙、川主庙、灵官庙、肖公庙、星金庙。这些建于清代的古迹,目前大多保存完好,虽然有的已作为居民住宅,但古迹依稀可辨。近年来,随着古镇旅游开发的深入,位于船形街"船舱"位置的古戏台又火爆起来,每到节假日,来自县城或者市里川剧团的演员都会在这里唱响梨园之声。

多年来,由于新闻媒体的宣传,罗城古镇已在海内外拥有了较大的知名度和美誉度。电影、电视剧《海登传奇》《米》《强盗的女儿》《四川茶馆》《真情之继母》先后来此拍摄,央视《舌尖上的中国》《北纬30度中国行》摄制组几番入驻罗城古镇,引发了游人的浓厚兴趣。近年来,当地政府在罗城古镇保护和开发上,始终坚持"在保护中开发、在开发中保护"的原则,以挖掘千年古镇文化资源为核心,先后编制完成了《罗城古镇旅游区旅游开发总体规划》《罗城古镇精品旅游景区重点项目详细规划》,调整并优化了古镇及周边的空间布局,明确了不同旅游区的功能定位。投入大量资金,对凉厅街古建筑群、青石板路、街沿等实施复古修复,拆除部分与古建风貌不相协调的建筑物,对罗城清真寺、凉厅街古戏楼、南华宫石狮实施抢救性维修,有效地优化了古镇的旅游环境。

一位音乐家曾经说过:"许多事物在我们眼前老去了、消逝了,可是我想,许多似乎已经时过境迁的事物最后会显得新鲜、强有力和永恒。"如今,当地政府已充分认识到罗城古镇保护的重要性,罗城古镇保护已列入了市、县政府的议事日程。按照彰显主题、承载文化、保护生态、凸显景观、注重休闲的理念,他们正在制定周密的规划和发展目标,落实政策措施,加快建设步伐,抓好融合互动、业态升级,整体开发罗城古镇"一山""一湖""一船",加快景区提档升级,助推全县全域旅游破茧成蝶,领跑乐山旅游第三极。可以相信,在不久的将来,一个保存完好、独特奇异的罗城古镇将展现于游人面前。

华阳，古镇的美丽嬗变

华阳镇坐落在秦岭南坡洋县北部深山里。从西汉公路龙亭口下高速，沿着山区公路，秦岭原始森林、冰川遗址、高山草甸等美景不时从眼前掠过。这里的兴隆岭海拔3071米，为秦岭南坡著名的"九岭"之最，它以高、寒、奇、险、特著称，素有"一山有四季，十里不同天"之说。

傥骆古道

华阳古镇始于秦晋，兴于汉、唐、宋，秦汉成集镇，唐宋设县治，至今已2000多年。在陕南秦巴山区众多的古镇中，华阳镇地形地貌为三山对峙，两河并流，青山为屏，盆地为基，负阴抱阳，背山面水，古街区像一叶小舟，系泊于青山秀水之间，这是风水观念中宅、村、城镇基址选择的基本格局，是古代人追求的大福大贵聚财宝地。俗语"二水洗铧"，站在高点看华阳，像犁地的铧，因此叫"铧样"，后来演变成华阳。华阳因历史上著名的傥骆古道而兴，唐朝有两位皇帝南避汉中均曾驻跸于此，使得古镇成为有名的古道驿站、古军事要冲、古代经济政治重镇。镇上现有7000多人，大部分人都是从安康、商洛、四川、关中等地迁入的，他们在这块土地上生活殷实富足，繁衍生息，十分眷恋这块神奇的土地，至今仍然流传着"两年富、五年发、十年不想家"这类"乐不思蜀"的民谣。

华阳拥有国家4A级景区、国家级自然保护区两个"国家级"配置。"吉祥鸟"朱鹮在这里展开美丽的羽翼，大熊猫在这里憨居，金丝猴在这里逗乐，羚牛在这里顶角，是世所罕见的"秦岭四宝"的繁衍生息地，先后被评为"中国著名文化旅游名镇""中国最具潜力十大古镇""文化旅游名镇建设先进镇""全国最美乡村"。它是陕西省十大著名古镇之一。

当我们一行从西安赶到华阳，时值晌午，饥肠辘辘，赶紧找一家餐馆解决午餐问题。众人坐定，一致推举来一份"神仙豆腐"。片刻，店家端来一盘类似凉皮的食物，看上去色泽淡雅如同翡翠，佐以食醋、辣椒油等香料，吃到嘴里麻辣酸香，质感滑溜，入口清凉，味道微苦。这哪是豆腐？店主告之，这可是华阳最富特色的美食，是大自然的馈赠。原来是当地人用一种名叫"神仙树"的茎叶加工制作的绿色食品。这种树学名叫

当年骡牵马驮艰难行进的场景

"双翅六道木",将其茎叶手搓或捣成糊状,加适量水,搅匀之后用荷叶盖住,放置阴凉处20分钟即成。"神仙豆腐"原本属于广西、湖南一带的常备食物,因华阳所处的独特地理位置环境和历史变迁,"神仙豆腐"在此安家落户,成了华阳最富特色的美食。

红二十五司令部旧址

午后稍事休息,我们便穿越古镇踏上了傥骆古道。古镇的残留风貌可以从华阳后街的建筑中寻得。古华阳城墙残垣轮廓尚在,宋元时期的华阳古塔和清道光年间的古戏台保存尚好,长约600米狭窄的街道两侧多是木结构的旧房屋,雕花窗格、铺板门面,300多个院落大多为清末民初的前店后居式建筑,内部空间结构没有大的破坏,还保留着中国建筑的传统结构。所有的房屋都是"口袋式",即门面窄后面深,门后紧邻西水河,居民在河边洗衣、洗菜,展现出一幅陕南古镇水乡风情画。

傥骆古道,是长安、汉中间穿越秦岭的一条谷道,共480华里,分为8站,古代行旅骡牵马驮行李,日行60里,8天方可走完全程。和其他古栈道一样,傥骆道的绝大多数路程循河溪前行,目前在傥骆道一线已发现栈道、栈桥、摩崖碑刻等遗存50余处,栈孔以方形和圆形为主,也有呈马蹄形、三角形的。可以想象,凌空飞架的栈道蜿蜒于崇山峻岭之间、湍流绿波之上,时而一阁,时而一楼,时而一亭,是多么雄奇和壮美。在古道入口处有一组雕塑,再现了当年骡牵马驮艰难行进的场景。傥骆古道废弃已久,在秦岭腹地已少有人通行,没有了人踩马踏,两旁石头上覆满厚厚的青苔,正是这种原始风貌,深藏着世外桃源般惊人的美丽。

近10年来,华阳人在古镇抢救和保护进程中,遵循高起点、高标准的要求,委托湖南城市学院编制完成了《华阳镇总体规划》《重点区域控制性详细规划》《文

"吉祥鸟"朱鹮

化旅游名镇建设性规划》，按照"规划引领、保护修复、完善功能、开发利用、突出特色、宜居富民"思路打造文化名镇，始终将文物古迹、历史建筑、传统民居的保护、修缮放在文化旅游名镇建设的重要位置，将华阳独特、丰富的历史人文资源与旅游开发相结合，努力提升文化品位内涵。为此，他们投入大量资金对华阳老街古建筑群80余户临街民居进行了明清风格仿古立面粉饰包装，完成了石板路面铺设，恢复整建了得意阁、傥骆古道牌楼、齐家街水车、河堤廊亭、跨河廊桥等标志性节点建筑，重现了华阳古镇的历史风貌。同时，积极整合文保、党史、双拥等多方面资金，实施了古戏楼、华阳古塔、红二十五军司令部旧址、政治部旧址和革命烈士纪念碑等重点文物保护单位的保护性修缮。同时，完成了傥骆文化广场、红军林步道、红二十五军司令部广场等旅游、公共服务设施建设，实施了大熊猫救护基地设施提升工程以及朱鹮放飞大棚改扩建项目、金猴谷观猴长廊建设项目，大大提升了古镇的旅游服务功能。

在政府先期投资的引领下，一批重点项目相继落户华阳。安徽黄山鲍家花园集团投资近3亿元，兴建了秦岭珍稀植物盆景园和三台寺五百罗汉堂，把徽派建筑、盆景艺术与珍稀植物物种完美融合，将佛教文化和精美根雕相互交融，极具观赏、研究价值，为华阳文化旅游产业发展注入了活力。陕西延长石油（集团）有限公司投资1.2亿元，兴建了四星级华阳旅游度假酒店，进一步提升了古镇的综合品位和对外影响力。河南尧山旅游投资公司投资2000万元，建成"华阳秦岭第一漂"项目，使华阳的旅游元素深度得到了进一步提升。

"千年古船城，秦岭第一镇。"几经风雨，华阳正伴着华夏龙脉的灵秀、带着千年古镇的气息，在美丽嬗变中以它勃勃的生机向世人展示着日新月异的巨大变化，一个潜力巨大、前景无限的最佳生态康养目的地正在秦岭深处悄然崛起。

丙安古镇,品味"奇古险红"

丙安,古称"丙滩",因位于赤水河中游川黔闻名的大险滩丙滩而得名。丙安古镇自古以来为川盐入黔著名驿站和商品集散地,被专家学者誉为"明清建筑与历史的活化石"。早在殷商时期,这里就有古人渔猎的踪迹。距丙安古镇10公里的马鞍山大型东汉古崖墓群,佐证了丙安古镇有2000年历史,故有"千年军商古城堡"之美誉。如今不仅是贵州省历史文化名镇,而且被列入中国历史文化名村、全国100个红色旅游经典地之一,以"奇、古、险、红"闻名于世。

丙安古镇

丙安红军渡口

丙安古镇仿佛是一座巍峨的城堡，雄踞在高高的危岩垒石之上，俯瞰奔腾的赤水河。千百年来它历尽沧桑，而面貌依旧，保存完好。那千柱支撑的吊脚楼，是古镇人的智慧，古人妙借山势，巧用涵洞，凿岩立柱，以千根原木撑起一幢幢悬空而起的吊脚楼，不失为运用建筑学、力学等综合建筑技术的杰作。背靠青山，面对赤水河，遥看直泻入河的丙安瀑布，如同青山绿水间飘来的一处仙境，犹如在巨幅山水画卷中突显的人间圣地，让乐山乐水的仁者、智者在此激发千古之幽思，寻觅人生的感悟。清代诗人陈熙晋有诗慨叹："无多隙地强安排，但有人家总靠台。笑批门前安乐水，从知安乐是生涯。"

赤水河是川盐入黔的主要通道，大丙滩下是码头。盐船到这里就要起载，把盐包子由陆运转到滩上，空船才能上滩，上了滩再把一部分盐包装上船，另一部分陆运翻川风坳到元厚。这里曾经盐船云集，是赤水河上水陆分流、物资集散的重要码头，地理优势决定了丙安古镇千百年来的存在和繁荣。拴船的石鼻眼、石桩，光亮的石梯，宽大的月台坝，透露出"满眼盐船争泊岸，收点百货夕阳中"的景象。建于清嘉庆年间的双龙八墩桥横跨丙安河，是古盐道上最长的石桥，经过多少山洪冲击仍没变形。两个曲颈头龙，雕工精湛，龙嘴雕成海螺状，可吹出声响。它既是装饰又是路标：涨水淹没桥板50厘米以下时，用它来确定桥板位置，脚擦着两块桥板的镶缝就能过桥。

古镇原来有4道栅子门，如今只留下了2道。从西面拾级而上，突兀在上的是一座沙石拱圆的城门，上书"太平门"。进入太平门，呈现在人们眼前的是一条仅一米多宽的狭窄街巷，街巷虽窄，两面却是一家紧挨一家的店铺，这便是"葫芦街"。葫芦街很小，居民大约300人，住户不出百家，小巧玲珑，乃浓缩的大千世界，袖珍完美，保存着远古遗风。街道依山势平仄而收放，随坡势急缓而曲折。

这曲曲折折的街道，坎坎坷坷的巷子，简洁古朴的房屋结构，无不展示出精妙的苦心布局和着意装点。从中可知先人们因势利导、随遇而安的生存哲理。木柱串架房，青瓦盖顶，木板墙连户共壁。门前室内的木墙板、木门窗，经过上百年的人为擦抹、风雨冲洗，仍呈现出金黄色的木纹，带着淡淡的清香，保持着明清时的格局。酒馆可喝"寡单碗"，茶馆能品"盖碗茶"，饭店有活水豆花、蒸烧白，小吃有烤豆腐干、线改粑等等，传统制作，有机环保。当年，一拨拨运盐的马帮穿街而过，回响着叮当叮当的驼铃，成百上千的背子客，走过400来米的街道，走到东面的城门——东华门。从古至今，许多文人墨客专寻而来，为丙安古镇撰文赋诗，丰富了古镇的文化内涵。清代仁怀厅同知陈熙晋夜宿丙安曾写下"树杪炊烟夕照收，无端风雨落床头。客心摇曳青灯里，一夜滩声撼小楼"的诗句，流传至今。

"丙滩滩下泻沄沄，十丈惊涛欲卷云。"1935年1月，红一军团奉命攻打赤水县城，为中央红军准备从泸州与宜宾之间北渡长江同四方面军会合打开通道。林彪率部攻下丙安后，将军团指挥部和红二师师部设于丙安古镇，指挥了著名的丙安、复兴场、黄陂洞之战。28日奉命回师土城打援，保证红军顺利一渡赤水，从此揭开了中央红军"四

丙安葫芦街

太平门

悬空而起的吊脚楼

渡赤水"战役序幕。2005年,由赤水籍的开国将领贾若瑜题写馆名的丙安红一军团纪念馆建成。林彪当时是红一方面军的军团长,指挥部还挂有《红军行军路线图》,他的休息室的木床还保持着原样,红二师师长陈光、政委刘亚楼的休息室还保存着许多红军遗物。2005年,国家发改委、中宣部、国家旅游局等13部、委批准丙安为全国红色旅游经典地,列入全国红色旅游精品线,丙安红一军团纪念馆成为红一军团在全国唯一的纪念馆。

丙安古镇作为"中国历史文化名村"和"贵州省十大示范传统古村落",历史悠久,底蕴丰厚,人文素盛,极具保护和发展利用价值。谈到古镇的保护,丙安人似乎有些无奈:"如今古镇每天的门票收入仅能够维持清洁卫生、简单修复一些危房。而整个古镇的电线老化,改造古镇、修复古盐道以及展示盐文化的工作任重道远。如果过度开发,古镇会失去原有的文化底蕴,如不开发又无法提高当地居民的经济条件。"好在当地政府已经清醒地意识这些问题。近年来,他们以高度的政治责任感,围绕精致、细致、极致的目标,积极做好丙安古镇保护与发展利用规划编制,坚持规划先行、完善方案、加快对接、加快速度的思路,切实加强组织领导,邀请国内一流团队参与丙安古镇规划打造,高品位推动丙安古镇保护与开发,调动各方面积极性,建立健全古镇开发和保护机制,借助文化旅游产业实现稳定脱贫、持续增收,努力打造高品位历史文化名村和示范性传统古村落,真正留住古镇原味、留住乡愁。

赤水大同，盐茶古镇"新活法"

大同古镇位于赤水河畔，距赤水市区只有6公里，是一个经历昔日的繁荣而衰败了的盐茶码头。在这里我第一次听到了近乎荒诞的故事：贵州不产盐，川盐运黔，自古为之。由于盐价贵，一些地区老百姓吃盐异常困难，"斗米斤盐"便是印证。在贵州流传着几种吃法：一是"涮涮盐"，即在吃饭时放到蘸水里涮一下就赶紧取出来。二是"舔舔盐"，用一块纱布将盐包起，吃饭时只能用舌头去舔一下，不敢多吃。三是"杵杵盐"，完全买不起盐的人家为了哄孩子，就只好弄一块像盐巴的小石头放在碗里边杵边吃，等于画饼充饥。

由于川盐巨大利润的诱惑，盐商趋之若鹜。自古以来，鳌溪是进入四川叙永、古蔺的运盐航道，大同则是这条河上唯一的码头，所以小镇上盐商云集、盐号林立。宋元以来，大同成了川盐入黔和黔茶

大同老街

官滩码头

拴船石

出山的重镇，黔边一带的食盐绝大多数由这里吞吐，舶来文化和黔地文化在这里融合、交换，然后流向贵州腹地和长江沿岸。

站在官滩码头，用于拴船的巨大石块上的勒痕与沿河两岸纤夫们用赤脚磨出的坑道，会让人瞬间穿透历史。当年的大同，身着不同衣衫，操着各种口音的商旅南来北往，或奔波在用丹霞石铺成的街面上，或羁住在临河的鸽笼式吊脚楼中。它和其他古镇一样，串架接庐，对面铺店，与众不同的是它有着依山就势的街道，立柱木板壁街面，临溪鸽笼式吊脚楼，淳朴敦厚的民风。这些商旅、纤夫曾经踩踏过的条石和旧居，至今仍原样保留着，古街上盐茶吐纳的"大同运输社"景物依旧，商业的勃兴以文化的形式被固定传承了下来。正因为大同乡民人心存古，古镇至今依然保留着建于明末清初的古街、古码头、古井、古街房、古民居、古庙宇、古会馆、古碑、古牌坊。它们大多依山而建，前殿、正殿、后殿、吊脚楼、岩穴等建筑错落有致，雕梁画栋；古墓、古碑、古牌坊则结构严谨，绘画雕刻、书法文字一应俱全，历史文化底蕴深厚，被人们称为"石头写成的历史"。

如果挤掉附会穿凿的水分，大同镇算得上贵州为数不多、真正具有极高旅游禀赋的古镇之一。大同的这种禀赋，清晰地体现在两个词上：一是文化，二是生态。据史料记载，大同有人类居住的历史可追溯到近2000年前的西汉元鼎二年（前115），土著僰人（今仡佬族）生活在这里。离大同2公里的马鞍山发掘出的21座西汉末至东汉初古岩墓群佐证了这一记述。崖墓中清理出的铜器、铁器、陶器、瓷器、盐罐、碗、碟、动物俑、人物俑、钱币等物品，述说着远古大同农事商事的繁盛景象。

闲适人家

在古镇上平街中段，贵州第一个党支部"赤合支部"旧址历历在目，这是一栋具有典型的川南民居特色的木质串架结构建筑，原来是当时大同场有名的大户傅缉光的旧宅，当年做木材生意的傅缉光是大同工商界的首富，家底殷实，为人豪爽大方，乐善好施，思想开明，同情革命又有进步思想，加上与赤合特支地下党员有亲戚关系，傅缉光便以自己的商铺作为掩护，为中共赤合特支秘密提供活动地点和后勤支持。1929年12月，经中共泸县中心县委批准，中共合江特支改建为中共赤合特支，至此，中国共产党在贵州省最早的地方组织"中共赤合特支"在这片热土上诞生，开启了贵州省党组织的红色篇章。

如此密集的文化呈现和完好保留扎堆挤在一个小镇里，不能不说是一个奇迹。但大同的风情还不仅于此，75%的森林覆盖率让这里竹林似海，气韵氤氲，数十株数百年树龄的黄桷树点缀其间，华彩艳绝的世界自然遗产杨家坪丹霞、堪比黄果树的赤水十丈洞大瀑布就在数公里外。文化与生态的相得益彰，使大同在1999年就早早地获得了历史文化名镇的称号。而这种殊荣，并未让古镇上的300户居民就此吃上"旅游饭"，大同依然颐养在"深闺"，不为更多的世人所知。

近10年来，大同人幡然醒悟，镇党委、政府请重庆大学城市规划与设计研究院专家教授制定了《大同镇历史文化名城保护规划》，将原有的"竹业强镇战略"调整为"旅游富镇、城建兴镇、开放活镇"，将古镇文化旅游作为产业突破点。2014年大同古镇被列入第六批中国历史文化名镇，保护与发展成了这座千年古镇的主课题。为开阔乡民眼界，树立发展旅游产业的信心，由省旅游局牵线搭桥，大同与文化旅游样板贵阳青岩古镇结成了"古镇文化旅游姊妹镇"，镇上安排乡民前往青岩参观学习，青岩从事饮食、手工业的能工巧匠前往大同传经送宝，教乡民制作卤猪脚、糕粑饭、玫瑰糖等旅游食品和商品。如今，大同古镇每年举办一次"美食文化节"，让大同展现自己独特的风采，让外界体验不一样的大同。

中共赤合特支旧址

独竹漂，发源于赤水河流域的一种独特的黔北民间绝技，是大同特有的民族传统体育项目，也是"美食文化节"上的重头戏。它集娱乐性、观赏性、挑战性于一体，俗称"划竹竿"，在全国享有很高的声誉。表演者赤足站立于一根直径约15厘米、长约8米的笔直楠竹上，手拿一根长约4米的小竹竿当桨，左右交替在水上划行，或乘风破浪搏击激流险滩，或表演倒退、转身、绕弯、换竿等绝技，其形其态美观大方，动作协调连贯一致，颇有"一苇渡江"之妙。独竹漂分单、双人和团体表演。单、双人表演注重个人技巧，即正划、倒划、转身、滑行、跳竿、换竿等；团体表演看重队形、队列是否整齐，变换是否有规律，以及动作的连贯性和一致性。2007年独竹漂列入少数民族运动竞技项目。大同镇独竹漂表演队多次参加全国、省、遵义市的竞赛，屡获殊荣。1999年在北京第六届民运会上获水上表演项目金奖；2006年分别在贵州省第五届、第六届民运会上获表演金奖；2000年大同古镇庙沱村村民杨德平在中华竞技大擂台，参加6公里独竹漂大赛，以29分02秒创世界吉尼斯冠军纪录。

"美食文化节"上，来自海内外的游客呼吸着新鲜的空气，伴着淙淙的流水，穿越这个千年古镇，领略古镇美丽景色，感受盐茶古镇乡民的"新活法"，不失为一次美妙的精神享受。

地扪，侗娃迈向大世界

从贵州雷山县西江千户苗寨马不停蹄地直奔黎平，为的是赶上去肇兴的最后一班车，到那里领略一下千户侗寨的风采。然而，山路弯弯欲速不达，等到我们下车已是傍晚，去肇兴的车早就开走了。向路边开面的司机询问去肇兴的路径，

地扪寨标志性建筑千三鼓楼

侗族干栏式民居层次分明，错落有致

得到的信息很不乐观：从黎平到肇兴有70多公里，全是盘山公路，眼下正在修路，安全是最大隐患。对方向我们推荐了地扪侗寨，它距县城45公里，那里不仅保存着最好的原始村落，而且保持着朴素的民风和原始农耕文化，仅次于全国最大的侗寨肇兴。双方一拍即合，马上驱车上路。

面的司机是一位敦实的侗家汉子，驾驶技术一流，十分健谈。谈起地扪寨名的由来，他告诉我们，"地扪"是根据侗语音译的地名，直译为"泉水不断涌出的地方"，象征村寨发祥、人丁兴旺。据地扪侗族古歌传唱内容印证，村寨建于唐朝时期，至今已有千年历史。侗族祖先在这里落寨定居，很快发展到1300户，后来分到茅贡700户、腊洞200户、罗大100户。地扪是"千三"总根，人们为了纪念这个发源地，故取名"地扪"。

说话间，一座高大的鼓楼耸立在我们眼前，这就是地扪寨标志性建筑千三鼓楼！从山坡上俯视，地们侗寨犹如一幅镶嵌在青山绿水中的水墨画。寨子地处宽谷中的小坝子上，带状小溪穿寨而过。据司机介绍，全寨有528户2300多人口，是黎平西线最大的侗寨。溪水把寨子划分为母寨、寅寨、得面、腊模、围寨5个自然寨。寨内有2座鼓楼、5座廊桥、3座戏台,典型的南方侗族干栏式民居,层次分明,错落有致,街巷幽静深远,石板墁地。

据当地人介绍,地扪侗族人文生态得以很好地保护,应当感谢一个人,他叫任和昕,贵州黎平人,2001年前曾在南方某都市报当记者,2002年辞去报社工作到北京发展。这一年,即将踏入不惑之年的任和昕带美国友人到黎平采风,发现了大山深处、自唐代就有人居住的美丽侗寨地扪。任和昕在鼓楼、侗族大歌和乡音中重新思考人生,决定放弃此前的各种身份,回到黎平创建中国第一家民办的人文生态博物馆。2005年1月,在香港明德创意集团的资助下,地扪侗族人文生态博物馆正式落成,任和昕出任馆长。

当年秋天,应任和昕邀请,美籍华裔女作家谭恩美第一次来到地扪为一个歌剧的创作采风。她被当地独特而纯真的侗族文化深深吸引,先后两次重返这个边

放学后摸鱼捉虾也是一种乐趣

远的村寨。2008年5月，美国《国家地理》以《地扪，时光边缘的村落》为题，用整整24页的篇幅刊登了谭恩美讲述的地扪侗寨故事和该杂志摄影师林恩·约翰逊拍摄的地扪侗寨生活照片。这份在世界上影响人口超数亿的杂志将地扪推上了世界关注的焦点。随后，诺贝尔经济学奖得主、前世界银行副行长兼首席经济学家、纽约哥伦比亚大学教授约瑟夫·斯蒂格利兹曾慕名造访地扪侗寨，给他留下的印象是"古朴宁静的村寨聚落、美丽自然的田园风光、随手可摘的山间野菜、简单纯朴的侗族村民"。著名电影明星、作家、翻译家胡因梦因此在地扪建立了工作室，越来越多的国内外的民族社会学研究人员来此研究侗族原生态的民族文化。

按照任和昕的设想，博物馆是一个侗族人文生态保护区。它没有围墙，辐射周边十几个村寨的侗家人的人生哲学、生产生活方式和生活礼仪，努力传承保护侗家人的语言、服饰、建筑、歌舞、戏剧、风俗、宗教等民俗文化以及其依存的村寨聚落、生存状态、生活习俗、民族性格，寻求传统村寨自然和人文生态保护与可持续发展的"地扪经验"。

"保护和传承，并不意味着封闭和落后。保护传统村落就是保护村落深厚的文化积淀与可持续发展潜在资源。"此后，任和昕以省文物局专家组成员的身份驻村

廊桥

进行工作指导。大家很快达成共识：跳出传统旅游的发展思维，培育以乡土文化和乡居生活体验为特征的休闲度假型乡村文化旅游，为来访客人提供不同于"农家乐"的农业观光和村寨采风的深度文化游。

10多来年，在生态博物馆的协作下，地扪人形成了文化和生态保护意识，将"崇尚自然、追求简朴、天人合一、和谐共生"的中国传统田园乡居生活理念贯彻于心。这些年，地扪完成了自然村落圈内10余处重要历史建筑和传统公共建筑的修缮，并建设了侗歌侗戏传习展演中心、古法手浇纸传习演示坊、侗族靛染传习演示坊、旅游接待中心、村民产品寄卖店等一批公共设施。资金来源于"传统村落保护发展公共基金"，它以政府引资、社会捐助、社区产业发展提留款等形式注入。

村里还创建了"互联网＋创意乡村"公共平台，建立"稻鱼鸭复合农业生态保护区"，恢复重建"稻鱼鸭"和"牛耕"自然农作方式，延续"耕种一季稻、放养一批鱼、饲养一群鸭"的复合农业生产方式。电子商务、村史馆、接待站厨房及访客接待中心等服务设施相继投入使用，过去连小饭馆都没有的侗寨，如今也有了民居接待客栈，村民收入明显提高。

10多年来，任和昕带领博物馆团队，利用自己的社会资源，与北大、清华、香港中文大学、美国耶鲁大学等国内外的知名学府建立了长期的科研、教育和文化交流合作关系，前来考察、采访、支教的外国专家学者不计其数。2012年，地扪侗族文化生态工作室获美国"国家艺术人文青年活动奖"，前美国第一夫人米歇尔·奥巴马亲自为任和昕和他带来的地扪小歌手吴连云颁奖。

侗歌是侗族一门古老的歌唱艺术，有道是"黎平侗歌甲天下，地扪侗歌甲黎平"。侗歌作为非物质文化遗产，在地扪得到了极大的重视扶持。村里小学有侗歌队、侗戏班、芦笙队，孩子们经常登台表演侗戏，演唱侗歌，多次参加演唱比赛并获奖，还到贵阳、北京等地参加演出。尤其令人欣喜的是，2013年6月26日晚，地扪侗娃带着20多首侗族大歌走进华盛顿肯尼迪表演艺术中心，展示了侗族文化特有的魅力。地扪侗娃三生有幸，真正走出了深山、迈向了大世界。

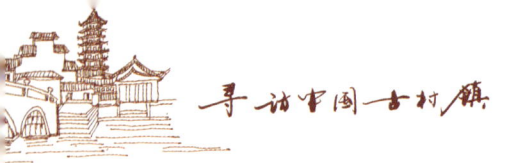

青岩古镇,保护升级进行时

贵州有句俗语:"不到长城非好汉,不到青岩未入黔。"青岩是贵阳乃至贵州的名片。当我走进青岩,在扑面而来的氤氲古韵里,浓浓的文气、灵气散发,定格在内心的不仅有小镇故事、青石板记忆、乡愁回味,更有一种眷恋。一条条纵横交错的青石板路和弯曲狭长的小巷,分列两旁的、古老的石柜台和木柜台,门窗间精雕细刻的小椽,石坊上倒立的石狮,无不引人发思古之幽情。我信步走进一条小巷,立刻感到一种强烈的时间和空间的莫大距离,青石板铺的路、青石板垒的墙,仿佛是一条石板砌成的时空隧道。

定广门

青岩古镇，保护升级进行时

古老的寺庙、肃穆的天主教堂和基督教堂"三教并存"

青岩古镇，位于贵阳市南郊，建于明洪武十年（1378），原为军事要塞。城门上大书"定广门"3个字，城门左右两边有逶迤城墙，上筑敌楼、垛口、炮台。全部用方块巨石筑就，一派青灰苍黑。贵阳境内喀斯特地貌发育典型，层层岩石堆垒，山多石就多，石又厚厚薄薄，逐一分层，使用极为方便。青岩镇依山傍岭，当地居民多以石片当瓦、石块垒墙，大石屋连着小石屋，青苍苍一片，成为当地一道特别的风景。

古镇的建筑依山就势，历经数百年沧桑，经多次整修扩建，由土城逐渐成为设计精巧、工艺精湛、明清古建筑众多的石城。古镇内祠宇林立，曾建有九寺、八庙、五阁、三洞、二祠、一宫、一院，共30多座庙宇祠堂。这批古建筑气势雄伟、雕梁画栋，工艺精妙绝伦，令人叹为观止。象鼻木雕在青岩民居中比比皆是，它大多用于房前挑檐枋，将其雕成象鼻形状，无疑是力量的体现。

古镇人文荟萃，有历史名人周渔璜、清末状元赵以炯（贵州历史上第一个文

状元）。镇内有近代史上震惊中外的青岩教案遗址、赵状元府第、平刚先生故居、红军长征作战指挥部等历史文物，还有世界珍稀树木"青岩冷杉"，有神仙、黄龙、花山、璇宫四溶洞和三叠系古生物化石山。

令人称奇的是，小镇上居然同时有古老的寺庙、肃穆的天主教堂和基督教堂，被人称为"三教并存"。站在定广门上远远望去，尖顶的教堂与巍然的百岁坊遥遥相对，东西方文化矛盾而又统一地在小镇上合理地存在着。初一、十五，寺庙里香火不断，而周日到教堂做礼拜的人也络绎不绝，体现了当地居民与生俱来的宽容与大度。

我在青岩感受到了现代人梦寐以求的淳朴民风：累了，居民会挪出自己的椅子让你歇歇脚；渴了，会端上一碗清凉的苦丁茶，为你说上一段青岩的典故，让你的精神解解乏。这一切是可以随意享受的。我执意给钱，一句"随便拿一点就行"的话语，让你从心眼里喜欢这个小镇。

石板砌成的时空隧道

作为厚重的文化遗产,青岩古镇如何加强对历史民俗文化、宗教文化、红色文化的挖掘和保护,是摆在青岩人面前艰巨的任务。针对古镇内原住居民较多和农居混杂的特点,青岩古镇从1999年开始,就制定了《青岩古镇保护规划》《贵阳市花溪区青岩镇村镇规划》,对青岩古镇规划、

青岩老街

村镇建设、文化保护加以立法,让古镇保护升级有法律依据。2014年,贵阳市人民政府批复同意了《贵阳市花溪区青岩历史文化名镇保护与整治规划》,为青岩古镇佩上"护身符"。青岩投资近50亿元进行建设改造,使0.8平方公里的青岩古镇扩大了6倍。

青岩最吸引人的是什么?自然是文化。青岩人思路十分清晰:以青岩古镇、青岩堡为依托,在严格历史文化、生态环境保护的前提下,深度挖掘宗教文化、军屯文化、建筑文化、饮食文化、红色文化、民俗文化等多元融合的文化内涵,处理好传统与现代、传承与发展的关系,以悠久的历史文化资源、浓郁的民族风情和自然景观为基础,将古镇核心区与周边的青岩堡、小西冲村、姚家关村、南街村、西街村、大兴国寺及田园风光区等进行有机组合,进一步盘活古镇文化资源,彰显文化独特性和吸引力,形成集山水田园观光、文化体验、商务度假、户外运动为一体的青岩古镇文化创意旅游区。

如今游客到青岩,不再只是逛古镇、吃猪蹄,富有文化创意的玩意实在太多了。进入古镇,可以通过手触VR导航预览先知;在南北主街上,"赵以炯回乡"巡游表演、苗绣技艺展示、地戏表演、花溪布依族古歌、打粑子表演等文化展演让人应接不暇。如果有兴趣,寻一个建在古寺中的清幽客栈发发呆,与主人一起品茶,分享他与青岩的故事;也可骑行在慢行绿道上,去古镇周边的田园乡村,发现别样的风景。夜游青岩更是一种时尚,优雅别致的小镇生活这时才倍显韵味。俨然,

赵公专祠

蝶变的青岩已经成为都市来客理想的彼岸，更是本地人内心的难舍情结。

如今，一条条宽阔平坦的道路、一户户"修旧如旧，恢复原貌"的民居、一间间整洁的公厕，让青岩古镇面貌发生翻天覆地的变化，旅游业态也更加丰富。景区游客人数从2014年322.79万人次增长至2016年538.34万人次，旅游收入从2014年35960.61万元增长至2016年66502.42万元。80%的青岩本地居民直接或间接参与到旅游相关产业经营活动中，开创了从分散景区到全景式打造、从门票经济到全方位服务、从单一产业向全产业发展、从观光旅游到全季节体验、从只管景区景点到全区域管理、从职能部门管理到全社会参与的"后发"到"先行"的转型新局面，实现了以旅游业来带动和促进当地经济社会协调发展的全域旅游新模式。

2017年2月，从北京传来喜讯：青岩古镇成功晋级国家5A级旅游景区，600年的古镇终于圆梦。5A是全国旅游景区最高等级荣誉，代表了世界级旅游品质和中国旅游精品景区的标杆，成为贵州一张靓丽的文化名片。

毫无疑问，在古镇保护升级道路上，青岩人交出了一份漂亮答卷。

天龙屯堡，悠悠乡情今犹在

在贵州安顺，聚居着一支与众不同的汉族群体——屯堡人，他们的语音、服饰、民居建筑及娱乐方式与周围村寨截然不同，这一独特的汉族文化现象被人们称为"屯堡文化"，其中最有代表性的就是天龙屯堡。天龙屯堡古镇地处西进云南的咽喉之地，在元代这里就是有名的顺元古驿道，原名叫"饭笼驿"。后来，天龙的乡儒感觉"饭笼"二字不雅，经提议，取天台山的"天"、龙眼山的"龙"为寨

云山屯古建筑群

地戏被誉为"戏剧活化石"

砖碉

名,这便是天龙屯堡的由来。

天龙屯堡源于600年前明朝皇帝朱元璋调北征南和随后的调北填南。明朝军队征服西南后,为了统治西南,命令大军就地屯田驻扎下来,随后从南京、江西、安徽等地把一些工匠、平民等迁至贵州。随着历史的变迁,这些人在亦兵亦民的过程中繁衍生息,执着地恪守世代传承的文化生活习俗,形成了现在我们称之为"屯堡文化"的这一独特的汉族文化现象。

2011年5月,贵州省人大通过并施行《贵州省安顺屯堡文化遗产保护条例》,300多个屯堡村寨得到有效保护。云山屯为屯堡村落群中最完整地保存着石砌屯门、城楼、寨墙等古代军屯防御设施的村寨,也是"云峰八寨"中最璀璨的一颗明珠,犹如一部古代屯田文化的百科全书。

当我们从贵阳市驱车进入安顺平坝县境内,沿公路两侧可见一片片石头建筑的世界。那是屯堡人用岁月的钢凿打造的赖以生存的自由空间,以它无声的语言向人们讲述600年来的风云聚汇与坎坷历程。云山屯坐落在云鹫山峡谷中,寨前古树浓荫,两山夹峙,山势险峻,仅有一条盘山石阶可进入屯门,门洞深数十米,上有歇山顶箭楼高耸雄踞。村里既保存有属于防御工事的屯门、屯楼、屯墙、古街道,又

屯堡文化博物馆

有江南建筑风格的门楼、窗室，砖雕、石雕、木雕浑然一体。屯门两侧依据山岩地势砌成高6米、长10多里的石墙连接悬崖，并如长城般在两侧陡峭的高山上蜿蜒合围，各显要位置分布14个哨棚（碉堡）。一条东西向石头主街纵贯全村，街两侧有高台戏楼、财神爷庙、祠堂以及老字号"德生昌"中药铺。数条弯曲的小巷巧妙地将各家各户串联起来，住宅、碉楼等大部分建筑依山势的起伏呈阶梯状分布于两侧山腰，整个村落布局、道路设施和院落结构绝妙地完成了三重封闭性防御体系。2000年，天龙屯堡被大世界吉尼斯之最认定为"最大的、最完整的明初屯堡文化村群落"。2001年，被国务院确定为"国家重点文物保护单位"。2005年，获得"中国历史文化名村"称号。

600年的屯堡，600年的故事，600年的沧桑。岁月悠悠，明清的中原文明早已成为现代的史书；时光倒流，600年前的江南风物在这里被定格。600余年来，他们仍保留继承着明代的生活习俗、文化习俗，更朝迭代，世事变换，而屯堡人却在这黔境一隅顽强地坚守着他们祖先的传统，保持着大明朝文化。屯堡村庄，

当地老人服饰仍保持着明清秦淮汉服特色

大多沿袭了具有江南水乡风韵的石头村落建筑形式。屯堡人心中的"屯堡"二字有两个概念："屯"是指军屯，是军队传递书信，接待来往官员和部队家属居住的地方，"堡"是指商人和普通老百姓居住的地方。在这里可以见到构筑坚固的屯堡群和高耸的碉堡，在碉堡的不同方向留有三角形的观察窗眼。至今，在古城堡上仍依稀可见旧时战乱留下的痕迹。

屯堡人的宗教信仰与汉民族的多神信仰一脉相承。屯堡人的花灯曲调还带有江南小曲的韵味。屯堡人的地戏军傩源于明代，这种军队专司的仪典，是由征南大军带入黔中的。屯堡人的祖先跳军傩不是娱人，更多的成分是娱神，用这一种傩仪作为出征的祭典，振奋军威、恐吓敌人。地戏演的全是忠臣义士，演的全是报国杀敌的英雄故事，因此地戏是武戏。地戏被誉为"戏剧活化石"，最主要的表现形式是唱和舞。演员头戴精美的"脸子"，腰围鲜艳的彩裙，身背战旗，持戈扬戟，在一鼓一锣的伴奏下粗犷、原始、拙朴地跳跃，间杂高亢嘶哑的唱腔，远古战争的场面历历在目，演员由人而神，观者的思绪已飘向历史的空间。农历正月，村民坐冷板凳欢天喜地地耍灯、舞龙、划旱船，老年人照旧要去庙里上香拜佛。

我们走进一家小院，老人听说我们从南京来的，十分热情。她姓张，祖籍在南京，祖上就住在中华门附近。老人的语言经过数百年变迁仍未被周围的语言同化。她穿着蓝色的宽袖长袍，腰间系了一条拖着长长"尾巴"的黑色腰带，仍沿袭了明清秦淮汉族服饰的特征。如今屯堡村落中妇女，尽管年轻姑娘追求时尚打扮，一旦结婚，仍恢复传统服装的样式：身着或青色或蓝色或紫色或粉色或绿色或白色的大襟大袖长袍，系"丝头腰带"，后吊长长丝绦，在袖口、衣襟处镶嵌美丽的花边。长发挽髻套上马尾编织的发网，插上银质和玉石发簪，腕戴银手镯，耳吊银质玉石耳坠，脚穿尖头平底绣花布鞋，额扎白布带（老人则为黑色）。不经意间，她们的服饰成了明代服饰的活标本。

后经考查，屯堡人的祖先就是 600 年前从南京征南、填南到贵州安顺的士兵、工匠、平民，沈万三的后裔亦在天龙屯堡，天龙屯堡人与南京有着割舍不断的亲缘关系。1997 年 4 月，天龙屯堡陈姓后裔陈先润先生带着族人的嘱托到南京寻根，经过艰辛的探访终于找到了位于南京市玄武区丹凤街中段、玄武区人民政府办公大楼后面的始祖陈典居住地都司巷。天龙屯堡与南京的亲情血浓于水。在贵州屯堡文化博物馆门前，我们见到这样一副楹联："九千里征程西来云贵成就江山一统，六百年屯堡东望江淮传承史册千秋。"

天龙屯堡，悠悠乡情今犹在！

西江，千户苗寨彰显原生态

西江苗族服饰让人叹为观止

西江千户苗寨，位于黔东南雷公山麓，由10余个依山而建的自然村寨相连成片，不仅是中国最大的苗族聚居村寨，也是一个保存苗族"原始生态"文化完整的地方，既是领略苗族漫长历史与发展的首选之地，也是观赏苗族传统文化的大看台。苗族是一个古老而勤劳的民族，西江自苗族始祖"构寅""构卯"率族西迁进入该地安居以来，距今约有千年历史。西江苗族过去穿长袍，包头巾头帕，颜色都是黑色的，故称"黑苗"，也称"长裙苗"。西江苗族文化所承载的历史信息，不仅烙记了苗族社会发展进程的印迹，还因其文化形式丰富精彩，风格又独特，在多样性的世界文化中构成一道独特的风景线。

由于西江独特的地理环境和苗族独特的历史背景，西江苗族文化及其文化空间，在人类学、民族学、历史学、社会学以及文学艺术等学科领域，都具有重要

苗家姑娘翩翩起舞

和特殊的价值。西江民族文化主要体现在建筑、服饰、饮食、节日、婚俗等文化上，最具特色的是依山而建的民房，有平房、楼房和吊脚楼。整个山寨房屋全为木质结构，鳞次栉比，次第升高，整体风格协调一致，历史风貌古朴典雅，其恢宏气势犹如大上楼阁，是不可多见的艺术奇观。吊脚楼是苗族人勤劳的象征，西江千户苗寨吊脚楼的营造技艺，远承河姆渡文化中南人巢居的干栏式建筑，多数为两层，少数为三层。在山腰上的多为吊脚楼，前为楼房后为平房，下层堆放柴草和关牲畜，二楼住人，三楼则是用于堆放谷物之类。在吊脚二楼通常设置"美人靠"，由于苗族姑娘喜欢在上面坐着刺绣，所以命名"美人靠"。据统计，西江千户苗寨吊脚楼共有1280栋。其他有代表性的文化遗产尚有生产工具12 000多件，祭祀工具1000余件，苗绣衣服11 000余件，银饰4000余件。其中部分房屋和物品的历史达到了300年。在2006年和2008年国务院公布的第一批、第二批国家级非物质文化遗产名录中，西江苗族鼓藏节、吊脚楼营造技艺、银饰锻造技艺、苗族刺绣、苗族飞歌、苗族织锦技艺、苗年、苗族医药等榜上有名。一个村寨获得这么多的

西江千户苗寨

殊荣,这在国内外都是罕见的。2007年,西江还被列为中国第三批历史文化名镇,同时入选15个"中国景观村落"之一,2017年成为"中国优秀国际十佳乡村旅游目的地"。

  苗族是一个充满激情的民族,苗族人在他们的许多节日中会载歌载舞。傍晚,我们在西江饶有兴趣地观看了一场精彩的苗族歌舞,当地苗族人用华丽的服饰、欢快的歌舞和美丽的爱情故事,展示了多姿多彩的苗族人文风情。苗族古歌演唱,演唱者全是寨中的老人,用苗族古语演唱其史诗般宏大的古歌,将辛酸的迁徙史传承下去,功德无量。苗族飞歌,音调高亢嘹亮,豪迈奔放、明快,唱时声振山谷,有强烈的感染力。铜鼓舞,舞步矫健有力,舞姿粗犷灵活,跳到高潮时鼓手伴以欢快的呼叫,尽情抒发他们纯洁快乐的思想感情。有"东方迪斯科"美誉的苗族反排木鼓舞,动作粗犷豪放,洒脱和谐潇洒刚劲,激越豪迈热情奔放,表现了山区苗族人民顽强的气质和坚强的生命力,堪称苗族舞蹈的精华、苗族文化活动的活化石。

  每当夜幕降临,千家万户就亮起了灯,每一盏灯光都是那么迷人,她照亮着千年苗寨不朽的传说。我在观景台上静静地注视，慢慢地咀嚼：这简直就是一片灯的海洋，还可以看到苗寨呈现着牛头的形状，这是用灯雕刻出来的古老图腾，让人如痴如醉。千户苗寨四周是一望无际绿意盎然的田野和山丘，村寨掩映在田园风光之中，层层叠叠的苗家吊脚楼，在白水河的两岸沿山而建，蜿蜒盘旋，恰如大师笔下的水墨丹青，"不辞长作西江人"的愿望油然而生。

西江人十分清楚，一个村寨拥有的独特的民族文化，如果不向外界展示和传播，就难以实现其价值。物质文化遗产与非物质文化遗产共同构成了人类文化遗产的整体，只有完整地对物质文化遗产和非物质文化遗产进行整体性的保护，才是对人类文化的完整记录和延续。长期以来，他们对西江物质文化遗产部分贯彻"保护为主、抢救第一、合理利用、加强管理"的方针，对非物质文化遗产部分以"保护为主、抢救第一、合理利用、传承发展"的方针为指导，除了对西江的物质文化进行系统复制和收藏外，同时还运用文字、录音、录像、数字化多媒体等各种方式，对非物质文化遗产进行真实、系统和全面搜集、记录。根据这一指导思想，他们制定了《西江千户苗寨保护与建设规定》，围绕西江千户苗寨民族文化遗产的展示、传播、传承，做出了不懈的努力。

2003年，中国民族博物馆与雷山县人民政府决定把西江千户苗寨建设成为村寨博物馆，为民族地区少数民族文化保护进行有益的探索和尝试，同时为专家学者研究民族文化提供基地。2005年11月，投资340万元建设的西江千户苗寨馆正式揭牌。它设有历史厅、生产生活习俗厅、服饰与银饰厅等11个展厅，从不同的角度充分展示了苗族人民的聪明与智慧，不仅促进了西江千户苗寨历史

寨中老人演唱苗族古歌

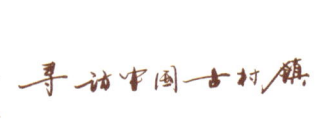

文化遗产的保护和弘扬，同时为西江千户苗寨的开放、开发提供了机遇，更重要的是提高了苗族文化的地位，增强了西江少数民族群众的自豪感。

近年来，西江千户苗寨坚持以"人人都是文化主人，个个参与文化保护，家家成为民俗博物馆，户户都是文化保护场所"为落脚点，重视少数民族原生态文化的开发、传承和保护工作。为充分调动西江景区内村民自发保护苗族原生态吊脚楼的积极性和主动性，雷山县于2009年出台了西江千户苗寨民族文化保护补偿办法和评级奖励办法，从每年西江景区门票总收入中提取18%的比例资金进行"分红"，把所得的分红按照建筑保护评级高低兑现给广大农户，极大地激发了群众自发保护风格独特的苗族原生态建筑物的主动性。

整个山寨房屋全为木质结构鳞次栉比

为了让西江千户苗寨优秀传统文化"走出大山"，当地政府十分重视开展丰富多彩的民族文化展示活动。2003年，中国民族博物馆将西江苗族服饰带入法国巴黎卢浮宫。2004年，中国民族博物馆与雷山县人民政府在新加坡联合举办中国雷山苗族服饰文化展。2006年3月首届西江苗族赛装会拉开帷幕，仅西江千户苗寨就有600余人拿出10000多件刺绣作品参展，苗族刺绣珍品让专家们叹为观止。2008年，中国民族博物馆将西江千户苗寨优秀的文化遗产带入法国巴黎，在"中国文化月"上大放异彩。

镇远,"东方威尼斯"风采依然

镇远,早在1986年12月经国务院批准,被命名为历史文化名城。古城位于贵州省东部,属黔东南苗族侗族自治州,自秦昭王三十年(277)设县至今,已有2280多年的历史。在这2000多年的历史长河中,镇远积淀了悠久厚重的历史文

舞阳河岸群山耸翠、诸水流青

化、众多瑰丽的文物古迹和绚丽多彩的民族风情。城内舞阳河自西向东呈S形蜿蜒贯通全城,形成"九山抱一水,一水分两城"、山水城浑然一体、天人合一的独特的太极图古城风貌,被中外游客誉为"东方威尼斯"。

夜晚,当我和好友邹秉南驱车来到这里,整个古城色彩缤纷。在五颜六色的灯光照耀下,舞阳河水波光粼粼,灯光装饰的亭台楼阁倒映在河水中,如诗如画,仿佛成了天上人间,令我们沉醉其间,流连忘返。

镇远,作为一座"以军兴商"的城市,是一座多元文化交融的城市。特殊的地理位置使镇远自古以来就有"滇楚锁钥、黔东门户"之称。历史上

万寿宫

曾屯兵2.8万人,有四宫殿以及石屏山上的古长城和众多的关、屯、堡等历史的见证;镇远,也是湘楚中原西通滇黔至缅甸、印度等东南亚、南亚国家"南方丝绸之路"的重要驿站,历史上的"八大会馆""十二戏楼"至今仍有部分保存完好。镇远,一座散发着宽容、自在、和谐的古城,在2000多年的悠悠历史长河中,这里的汉、苗、侗等各族兄弟,在社会生活的各个领域中,在保持各自传统特色的同时,不论是在经济、文化还是风情、习俗等方面,都闪射出相互融合、取长补短,你中有我、我中有你、相互依存、共同进步的祥瑞之光,谱写了一曲曲民族团结和睦的赞歌。

镇远是中国山地贴崖建筑文化博物馆,城内古街古巷曲径通幽,石桥城垣错落有致,碧水晨雾姿态万千,春江渔火诗意盎然。有明清古民居、古巷道、古码头、古城垣等160余处,其建筑风格为青砖黛瓦、高封火墙、飞檐翘角、雕梁画栋,每一块青石板、每一块青砖都记载着历史遗迹,诉说着千年古镇的沧桑。

镇远，"东方威尼斯"风采依然

漫步舞阳河岸，这里群山耸翠、诸水流青，古老而美丽的舞阳河旋绕在府卫两城中间静静地流淌，两座大石拱桥犹如两条纽带横架河上。祝圣桥和魁星阁，七孔半圆桥墩在碧绿平静的舞阳河水的倒映下形成了一个个自然圆，真乃天造地设。《祝圣桥楹联》"扫尽五溪烟，汉使浮槎撑斗去；劈开重驿路，缅人骑象过桥来"，更让人想去寻觅古城悠久厚重的历史。

走过祝圣桥，便是全国著名的建筑群青龙洞。青龙洞古建筑群是贵州境内规模最大的寺院建筑群落，1988年被国务院列为全国重点文物保护单位。青龙洞始建于明洪武二十一年（1388），有"入黔第一洞天"之誉。该建筑群由青龙洞、中元洞、紫阳洞、万寿宫、香炉岩等9处景观组成，现存有山门、正乙宫、吕祖殿、观音殿、斗姥宫、玉皇殿等7栋单体建筑。它既有园林韵味，又具寺院风格，宛如一组鬼斧神工的巨型浮雕，又像一幅浓淡相宜的水墨画卷。在悬崖上采用的"下吊""借用""附岩""嵌入""筑台"等多种建筑工艺，使其呈现出"洞中建楼""楼中藏洞""欲露先藏""欲扬先抑"的底层吊脚、阁楼悬空的独特风格。它将中原建筑形制与贵州苗村侗寨吊脚楼、干栏式建筑巧妙结合，并集佛教、道教、儒家文化遗址于一山，错杂而不乱，有层次而又各自独立，是将建筑艺术、雕刻艺术与自然风光完美结合的艺术珍品，与山西悬空寺、甘肃麦积山并称中国古代三大"空中建筑"。

走进有"歪门邪道"之称的古巷，既有北京胡同的幽静，又有江南弄堂的秀色，巷中有巷、巷中有井、巷下有沟，巷对码头、巷通驿道、庭院深深。脚踏青石板，眼观卫城垣，手抚巷道高墙，置身清代商贾留下来

的古民居，犹如穿越时空回到从前。

来到镇远，不能不参观国家级重点文物保护单位"和平村"旧址。"和平村"原为国民政府贵州省第二模范监狱，自1938年12月迁至镇远，在镇远的时间长达6年之久，曾关押日军俘虏600多人。这是一个改造思想、让罪犯放下屠刀立地成佛的地方。日本战俘在这里受到了人性化的管理和教育，重新拾回对生活的信心和勇气。它虽然因为战争而建，却有"和平"的寓意，它告诉人们人类需要一个和平的环境来生存和发展。

镇远历史悠久，文化底蕴深厚，文化资源极为丰富，非物质文化遗产精湛独特。为了保护镇远这一宝贵的精神财富，近年来，镇远秉承民族文化保护和文化产业开发相协调的可持续发展理念，坚持"保护优先、开发与保护并重"原则，结合《黔东南苗族侗族自治州镇远历史文化名城保护条例》和《镇远历史文化名城保护规划》，加大对镇远古城及国家重点文物保护单位、省级文物保护单位、县级文物保

镇远堪称中国山地贴崖建筑文化博物馆

祝圣桥、魁星阁

护单位等文化遗产的抢救、保护、利用力度。不仅按照"修旧如旧"的原则对古城文物进行修复，对原有的历史遗迹进行精心保护，而且成立了名城保护和管理机构，定期研究和解决名城保护工作中的重大问题。建立专家咨询制度，聘请资深专家、学者组成古城保护咨询顾问团，定期对名城保护有关工作进行论证、研讨和咨询。成立镇远历史文化研究会，专门研究名城的保护开发利用，全面开展历史文化挖掘、保护和传承。

在镇远众多国家级文化旅游品牌中，镇远赛龙舟于2011年5月被国务院列入第三批国家级非物质文化遗产名录。镇远端午赛龙舟活动历史悠久，享有黔中大地"龙舟之乡"和"龙舟文化策源地"的美誉。国家级风景名胜区舞阳河全长258公里，流域面积6480平方公里，流经镇远境内93.7公里，它自然风光旖旎，像是一幅精美绝伦的山水画。每逢端午节，镇远都要在舞阳河上举行赛龙舟、放河灯、唱民歌等传统文化活动。自20世纪80年代以来，赛龙舟活动在镇远已举办了30多届，镇远龙舟队多次代表贵州省龙舟队在国家级、国际龙舟比赛中获奖。时至今日，镇远赛龙舟已发展成为贵州省规模最大、影响力最强的龙舟竞技盛会之一。赛龙舟寄托着镇远人对历史的敬畏，满足了镇远人对腾飞的期待，更展示了"齐心协力，不甘人后，奋勇争先"的镇远精神。

龙脊梯田，守住文化把根留住

广西龙脊梯田有一个响亮的名号——世界梯田原乡。水稻耕作是华夏农耕文化的重要组成部分，从刀耕火种到精耕细作是一个逐步完善的过程，这中间凝聚着先民共同的智慧和无数的艰辛。龙脊梯田给我们展示出了世界上最壮美的梯田景观，它无疑让人们看到了大地最美最生动的雕塑作品。不同的是，这幅雕塑作

龙脊梯田

品并非大自然的天然杰作，而是来自当地平凡朴实百姓的人工雕琢。如果说是造物主带来了这里的山山水水，那么他们无疑是打造出这宏图华构的能工巧匠，是他们改天换地，与命抗争，让这些山山水水改变了模样。

龙脊梯田始建于元朝，完工于清初，距今已有650多年历史。我们无法想象，第一批到达龙脊的壮民和瑶民面对横亘在面前的深山，是如何咬紧牙关，依靠最原始的刀耕火种，开垦出第一块梯田的。这些梯田过去仅是他们面朝黄土背朝天、祖祖辈辈辛勤耕作赖以为生的地方，不曾想随着科技时代的到来，它与现代化生活形成的巨大反差，竟使过去的穷乡僻壤成了人们眼中诗情画意的旅游天堂。在人们眼中，欣赏到的是它的美轮美奂，它的流光溢彩，它的田园牧歌，它的与世无争，又何曾看到那些曾经的含辛茹苦、筚路蓝缕、胼手胝足和艰难困苦？在这里，先民的伟大与生活的平凡同在，大自然的浪漫与山里人的坚实并存，给人震撼，令人遐想，让人感慨，返璞归真。

古朴大瑶寨

龙脊梯田位于广西桂林市北部的龙胜各族自治县，准确地说它应该叫作龙胜梯田，有人说是这里的山脉像神龙的背脊。前些年当地政府干脆将原来的和平乡改成了龙脊镇，把一个广义的形容词变成了具体的地理名词，景点也由原来的只有一个，逐步扩大到现在的三大景区：平安壮族梯田观景区、金坑红瑶梯田观景区、龙脊古壮寨梯田文化观景区，面积达到70平方公里。

龙脊距离桂林87公里。我们驾车来到这里，每人购买了100元入门通票。一位壮族大嫂上前要为我们带路，一个观景点10元，跑完全程不过30元，中午在山上还可以品尝她家的壮家土菜，我们欣然应允。途经金竹壮寨、黄洛红瑶寨两

大瑶村寨

个山寨,寨子进行过统一的维护,到处悬挂着仿古灯笼。旅游改变了这里的一切,过去的刀耕火种都已逐步被人放弃,目前整个山寨都是以旅游业为主,旅游成为本地经济最大的支撑。这里居住着壮族、瑶族两个民族,以壮族为主。龙脊的壮族是北壮的代表,服饰独特,风情独具,在这里人们可以看到古朴的壮族民间舞蹈和保护完美的壮族服饰,可以听到优美的壮族山歌,享受原汁原味的壮族风情,体验传统习俗壮乡民居,欣赏撼人心弦的龙脊铜鼓舞。

  沿着蜿蜒的山路向上盘旋,宛如攀上一条巨龙。此时的群山已向我们呈现出夹杂在林木中忽隐忽现的梯田,越往上走梯田越多。仰望四周,峻岭环绕,崇山笼罩,坡上尽是直插云天的梯田。这些规模宏大的梯田群,成群结队密密匝匝连接在一起,如同一片片刚刚切开的面包,从山脚一直叠到山顶,鳞次栉比,错落有致,磅礴壮观,气势恢宏。时值六月,梯田放满了水,偶尔能看到水牛在梯田上耕耘,水田在阳光照耀下熠熠发光,有一小部分已插上了秧苗,空气中弥漫着淡淡的清香,我们陶醉在这浓郁的泥土芳香之中。

  "七星伴月"景点名气最大。上山的路虽陡但并不远,不一会我们就看到了那片由留在水田中的 7 个小山包和一块近似圆形的银光闪亮的水田组成的梯田群。从上向下望去,整个山都是窄窄的梯田,田埂则像等高线,悬崖式的山坡层层流光,螺旋式的梯田叠叠溢彩,当地人形象地将其比喻为七颗星星烘托着一轮明月,虽然有些牵强但寓意甚美。望着银光闪亮的水田,我产生了一个疑惑:这水从何而来?我仔细观察才发现,连接梯田的是一根根被劈开的竹子,它成为一个个水槽,将山泉水引到田中。梯田由一块块水田组成,最宽的地方不超过3米,但是都很长,田埂的外面有一圈青草,不仅美观,而且能保护田埂不至于崩溃。

龙脊梯田另一个出名的景点是"九龙五虎"。离开"七星伴月"继续往上,沿着山脊之间蜿蜒曲折的小路,边走边欣赏山村美景。在蜿蜒曲折的山路上,在炊烟袅袅的山寨里,偶见瑶女壮妹身背竹篓,款款而行;在流泉飞瀑下,溪水潺潺中,时有红瑶妇女洗梳长发,玩水嬉戏,不时飘来几缕悠扬纯朴的山歌声,令人陶醉其间。我们穿过村庄往上走,来到一个大观景台,这里是景区观赏梯田日落最好的地方。满山斜坡密密麻麻遍布着梯田,它们如环似带,重重叠叠,形状不一,大小不同,用当地话形容就是"青蛙一跳三块田""一床蓑衣盖过田"。这主要是由于此地属于山区,而且山高坡陡,高差极大,当地人只能在坡边崖脚开垦,去争取每一分土地,所以才形成了这种"九山半水半分田"的景象。这一大片壮观的梯田包括了15 000多块细小零碎的小梯田,看起来赏心悦目,可耕作起来是

七星伴月

梯田风光

何等艰辛！从元代到清初，先民经历了600多年的刀耕火种，他们当然不会想到如今龙脊梯田成了全国闻名的自然景观，给子孙后代留下了最宝贵的财富。

这种利用自然、改造自然的产物，凝聚着华夏民族的传统智慧，既展示了农耕文明的精华，又创造出自然生态的辉煌，确实能够让我们在感叹大自然的同时，不得不赞叹人类文明的伟大。龙脊梯田拥有"世界梯田原乡"名号当之无愧，它既有大开大合的气势，又有精雕细琢的艺术，既有威武雄壮之气，又有婀娜多姿之态，因地制宜千变万化，不拘一格刚柔相济，变幻无穷之中呈现出具有强烈视觉冲击力的画面。同时，我们也感受到了龙脊人耕田劳作的诗情画意，田园产生艺术，艺术带来高雅。梯田是龙脊农耕文化的载体，它向世界展示着龙脊人战天斗地的壮美情怀。守住文化，把根留住，龙脊人任重道远！

瓜岭，铭刻华侨保家振乡史

在荔枝红了的季节，我随散文集《荔枝红了》的作者、广州市增城区民间文艺家协会名誉主席湛汝松，一同走进了著名侨乡瓜岭村。

瓜岭村距今已有 500 多年历史，是广州保存完好的水上清代建筑民居群。全

保存完好的水上清代建筑民居群

村虽然只有 600 多人，但旅居海外的华侨却超过 2000。这些华侨中，有追随过孙中山革命的增城县长黄国民。这位爱国侨领，从小跟随父兄在新西兰长大，青年时受孙中山先生革命思想影响，将原名黄锡钦改为黄国民，很早就成为国民党党员，积极参加反帝反清运动。他曾受孙中山之命，于 1914 年任中国国民党驻新西兰惠灵顿埠支部长，曾在新西兰发动华人 427 人捐款支援"讨袁斗争"，为支持国民革命做出了较大贡献。华侨翘楚还有当选新西兰新中友好协会秘书长的黄潮喜，当过美国三藩市侨领的黄雨芝，以及成就卓著的科学家、教育家、企业家。他们满怀爱国爱乡之志，长期支持家乡办学和建设，为小小的瓜岭增添了浓厚的人文色彩。

年届古稀的黄先生是湛汝松的好友，对瓜岭的前世今生了如指掌。他请我们饱啖了一顿"妃子笑"，然后带我们登上了外形像"倒立在发射架上的捆绑式火箭"的碉楼——宁远楼。

走过吊桥，打开铁铸的楼门，我看见首层正中有一块石碑，上面镌刻着村史渊源、建碉经过和入楼规则。据介绍，在 1856 年前后，当地村民乘坐三桅船到海外谋生，加入到美洲、澳洲和新西兰等地的淘金热潮，到 20 世纪三四十年代，更有大批村民到新西兰等地谋生。年轻力壮的侨民把自己辛辛苦苦赚来的血汗钱寄回村中，供养家中的父母妻儿，瓜岭逐渐成了闻名遐迩的侨村。

宁远楼

民国初年,治安甚差,当地盗匪对瓜岭虎视眈眈,村民屡遭绑架和掠劫。为了保护村民,1927年,以黄田惠为首的海外侨胞解囊捐资,于村落的西南和东北角分别兴建"宁远楼""棠荫楼"两座钢筋水泥浇筑的碉楼,1929年建成。两座碉楼的命名含意很明确,即荫护一方水土、长久安宁,祈求瓜岭村民过上宁静的生活。

宁远楼矗立于水深约5米的水泊中,楼高21米,宽5.2米,共4层,3层以上的四隅各置1个小碉堡,因而也被称作四角碉楼。同时第三、第四层的墙外部都有一个倒锥形的孔,作为攻击敌人的大炮口、机枪口。第三层的四周墙角还有观察敌情的瞭望

棠荫楼

口,并加建了专门用于射击的枪眼堡,高约2米,可同时容纳3人站立持枪对外射击。从天台到各层配备了传声孔。尤其是护卫河、食水井和厕所的科学布局,大大强化了碉楼的固守功能。抗日战争时期,瓜岭村民就在宁远楼中顽强地击退了装备精良的日寇,谱写了一曲保卫家园的战歌。

登上楼顶,举目四顾,宁静的瓜岭村古貌尚在、古韵犹存:弯弯的河道、古朴的小桥、幽静的庭院、婆娑的榕树,具有岭南特色的建筑物错落有致,原本只有在老照片或电影中才可以看到的画面,在瓜岭村一一呈现。总祠堂松皋黄公祠富丽堂皇,下面是6座抬梁斗拱房祠,古色古香的魁星楼、11条狭窄的麻石巷以及百十幢青砖黛瓦、带有锅耳的古民居历历在目,连街通舍的长巷里,那斑驳的

墙壁和篱草摇曳的屋顶,满罩着岁月的尘烟。枝繁叶茂的古榕树、高耸挺拔的木棉、笔直苍劲的水松、郁郁葱葱的水蓊,这些罕见的古树犹如永不退役的护村士兵,倔强地固守着故土家园。站在这散发着纯朴古雅的韵味的村子里,不但给人带来一种幽谧、宁静、古朴的感觉,而且能勾起人们爱国思乡的情怀。显然,瓜岭人对华侨先辈留下的历史文化遗产充满了敬畏,保护古村的意识自觉形成。2014年瓜岭村被列入第三批中国传统村落名录,2015年成功申报为中国传统村落,这也算实至名归。

瓜岭村侨民旅居世界各地,他们当中不少人在海外已生活了五六代,但他们的思乡情结愈来愈浓,每年回乡祭祖,他们总会在碉楼、祠堂和瓜洲小学旧址前摄影留念。故土情深,侨胞们不忘回报桑梓,纷纷捐资支持家乡建设,尤其是家乡的教育事业。

1912年,由华侨黄田惠、黄焕森、黄锡树等人从海外募捐15 000元回乡,在瓜岭村创办了增城县第一间初级民办小学——瓜洲小学。瓜洲小学曾得到增城县国民政府的嘉奖,并获得众多政要、文化人士的扶持。至今村中仍保存着当年瓜洲小学创办的校刊,校刊除了收录学校的各种史料以外,还记录着林森、孙科、于右任等多位国民党政府党政要员亲笔为学校撰写的题词。一所小小的学校,竟能如此兴师动众,其背后一定会有很多鲜为人知的故事。

作为一个拥有500多年历史的村庄,瓜岭村文化底蕴深厚,凭借其"古"之特色,早已是远近驰名的旅游观光之地。走近

瓜洲小学,林森、孙科、于右任等政要为学校题词

瓜岭，铭刻华侨保家振乡史

圣匡黄公祠

瓜洲河西堤岸，新建的河滨公园尽显水乡风貌，村民三三两两坐在树荫下或下棋或聊天，生活悠游自在。村干部告诉我，近年来，地方政府先后投入巨资用于瓜岭村改造，规划方略已初见端倪：努力在保护当地传统建筑和文化风俗的前提下，依托瓜岭祠堂、碉楼和古民居等庞大的古建筑群，通过整合改造，形成集商业、艺术、创意等为一体的具有岭南特色的古韵区，按照不同的主题形成文化展示区、民俗佳肴品味区、民俗艺术画廊和民俗风情体验区，打造瓜岭历史展览馆、瓜岭民俗文化体验馆等观览项目，让后人充分了解瓜岭华侨保家振乡的历史，创立一种体验田园生活并融入国学文化、农耕文化、华侨文化、建筑文化、龙舟文化的全新旅游模式，以提高村民生活质量、促进瓜岭经济发展，达到对古村传统资源进行保护的目的。

抚今追昔，村干部感慨不已：正是有了这些华侨引进的西方建筑设计理念和捐资赞助，瓜岭村的建筑类型才会如此丰富、别具特色。瓜岭华侨的根始终在这里，我们祖祖辈辈不会忘记华侨保家振乡的历史，真诚欢迎侨胞常回家看看。

黄埔古村，光复乡贤文化

黄埔古村位于广州市海珠区东部，建村于北宋年间，毗邻海上丝绸之路的始发地黄埔古港，南宋时期已经是"海舶所集之地"。清朝实行"一口通商"后，广州成为当时中国唯一的对外贸易口岸，黄埔古港成为外国商船进入广州的必经之地，瑞典的"哥德堡号"、美国的"中国皇后号"等著名商船曾在此停泊。黄埔村以"古码头、古水道、古街巷、古民居、古庙宇、古民俗"，构成了"村港一体"的岭南海洋文化特色。2012年11月，黄埔村获评广东"十大最美古村落"之首。

从西边公路入村，村口矗立着一座金碧辉煌的牌坊，上刻"凰洲"二字。传说有一对凤凰飞临此地，从此这里人丁兴旺、五谷丰登，所以原村名叫"凰洲""凤浦"。清代这里停靠了许多外国商船，外国人发音不准，总是把"凤浦"念成"黄埔"，久而久之，便成了黄埔村。云集欧美

胡氏宗祠

黄埔古村，光复乡贤文化

黄埔古村

商船的世界名港、诞生众多历史名人的千年古村——黄埔古港遗迹和黄埔村，现存文物建筑包括祠堂14处、家塾4处、宫庙1处、园林建筑1处、商业遗址2处、古民居若干处。厚重的历史文化价值，注定港村合一的黄埔村抢救和保护要走一条与众不同的路子。

2009年，广州市决定对黄埔古村进行抢救和保护，海珠区正式启动黄埔历史文化古村保护整治工程。经过文化、历史、民俗、古建筑等方面专家与设计单位多次论证，他们充分听取古建筑物主后人和黄埔村民的建议，按照"抽疏保旧、完善配套、适度开发、商业运作"的原则，让淹没在现代建筑中的诸多文物显露出来。同时严格按照原形制、原结构、原材料、原工艺技术进行修复，绝不改变文物原状，村内包括梁氏宗祠、胡氏宗祠、姑婆屋、梁询故居、端生家塾、左垣家塾、潮江胡公祠、子牙居、冯佐平故居等在内的13栋古建筑得到有效保护。此外，他们重新铺设了连接各个古迹节点的街巷，延绵成为3公里长的麻石路。沿着这条麻石路，可以从黄埔古港一直深入黄埔古村。沿线利用古祠故居建立起一

镬耳屋

个个纪念馆,将黄埔村人文历史一一进行展示。

  改造后的黄埔村仍是一派古朴景象,具有岭南风格的镬耳屋尤其夺人眼球。它用青砖、石柱、石板砌成,外墙壁均有花鸟图案,山墙砌成镬耳状,故称"镬耳屋",民间有富贵吉祥、丰衣足食之说。村中保留的大量遗迹和文物,见证了"古代海上丝绸之路"的世代繁盛,见证了黄埔古港独一无二的历史地位,也见证了广州沧海桑田的巨大变迁。黄埔村中心地带的黄埔直街,古称"西市",是村中自古以来的商业街,老街两侧保存了不少商铺遗址,他们重点对黄埔直街进行修缮整饰,恢复了古村商业街的原始风貌。如今,这条商业街成了村中主要的经济来源,黄埔村特色产品琳琅满目,远近驰名的艇仔粥、姜撞奶、农家菜备受游客欢迎。

  除了抢救和保护港村遗迹,在黄埔村人心中更重要的是世代延续下来的乡贤文化,黄埔村人自始至终对乡中贤良之士充满了敬仰。在新的历史时期,他们清醒地认识到,自古以来乡贤文化是联系故土、维系乡情的精神纽带,建设美丽乡村,弘扬乡贤文化是必由之路。

黄埔村曾经走出冒死奋战55天营救孙中山的永丰舰舰长冯肇宪、巨商学者科学家一门七杰的梁氏家族、向美国成功追讨庚子赔款用于开办清华大学的爱国外交家梁诚、为我国制糖工业作出贡献的农业专家冯锐、铁路桥梁专家胡栋朝等。一座村落近代史上产生这么多显赫名人，史学界称之为"黄埔村现象"。尤其令黄埔人骄傲的是驻新加坡领事胡璇泽。胡璇泽年轻时，随父亲及叔父等人去新加坡经商，设立黄埔公司，数年后业务拓展，声名渐隆，后兴办医院。他历任新加坡农艺会副会长、立法院非官方议员、铁路公司临时总理、太平局绅士，受赐C,M,G三等勋章。1877年，他被清政府任命为中国驻新加坡第一任领事，同年被俄国沙皇任命为俄国驻新加坡领事，1879年被委任日本驻新加坡领事，一人身兼三国领事，被传为佳话，人称"黄埔先生"。

黄埔村至今保存着14座各个姓氏的祠堂，乡贤文化深深扎根，成了海珠乃至

黄埔古港遗址

粤海第一关

广州传承乡贤文化的重要平台。梁氏宗祠现为现为黄埔古村人文历史展览馆，它建于清代，相传用60年建成，是村中梁姓的祠堂，现存头门及天井、中座台基、头门硬山顶、灰塑龙船脊、臂脊饰高翘灰塑圆弧花饰、砖雕花卉纹饰隔窗、石雕花卉门墩、高脚门，是黄埔村古祠中用料和手工最好的建筑之一。胡氏大宗祠是胡姓的始迁祖祠堂，祠堂面阔三间，进深三间，头门两侧的门联上写着"派溯崇安源远流长绵世祚，基开黄埔根培本固大宗祊"。由于胡璇泽的卓绝贡献，胡氏家族重新做了"钦命新加坡领事胡璇泽"的竖式挂匾悬挂在宗祠内。

祠堂文化蕴涵淳朴，包含着深厚的人文根基，是中华民族数千年的伟大创举，也是中国传统文化内涵的体现。为了弘扬乡贤文化，黄埔村每年农历三月初三都举行"北帝诞"大型风俗活动，吸引了港澳、海外大批乡亲以及摄影爱好者前来省亲、参观。每年重阳节，海珠区会在黄埔村举办一连三天的"岭南祠堂文化节"，举行广绣广雕展、剪纸艺术传授、组织赏月灯会、粤剧私伙局、古琴演奏会等群众性活动。经过20多年的发展，黄埔古村和古港已经成了广州一个重要的人文景观，游人可以边走边看，通读这个影响世界的港村合一之地。黄埔村的历史和文化不仅熏陶了本村人，也让不少广州市民和游客耳熟能详，被视为广州的骄傲。

如今，黄埔村的房屋树木、庙宇祠堂，都在无声之中传递着岭南水乡的文化神韵。与其他古村落的保护不同，这里的村民依然悠闲地生活在村落中。将古村落与村民纳入一体化改造，在改造过程中突出考虑村民生活与乡贤文化传承，黄埔村改造成为中国古村落改造中一次革命性的实验。

龙湖，活着的千年古寨

龙湖古寨地处潮汕平原韩江中下游西岸，至今已有1000多年历史，目前仍保存着100多座古建筑，寨内宗族祠堂、名宦府第和商贾富绅豪宅无数，庭院深深，不少豪宅有五进、十进之深，千年老榕树盘根错节随处可见。

古寨的结构很讲究，寨中央直街由于形似"龙脊"，古寨四周韩江水、池塘湖水环绕，因而称"龙湖"，直街东面有3条街，西门有6条巷，形成了"三街六巷"的工整格局。

龙湖古寨

明序堂

潮汕的乡村聚落多为聚族而居，一般是一姓一乡或数姓一乡。而龙湖寨作为一个自然聚落，其聚居姓氏达50个之多，是潮州少有的姓氏繁多、宗族林立的杂居聚落。黄姓的"江夏家塾"、许姓的"高阳家塾"、肖姓的"肖氏家斋"，更多的是由邑绅或进士、举人命名，"梨花吟馆""读我书屋""抱经舍""雨花精庐""怡香书室"等，默默诉说着"潮居典范、祠第千家、书香万代"的辉煌与荣耀。书斋各具意蕴、别有情趣，由此看来龙湖古寨曾经有一帮饱读诗书的文人骚客，是个尊师重教的地方。

潮州古寨兴起的重要契机乃是战争。潮州的先民为了保卫自己的家园，催生出这一种集防御功能、居住功能于一身的固定建筑。然而，潮州古寨最兴盛时期，应是明朝中叶倭寇的入侵。明嘉靖戊午年（1558），倭寇屡犯潮汕，龙湖乡众奋起抗击，寨址四周筑起围墙御敌。潮州的古寨建筑能得到充分的发展，乃是时势使然，更是理所当然，因为它乃是潮州先民家园免遭涂炭的保障，更是名垂千古的抗倭

龙湖，活着的千年古寨

民族战争的产物，倘若离开了残酷战争这一催化剂，是难以兴起并如此蓬勃发展的。

清康熙平定台湾以后，潮州的境内已罕见大规模的兵燹之动乱，然潮州的古寨建筑尚继续发展，是因为潮州的民性俗悍，封建割据，聚族而居，乡绅肆虐，虎狼横行，往往大姓欺压小姓，强房凌辱弱房，区区小事，常酿成大祸，于是持械互斗之风愈演愈烈，屡禁不止，乃成痼疾。因此，这些可供安居养殖、又具有防卫功能的潮州古寨建筑得以继续绵延发展，更是宗派互斗之风、盗贼之患所促成。

俗话说："潮州厝，皇宫起。"这些府第、民居的门廊主面装饰浓重，门匾、侧壁等多绘风俗彩画，十分气派；天井地铺卵石或条石，摆设花盆，简洁明快；门厅与天井间置同花屏风隔扇，使空间转折变化。这些建筑虽经历沧桑，但石刻文字仍清晰可见，墙上壁画栩栩如生，屋脊嵌瓷的花虫鸟兽生动传神。古朴的民俗风情和精巧的建筑风格，独具艺术特色的工艺美术体系，荟萃了木雕、石雕、贝雕、嵌瓷、彩绘等民间工艺的精华，又融入外来的建筑艺术和我国宫殿建筑文化，可谓古今并存，不失为一座古寨民居博物馆。

书香文脉、潮韵悠悠，昔日的龙湖古寨为潮汕文化留下浓墨重彩的一笔，随

目前仍保存着 100 多座古建筑

着岁月流转，这些宝贵的文化遗产历经千年风霜逐渐走向衰落。如何最大限度挖掘龙湖古寨的文化内涵？如何在保护的基础上实现旅游经济的可持续发展？龙湖人在深思，社会各界也在密切关注。2003年，龙湖古寨就被列为广东省旅游扶贫项目，龙湖镇市头、市尾、三英村联合创办"龙湖古寨旅游发展有限公司"，积极发展古寨旅游业，使龙湖群众在旅游发展中得到实惠。

历经千年的风吹雨打，今日的龙湖古寨显得更加古朴。行走在大街小巷中，龙湖寨内还有不少人居住。走进"许氏家祠"，许姓族人济济一堂，正在热热闹闹地办喜事。"高阳第"门口大红灯笼迎风摇曳，无论是外观还是内部陈设都显得古色古香，十分壮观，守门的老人告诉我，这是马来西亚华侨捐资修复的。

2012年，龙湖古寨获得"广东十大最美古村落"的称号，被广东省住建厅和广东省文化厅授予"第三批广东省历史文化名镇"称号，被文化部、城乡建设部列入第一批"中国传统村落名录"，成为潮州城市旅游的一张新名片。龙湖古寨以此为契机，努力探索一条文化旅游产业可持续发展的新路。

古寨是潮州传统建筑文化的一大体系，建筑是历史的最佳载体。但古寨仍属于民居的范畴，有人居住，表明它是一座活着的寨子，保护显然存在很大难度，因为古寨保护涉及家家户户，民居的居住功能已经不能适应现代生活的需要，宅主人根据自己生活需要对住宅进行改动和更新，很难保存原状。当地政府和文保部门积极宣

千年老榕树盘龙错节

传教育群众，提高群众保护民居的自觉性和积极性，帮助他们解决修缮保护与利用问题，做到"修旧如旧"。近10年来，各级政府投入大量资金加快古寨保护开发步伐，努力完善景区的基础配套设

古寨仍保持着在公祠中摆宴的习俗

施，古寨居民热情高涨，自发筹资修缮了黄氏宗祠、陈氏宗祠、林氏宗祠、许氏宗祠、谢厝进士第、灯笼铺内、高阳第等一大批祠堂、府第。

  作为一处古村落，龙湖古寨规模庞大，旅游资源十分丰富，其文化特色鲜明，人文资源占绝对优势，且人文历史与自然景观相得益彰，表现出较强的独特性与唯一性，这是核心吸引力所在。为了凸显"千年古寨，龙湖水乡"形象，龙湖人明确发展思路，充分依托良好的古寨环境，打造以"潮文化"为特点的千午古寨品牌，实现与潮州古城文化旅游区的联动发展，带动周边乡村产业结构的转型。同时，他们注重文化提升，以建筑文化为核心，以民俗文化为重点，以宗教文化为辅助，举办国际性旅游节庆活动和文化论坛，形成具世界影响力的文化旅游产品和创意产业，引爆旅游市场。此外，他们推陈出新，打造潮人水镇，以观光旅游为基础，以休闲度假为核心，发展文化休闲、农业休闲等多元化产品体系，以潮汕揭一体化为契机，搭建旅游创业平台，促进文化旅游产业蓬勃发展，龙湖古寨由此"活"得越来越自在。

泥沟，很土很厚重

具有典型的岭南风格的街巷

"泥沟"，一个很土的村名，普宁民间干脆叫它"土沟"。就是这个名字充满泥土气息的村子，却被评为"广东十大最美古村落"，被誉为"省内唯一活着的古村"。

登上泥沟村办公楼四层平台俯瞰全村，那一刻，我被潮汕民居的美震撼了：在蓝天白云下，青山如黛，崎头山、虎地山、凤髻山、鹅地山，山连岭接，横卧于后岭溪与练江、白坑湖之滨。村中民居依山临水，一派古朴景象。具有岭南风格的"镬耳屋"尤其夺人眼球，它用青砖、石柱、石板砌成，外墙壁均有花鸟图案，山墙砌成镬耳状，建筑风格以"下山

具有典型的岭南风格的彩塑

虎""四点金"为主,各依地势朝向,民间有"倒地梅"(节节开花)之美称。"下山虎"前,小孩们在空地上玩耍,几位中年妇女正围坐在一起裹粽子。这座古村没有像一些老寨似的人丁凋零,从元朝至今,虽历经社会沉浮、朝代更迭,仍旧人烟攘攘,让人觉得生机一片。

追本溯源,尊祖敬宗,是潮汕文化的一大特点。在泥沟村,建家庙祭拜祖先之风盛行,祠宇遍布全村各个角落,格局多种多样,称得上潮汕地区之最。村中有明朝兴建的张氏宗祠,清朝兴建的张氏二祖祠、张氏三祖祠、许氏宗祠、许氏彰祖祠、陈氏祖祠、张氏本祖祠等宗祠公室98座。张氏本祖祠装饰工艺精湛,令人咋舌,石雕逼真,栩栩如生,厅堂横梁均以金漆木雕装饰,造型传神,龛几金碧辉煌,大气庄重。有明朝正统元年兴建的真君古庙、明朝嘉靖壬午年兴建的三山国王古庙、建福庵、三足岭伯公宫等庙宇9座,有寨门9座、古井12个、碉堡楼14座、百岁坊2座,还有罕见的明朝陵墓"兄妹姑嫂坟"。"兄妹姑嫂坟"是

虎山上一穴巨大的陵墓,葬着明初泥沟村张氏先人张翠峰夫妇和胞妹张翠娥,为何兄妹姑嫂会同穴而葬?这墓碑为何斜向地面45°角而立?这的确是个谜。

泥沟置寨至今约700载,约于元世祖至元二十二年(1286),张氏翠峰公偕妹翠娥从福建莆田迁来泥沟开基创业,为泥沟张氏始祖。潮汕地区向来注重宗族关系,因而在全国户籍人口最稠密的潮汕平原,以同姓氏族为单位形成的大村落集聚是普遍现象。而泥沟却多姓集居,有张、许、陈、郑、孙、周、李等1.8万人,其中张氏人口约1.2万人。这里民风淳朴,礼尚往来,大家和睦相处。

明清古建筑群

泥沟村人杰地灵,历朝历代士子众多。明朝万历己未年张士良考取进士,清雍正三年张燦恭为御前特等侍卫,清乾隆三年许兴让中举人,清同治十三年张振华等23人中拔元,考取秀才、贡员。古往今来,泥沟村村民均以兴学育才作为立乡之本。在民国时期,乡贤张伯封创办同声文学专修学校,造就了一批批杰出的人才,我国著名书画家赖少其,潮剧作家张华云,谜家庄笑生、张伯人等从这里走出去,成为相关领域的优秀代表。20世纪三四十年代村中办起了群众、锲金、德育、弥高4所完全小学,民间还有平民、新民、新生、寄庐、友德、翠英等初级小学,奋学之风大兴。

泥沟是普宁市著名侨乡,旅居海外华侨近8万人。150年前,已有泥沟人离乡背井移居海外,落地生根,繁衍生息。长期以来,他们侨居异地,勤奋创业,情系桑梓,对家乡做出了很大贡献。早在清光绪十二年(1886),乡人张鸣知旅泰发达,富甲潮州。当黄河决堤时,河南地区遭受水患,无数灾民流离失所,张鸣知毅然捐资白银10万两赈济灾民。光绪皇帝御封他为"四品观察使",赐"乐善好施"御匾。乡人张伯贤侨居新加坡,热心社会公益事业,1938年发起组织新加坡南洋普宁会馆,膺任会长,他致力于华人团结互助,坚持正义,维护合法权益,受到当地人民的尊敬。乡人张仲彩侨居泰国,膺任旅泰泥沟张氏族亲会理事长,

泥沟古村

雨后春笋般的高楼与古村落形成强烈反差

1980年发动旅泰乡亲捐资人民币70多万元，创建了泥沟华侨学校。泥沟华侨，身在异国，情系乡邦，关心家乡建设，兴办学校，修桥筑路，致力于公益事业，业绩显著。据不完全统计，泥沟旅外华侨和港澳台同胞，先后捐资兴办学校金额达2600多万元，修桥筑路金额达840多万元。

深厚的文化积淀，使泥沟村保留着不少古风俗，如每年正月二十一日营三王老爷盛会，逢龙年三月十五日营真君古庙诸神盛会，八月十四晚吃平安粥等。更值得一提的是，泥沟英歌舞粗犷豪放，气势磅礴，以其刚柔相济、变化多端而闻名于世。普宁英歌于2006年被评为第一批国家级非物质文化遗产，是广东省普宁市广为流传的一种传统民俗舞蹈样式，由清乾隆年间埔塘人成技创编传教于民，迄今已有300多年的历史。它被认为是扬正压邪、吉祥平安的象征，深受群众喜爱和推崇，具有广泛的群众基础和社会基础。泥沟少年英歌队曾代表汕头地区参加第一届世界女子足球锦标赛开幕式，并由中央电视台"东西南北中"录制播出；2004年，泥沟村被广东省评为"民间艺术英歌舞之乡"，同年代表广东省赴京参加国庆游园活动。民俗丰富，民风淳朴，历经沧桑，古貌犹存，泥沟村像一颗璀璨的明珠，镶嵌在潮汕大地上。如今，泥沟村除了教育、养老等设施之外，还建有书画室、归根阁、烈士纪念陵园等精神文化活动阵地，泥沟灯谜、泥沟英歌舞享誉海内外，有灯谜、民俗等乡土著作近20种存世。厚重的历史，激发着泥沟村民爱国爱乡的热情，激励泥沟人不断开拓进取，构建团结和谐的家园。

陂头，续写和谐新乐章

走进广州增城区永宁街新塘镇陂头村钟氏宗祠，后堂牌阁上"孝悌雍睦"四个金色大字熠熠生辉。站在牌匾下，我聆听80多岁老支书讲述湛若水为钟氏宗祠题书"孝悌雍睦"的故事：

湛若水是明代著名的哲学家、教育家，他一生以兴学育贤为己任，所到之处

钟氏祠堂

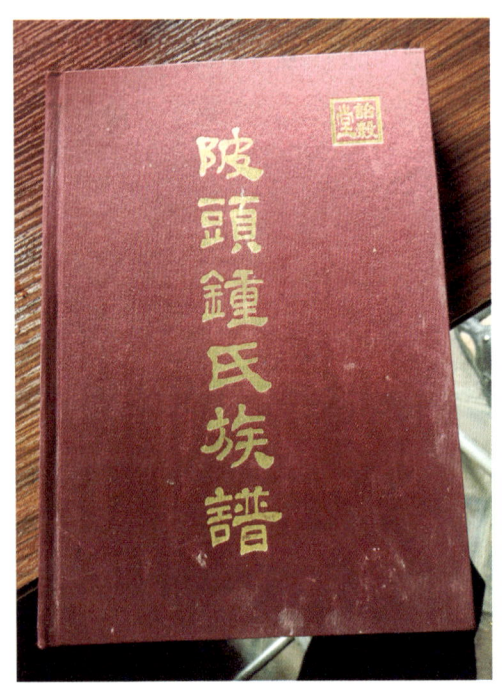

修订后的陂头钟氏族谱

必修书院。辞官还乡后，因到南樵莲洞书院讲学而经常路过陂头。一天，他远远看见一老翁因绊倒而滑入溪中，正当他快马上前嘱咐马夫书童下溪相扶时，两个青年已争相跳入溪中，把满身泥水的老翁扶起背回村中。陂头村淳朴的民风便给他留下深刻的印象，加上出于对陂头村先祖钟遂和、钟玉岩父子的敬仰，湛若水便与陂头人结下深厚的友情。他为钟氏祠堂题书"孝悌雍睦"一匾，这是对陂头村孝顺父母、尊敬兄长、天与人和谐相处之村风的礼赞。

"钟氏祠堂"始建于明代嘉靖年间，徜徉其中，一种厚重沧桑的感觉徐徐而来。门前的石狮、石鼓与五级石阶，墙上的石木砖雕与灰塑、陶像，室内的牌匾、对联与碑文，都用不同的形式向人们展示着陂头村厚重的历史文化。

明初，萝岗人钟秀林从萝岗迁到增城清湖都百姓陂附近定居开村，故名陂头。600多年来，钟姓人在龙山秀林的绿阴下，不仅勤奋耕种，艰苦创业，建设家园，而且一直努力延续先祖崇文重礼的耕读优良传统。在祠堂"诒谷堂"，老支书对着墙上的诗文，无比自豪地告诉我，宋代以延师讲学受人尊崇的宣议郎钟遂和就是他们的始祖，他与官至朝议大夫的儿子钟玉岩相继在萝岗开堂讲学，不但为萝岗文化做出杰出贡献，而且传承到陂头。

一个流传久远的故事，让我领悟到陂头人敬畏宗祠文化的缘由。祠堂是古村的魂、古村的根。通过祠堂传承先辈优良的人文精神，把传统的优秀文化发扬光大，这就是他们一代接一代人的寄托与希望。数百年来，陂头村经历过不少风风雨雨，尤其是日寇侵华时，惨无人性的日军曾驻在村内，大肆烧杀抢掠，后龙山的古木遭到肆意砍伐，祠堂内珍贵的牌匾、器皿、书籍等文物被烧掠一空。侵略者企图把陂头村的自然生态和传统人文精神一并扼杀，但深受中华传统文化熏陶的陂头人坚贞不屈，保护生态、崇文重学、和谐团结的优良村风一直延续，直至今天成为人们羡慕的文明村庄。

走出钟氏宗祠，我们向正在建设乡村公园的后龙山上走去。后龙山公园的入口处在当年日军侵华时驻扎的小楼房和一座古老的祠堂附近，一棵盘根错节的古榕就在登山台阶的旁边。我佩服公园设计者匠心独运的理念，他们要让入园的每一个人在尽情分享大自然亘古之生命灵气的同时，在这里感受到陂头村厚重的人文精神，以史为镜，接受一次反侵略、爱和平的思想洗礼。

陂头后龙山古林木翁郁幽深，野花斑斓。有生以来，我还是第一次进入菠萝格树林。菠萝格属红木，它生长周期长，木质坚硬且光滑，是名贵木材之一。陂头村人能把这片古林木保留至今，实在令人佩服。20世纪50年代末，"大跃进"

湛若水墓园

的浪潮席卷大江南北，全民炼钢的狂热使得一夜之间冒出了许多土高炉。当时有人要砍伐陂头后龙山的古木作燃料，遭到村民的强烈反对。从此，村里制定了封山护林的公约，禁止任何人上山伐木割草，爱树护林成了村民的自觉行动，后龙山的菠萝格也越长越挺拔。如今，后龙山的古木已成为一代又一代陂头人心中的图腾，村民身心健康地生活着，80多岁的老人随处可见，90岁的老妇开小店做买卖，90多岁的老汉还荷锄下地干活。村民说，这都是后龙山古林给陂头村带来的福荫。

走下后龙山，年轻的村长驱车把我们带往留下《春秋正传》《心性图说》等400多万字著作的一代大儒湛若水的墓地。湛若水逝世后，后人遵照他的遗愿，让其长眠于陂头村钟灵毓秀的天蚕山下。沿着荒僻的小路蜿蜒上山，在树林和荒草丛中穿行近20分钟后，我们终于见到掩藏于萋萋芳草间的大型墓园。古墓用灰沙三合土版筑而成，依山而建，随山势由上而下分成四级，形如交椅，从第一级的坟头而下至第四级的池座总长约20多米。正中的墓包造型不同于普通墓葬，有类似碑楼的两层建筑。据中国民间文艺家协会会员湛汝松介绍，湛若水墓由皇帝御制，规模宏大、版筑精工，在150米的墓道中，还有庑殿、石人、石马、石牌坊和一对华表。如此古墓全省罕有，目前已列入广东省文物保护单位。我们在距离主墓约200米的地方，果然发现一对文武官石人，虽经风雨侵蚀面貌开始模糊，但威武端庄的风采依然。在距人像约50米处，还找到了一对雕刻精美、栩栩如生的石马。

湛汝松潜心研究湛若水多年，他告诉我，湛若水是一个在中国思想史

湛若水为钟氏祠堂题匾"孝悌雍睦"

上掷地有声的名字，他生于明宪宗成化二年（1466），卒于明世宗嘉靖三十九年（1560），历任南京礼、吏、兵三部尚书，加封太子少保。他创立的"随处体认天理"哲学思想体系，与王阳明并重，为明代理学两大流派。他们开创的"心学"，不仅打破了自宋朝以来宋儒理学僵化、禁锢思想界的局面，也对近代中国旧民主主义革命产生了积极影响。现在，日本、韩国、美国、加拿大、澳大利亚等国都收藏了他的大量著作，日本学者志贺一郎更出版了湛若水的研究专著。

菠萝格树林

聊起陂头村民风，村长坦言，他们这里民风淳朴、村民勤奋向上，大有祖风，这与传承宗祠文化有着密切关系。2004年，在当地政府和各界人士的大力支持下，村民自发集资，对距今460年的钟氏祠堂进行了重修。由于完整保留了明代的建筑风格和鲜明的宗祠建筑特色，这一凝聚了先辈们智慧和汗水的历史遗产得以重放光彩，引起了当地政府和文物部门的重视。近年来，随着经济向前发展，陂头村民广开财路，生活水平不断提高。村干部奋发有为，修村道、装路灯、搞绿化，统一规划建造停车场和灯光球场、图书阅览室、村中公园，村容村貌焕然一新，2005年被广州市评为"卫生村"，2006年被广州市评为"创建文明示范村"。归根结底，他们有湛若水先生"孝悌雍睦"思想这一精神支柱，传承了先辈优良的人文精神，才能续写"和谐陂头"的新乐章。

前美村,将金字招牌擦亮

陈慈黉塑像

前美村坐落在汕头市澄海区隆都镇,是著名的侨乡。村里现有人口 6500 多人,而侨居海外的前美籍华侨却有万余人,它因"岭南第一侨宅——陈慈黉故居"闻名于世。距陈慈黉故居 1000 米,有一个巨型方寨永宁寨,它完整地保留着当年"驷马拖车"的潮汕古民居建筑风貌,在久远的历史文化演进中,逐渐形成了丰富的历史建筑遗存和古朴的农耕自然环境。依托两块金字招牌,前美村先后获得"国家历史文化名村""广东省历史文化名村""广东省古村落""广东省省级文物重点保护单位""广东省旅游特色村""国家级 4A 旅游景区"等称号。

走进前美村,四周的古朴气息顿时让人耳目一新。古老而壮观的陈氏祠堂让人迷恋它的奇特、通透和古老，旧迹斑斑的老墙、位置适宜的绿树及保存尚好的房间格局，无不显示出当年华侨建筑的独特风格。拥有506间厅堂的陈慈黉故居，更像一个生活气息浓郁的大院子。进入故居前，我首先被门前大池塘所吸引，碧绿温润的水，满池莲叶与荷花，周围是传统风格的民居，顿时让我风尘仆仆的心沉静了下来。陈慈黉故居始建于清朝宣统二年，陈家早年经营海外运输，后在泰国办实业，富甲一方。陈慈黉在本乡建筑了郎中第、善居室、寿康里和三庐四大宅第，占地面积2.54万平方米，规模宏大，历时近半个世纪，集陈家几代人的心血，是所有宅第中

潮汕民俗馆

规模最大、设计最精、保存最为完整的一座。陈慈黉故居具有民族风格和潮汕农村住宅特色，又巧妙融合了西方建筑风格，是中国早期典型的中西合璧建筑，总格局以传统的"驷马拖车"糅合西式洋楼，点缀亭台楼阁，通廊天桥，迂回曲折，进之如入迷宫。

郎中第、善居室、寿康里和三庐四大宅第，以善居室最为壮观。它始建于民国十九年（1930），时间持续20年，为双层四进阶"驷马拖车"式建筑。四周及中包为洋楼，厢房仿北京故宫之东西宫建筑，各成若干院落，每院落分设辕门，前后左右天桥相通。善居室既吸收西洋之阳台、敞窗的建筑风格，又运用传统的走廊、行拱、树扉等建筑形式，外观庄严朴素，院落和表门秀丽大方，窗棂斗拱典雅精巧。整个建筑共有房166间，厅36间，门窗之多让人不可思议。据说以前陈家有个专司开关窗门的佣人，每天清晨开窗，开完所有的窗，又开始关窗，当

岭南第一侨宅——陈慈黉故居

所有的窗都关上了,天也就暗了。

　　腾出来的亭台楼阁、院落洋楼,都是干干净净的。故居在保留原貌的基础上,增设了陈慈黉家史馆、红头船雕塑、潮汕戏曲馆、潮汕新娘房、潮汕功夫茶馆、老潮州小食馆、书画廊、微雕展馆、潮汕工艺礼品馆、古厨房等富有潮汕民间特色的景观。在这里,人们还可以欣赏到最具传统特色的潮汕舞蹈《双咬鹅》表演和潮剧木偶戏。潮剧木偶是一种有着悠久历史的传统民间艺术。年过七旬的本地民间艺人陈谦汉被请进故居进行表演。据陈谦汉介绍说,潮汕木偶很独特,用3根竹管套铁枝操纵偶像躯干和双手,表演起来,身段和手势特别灵活细致,故此得名"铁枝木偶",俗称"纸影"。如果有游客对此感兴趣,陈师傅便打开录音机,和另一个人躲在帘子后面操纵起偶人,一板一眼、一唱一和,妙趣横生,如果游客前台看得不过瘾,还可以到后台瞅瞅。

　　永宁寨造型十分奇特,坐西南朝东北,全寨占地约1万平方米,寨内的大门正对着远处的莲花山主峰。它不像常见的梅县客家的圆形村寨,又不像普通的民居住宅,而是一个四方形城堡式的大宅院。据村里老人说,旧时,寨门一闭,无论洪水和盗贼都难以进入。两个大寨门上面还相对建有寨门楼和瞭望窗口,作为守夜值更防卫之用。后面寨墙的东南角还突出地建造了一个方形的碉堡式建筑物,俗称"寨耳",是守更岗楼,上下有枪眼,控制着寨后和寨右墙外的通道。环倚寨墙而建的住屋皆是两层楼,互相连接,若洪水泛滥,人们登上楼屋便安全无虞。其实,

陈慈黉故居的建筑格局几乎与永宁寨一模一样,只是融入了一些西方的建筑形式。村子人都说,陈慈黉故居是老古寨的翻版,老古寨是陈慈黉家族的根。

陈慈黉家族又称为陈黉利家族,因陈慈黉早年到泰国曼谷创办陈黉利行。这是一个典型的华侨家族,该家族自奠基人"船主佛"陈焕荣航海发迹后,于1851年与人合作,在香港首辟南北行街(今称文咸西街),成立乾泰隆公司,经营进出口大米及国内土特产,发财致富,为家族奠定基础。再经陈慈黉、陈立梅、陈守明等精心经营,锐意进取,迅速将商务扩展至泰国、新加坡、安南等南洋诸国,事业蒸蒸日上,至二战前已发展成为"泰华八大财团之首""富甲南洋"的豪贾。

有了陈慈黉家族这棵大树,前美村民海外移民人数剧增。当年乡亲生活贫苦者要外出谋生,旅费匮乏,只要求助于陈家,即可以免费搭乘陈家的船只。到了海外,只要是前美村人,都可以在陈氏商号中就业,因此村中侨眷占80%以上,形成了"汕头一个前美,海外一个前美"的格局。陈氏家族经历百余年沧桑,至今仍活跃在香港、泰国的金融业和工商业中。

中西合璧的建筑

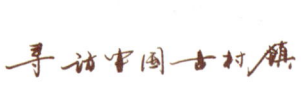

中西合璧的建筑

前美村的海外侨胞和港澳台同胞在艰苦创业的同时，不忘回馈家乡，积极返乡投资兴业和投身社会公益事业。1994年落成的前美小学，华侨捐资达到550万元。不但建学校，华侨还热衷于村里各项公益事业，据不完全统计，历年来捐款总额超过1500多万元。近年来，前美村在上级有关部门的支持下，遵循"保护发扬并重、开发建设并举"的思路，注重古建筑群的保护和开发利用，全力发展旅游事业，提高旅游品牌。前美村人清醒地认识到，前美村拥有丰富的历史建筑遗存和优越的自然资源，它的历史价值和文化价值在全国古村落中是罕见的，完全可以建设成为国家级旅游景区，但由于宣传力度不足、配套设施不够，这么好的宝贝还不为更多的海内外游客所认知。眼下，他们正在以陈慈黉故居为龙头，以潮汕文化为载体，以潮侨文化为核心，突显潮韵、侨韵、水韵、乡韵，倾心打造集旅游、观光、学术研究于一体的旅游胜地，将金字招牌擦得更亮。

石寨,叩问文化的根与魂

继入选"首批中国传统村落""中国古村落""中国历史文化名镇(村)"后,陆丰市大安镇石寨村2016年又荣获了"中国乡村旅游模范村"称号,这是该古村落获得的第四个国家级荣誉。石寨,初唐始建村,明末清初兴建石寨以及新寨和安里,历经1300多年的悠久岁月与风雨沧桑,至今外观基本完好。

当我们驱车来到石寨,只见城门上镌刻着"石城"两字,城高约8米,环山而筑,宏伟雄浑,宛如一只银环挂在雄狮的颈项。城墙墙体采用"金包银"的砌法,即三分之一厚的外皮墙体,用砖或石砌,三分之二厚的内墙体,用土坯或夯土垒筑,墙的最下边用坚硬石头铺筑,厚实坚固。寨门按八卦的方位设定西、南、北三门。正门为西门,门上有牌楼,匾书"和安里"三字。正门、家庙大门成一直线,远对河西镇境内旗山和剑岭两山峰之间。门联为"左映旗峰迎瑞气,右临剑岭发祥光"。南门匾书"洁

固若金汤的石寨

黄氏宗祠

齐"二字,门联为"瑞霭南宫开泰运,光迎东井唤昌期"。北门匾书"阳德"二字,门联为"英风特著于西蜀,正气常存乎北门"。新寨没有东门,因为它的东面是山,山后是石窿硔水。

踏着蜿蜒而斑驳的石板小径,行走在古村落石寨村的巷子里,我感到一种从未有过的清静与惬意。在寨城内制高点的巷道旁,有一漆黑巨石,钝圆肥硕,状若蜘蛛。周围巷道都以此石为中心,向四周呈放射状纵横分布,迂回交错,四通八达,使整个城寨在布局上成了一张巨大的蜘蛛网。城内民居,有依寨墙走势呈圆形而筑,有依山势高低而建,层叠有致,秩序井然。两路中间一条依山势而筑的主村道环穿全村,次要巷道与主巷道两端相连。而处在同一样层面的房屋,分列两边,门户相向,互为顾盼;巷道的两端筑有院门,与环城巷道相连,互相牵制。若遇外敌或盗贼闯入,两端院门关闭,即可瓮中捉鳖。

留心脚下走过的以条石铺砌的巷道,我发现,石板下隐约可见又深又宽的排污暗渠,因山势呈螺旋形状。各暗渠由高到低汇入环城巷道主暗渠,再流向寨外直通鉴湖。倘若碰到淤塞,即翻起条石,清理极为方便。排水系统设计从一个侧面体现了石寨村对风水学的讲究与实践,深刻领会到"天与人"保持和谐与科学关系的内涵。国内许多专家学者来石寨考察,都认为该村具有典型的闽南围寨特色,又有客家围屋的风韵,是潮汕文化与客家文化交融的产物,堪称代表性的潮汕古村落。

与一些古村落不同的是,石寨村还充满了生活气息。我看到,电线像蛛丝一样在屋檐或屋顶上绕来绕去,房子上新贴了春联,门外晾晒着大人和小孩的衣服,鸡鸭满地乱跑。在城门口巷道里,我们碰到几位老人在那儿纳凉,他们头发花白,满脸褶痕,但神情淡定,气质优雅。为了拍摄石寨城全景,我们来到城外一户人家,要求爬上他家三楼平台,主人爽快地答应。当我们汗流浃背走下楼梯时,主人特地为我们泡了一壶铁观音茶,从他的举止中我读到了千年文化遗风的延续。

在寨内,家庙宗祠居中而建,处在村寨的中轴线上,主体建筑是一座三进两天井的宽敞房子。宗祠由大殿、中堂、两厢、天井等结体而成,共有48根柱子,称为"48栋"。整个建筑呈岭南风格,规模较大,也较有气势。据守门人介绍,"48栋"的建设,是有官阶等级规定的,宗祠被专家学者誉为目前"岭南48栋保存最完整的宗祠"。宗祠的正门实际上有5座门,如果全部开启,那应是二品以上的官

壮观石城

壮观石城

僚才享有的资格。因此,目前只可开启一座门。正门下有一个木制门槛,高0.42米,长1.68米,因年代久远,红色已暗淡斑驳。这门槛的高度似乎和别的宗祠、殿堂不同,暗示着一种文化信息。

在祠堂我看到一副对联:"士农工商认一字皆吾家肖子,礼义廉耻全四济方斯世完人。"我惊奇地发现,在它那深邃而厚重的文化生成中,祭祖文化是石寨文化的"魂"。当地人告诉我,石寨的先祖黄易曾经演绎了一段"忠贞映日月"的壮美故事。康熙十六年(1677)初,黄易仕闽,孤忠抗叛,以身殉节。康熙皇帝为表彰忠烈,追赠黄易为福建按察司佥事,赐谥"忠贞",并亲拟祭文。朝廷还遣宫廷画师将黄易画像永存,分别在福建及黄易家乡建祠纪念,享春秋两祭。祖先创造出来的品质优秀的人文精神,石寨人一脉相承,代代接力,把对祖先的敬念和对祖先人文精神的弘扬结合起来,朴实地演变成一种具有浓厚氛围的祭祖风俗。至今石寨人每年都要举行隆重的祭祖仪式,充分体

黄氏宗祠

现了石寨人重孝、依仁、尚义的儒家思想与文化精神。

　　石寨人告诉我，他们世代谨遵祖训，时刻不忘诗礼，日夜勤事耕读。明清时曾出过3进士，7举人，36贡生，几百名秀才，可谓簪缨满堂，享有"文墨乡"之誉。自嘉庆至道光的50多年里，该村的太学生共98名。而至光绪初期考取贡生、廪生、庠生功名的，不胜枚举。旧时石寨城门外的广场曾林林总总竖立了28座各式各样的旗杆夹。每逢节日，旗杆上升起绣着各种功名的旗幡，蔚为壮观，成为当地著名的人文景观。这要归功于村里建立的一套寨内会考的淘汰机制和激励机制。清代，这个不足千人的寨内就设有16处书塾，这些私塾的学生每年都要进行一次寨内会考。第一次选出20位优等生，享受"儒租补贴制"，免费就读；第二次会考再从中筛选出10名，每年另由族内提供6担稻谷作为奖励；第三次即是参加由府衙主办的乡试，考中者每年另可享12担租谷的奖励。这种制度让穷苦人家的孩子读得起书。因此，在"万般皆下品，唯有读书高"的理念下，读书赴考形成热潮。我幡然醒悟，大倡勤学、鼓励成才、锐意进取、建功立业，乃石寨文化的"魂"。

　　就是在今天，石寨人依然坚持传统文化，把励志崇文的激励机制沿袭至今。多年来，石寨村设立基金会，专门奖教奖学。目前，该村小学入学率100%，初中97%，高中85%。全村共有大学生300多名，硕士生12名，博士生6名，留学生10多名。这无疑是现实连接历史沉甸甸的收获！

沟南许地，在"蝶变"中新生

700百多年以前，当时汕头还是一片沧海桑田。在桑浦山南麓山脚下一个有叫紫菔陇的地方，一群从福建迁徙而来的许姓人家，他们在这里搭起了简陋的土屋，垦荒耕种，繁衍后代。从此，中国的近现代历史上便有了一个个叱咤风云的出自紫菔陇的许家后代。这里有抗英功臣许祥光、两部尚书许应骙、一代清官许应荣、辛亥革命元勋许卓、农民领袖许怀仁、著名教育家许崇清、中华女杰许广平等。

沟南许地照壁

沟南许地，在"蝶变"中新生

一到沟南村口，迎面而来的是个古色古香的照壁，上书4个大字："沟南许地"。这字是谁写的？是集鲁迅先生的字组合而成的。为什么要用鲁迅的字？因为这里是鲁迅夫人许广平的故乡。1922年，沟南许氏的"叛逆"女性许

独具潮汕特色的檐壁上的嵌瓷

广平，在北京与反封建的文化旗手鲁迅相识，后来成为终身伴侣，为新文化运动作出了卓越贡献。照壁后面是一幅精美的潮州麒麟嵌瓷，据说，只有尚书才配得起这半蹲半站的麒麟。

绕过照壁，就是沟南村的东门，可以看到潮汕民居讲究风水科学的典型布局，取"紫气东来"之意，是许氏祖先对"风从东方来"的经验总结，是吉祥门。守门的是一头明代的石狮，造型古朴，保佑着全村的安宁。旁边设一座"南海圣王庙"，体现了潮汕人的海洋文化意识，这里也就成了村庄里最神圣的地方。

进入东门，豁然开朗，一片半月形的湖水碧波荡漾，岸边古榕婆娑。村里人说，此湖名叫兰桂湖，取"兰桂芬芳"之意，寄望子孙后代长大后摘兰折桂、读书入仕。沿湖的大道叫"尚书街"。"尚书"是古代相当于部长级的大官，也是"有学问"的代称。许氏的十八世孙许应骙先任兵部左侍郎、都察院左都御史，后来又升为工部尚书、礼部尚书，所以这条大道便命名为"尚书街"。

沟南村的住宅大多是"四点金"组成的"驷马拖车"式建筑，体现在这些建筑中的装饰艺术，是潮汕建筑的精华。金漆木雕，用樟木为原料，采用浮雕、透雕手法刻成，然后贴金，作品结构严谨，设计巧妙，宏观上对称，微观上变化，金碧辉煌，富有潮汕民间剪纸风格。

独具潮汕特色的檐壁上的嵌瓷

石雕有浅浮雕、深浮雕、圆雕、透雕。最具潮汕特色的则是房脊和檐壁上的嵌瓷，它采用各种釉彩光泽的陶瓷片，经剪取、敲制、镶嵌、粘接、堆砌，塑造出人物、花鸟、虫鱼、走兽、博古、山水等吉祥图案，营造出喜庆祥和的气氛。

登科第是清光绪年间澄海县七品正堂知县许乃禄的家。它是中西结合结构，上面"登科第"3个字用石块组成，以此来说明自己是用才华考取的功名。登科第的旁边就是县太爷的书房三希处，最有文化气息。清高宗乾隆皇帝将王羲之的《快雪时晴帖》、王珣、王献之的三件稀世书法珍宝藏于北京故宫养心殿，命名为"三希堂"，后来出版了"三希堂法帖"。此室的主人也许是收藏了此书而命名为"三希处"，以示其儒雅之风。值得注意的是，此室建筑为中西合璧式，室前有走廊，下接双向小阶梯。墙壁上的彩色马赛克贴瓷历经百年风雨仍不落伍，体现了潮汕居民与时俱进的追求。在这些百年老屋里，到处都可以看到"颜子家训""治家格言"以及古典

许氏公祠

诗句，让人感受到浓郁的书香氛围。

当然，村里最为庄严的地方是"许氏公祠"，通称为大祠堂。这是全粤东许氏共同祭祀祖先的地方。祠堂结构严谨、设计巧妙，金碧辉煌的金漆木雕、巧夺天工的嵌瓷历经100多年沧桑依然鲜艳，各种石雕、木雕、砖雕琳琅满目，这是潮汕传统建筑文化的瑰宝，从中我们可以领略到许家昔日的辉煌。在大宗祠两边的墙壁上，镶嵌有36道石碑。这是许氏子孙的"光宗"碑，与广州南湖先祖墓地内的"耀祖"碑同时树立，或中举立功，或加官晋爵，历历在刻，在整个潮汕甚至中国，有这等荣耀的家族凤毛麟角。

沟南许地原来是一个很偏僻的小村庄，是金平区重点贫困村。近10年来，沟南人利用古村深厚的人文底蕴，成功地把自身"古色""绿色"资源化为"美丽经济"，开始了"蝶变"之旅。

生态就是最大的财富，绿水青山就是金山银山，农村只有保持原本的特有韵味，才能真正唤起人们的乡愁。为保护、传承和发展潮汕古民居，沟南注重对全村进行科学规划，对基础设施进行提升改造。过去村里环境卫生很差，生活污水、农业污水到处排放，废弃的池塘蚊虫滋生、恶臭难闻。为此，他们填平废弃的池塘，建成一个文体运动广场，给村民提供健身锻炼的场所。同时，他们加快兰桂湖环湖工程建设，把兰桂湖环湖的土路改造成石板路，在兰桂湖的南岸种植四季花海等绿化景观带。引入兰桂湖的水，经过村里污水处理生态岛四层过滤，水质相当

最具潮汕特色的房脊上的嵌瓷

好。每年端午节期间,村里举办龙舟赛,兰桂湖环湖道上人潮涌动,每日客流达到2万人次。

今天的沟南许地,沿着绿色之路前行,已经甩掉了"贫困村"的帽子,村容村貌、经济建设、村民精神面貌都发生了深刻变化,成为远近闻名的旅游名村。不久前,潮汕地区首个"文化创意旅游村"项目在此启动。据悉,"文化创意旅游村"项目将按国家4A旅游景区标准建设,计划总投资2亿元。目前村里首期启动数千平方米的名贤故居修缮工程,同时将老村委旧址平整后改造成可供休闲娱乐的沟南会馆,将沟南村建成集民居建筑、自然生态、地域文化、潮汕美食、艺术创意于一体的深度体验潮文化的旅游综合体,打造成为"潮汕乌镇、汕头宽窄巷",成为汕头乃至粤东地区一张独具特色的生态文化旅游名片。

新塘，寻访"拾贝人"

湛汝松先生和我是博友，2008年我在网易上以"悟悟斋主"的网名开通了博客，经常浏览网友的作品，我感觉与广州"新塘拾贝"、南京"一剪寒梅"、成都"雪融斋"很投缘。他们和我一样，对乡土文化情有独钟，从博文中，我发现他们具有深厚的文化积淀，对家乡充满深情，加上他们语言朴实、文字隽永、图片优美，我们很快结为"网易四剑客"，视为知己。

湛汝松是土生土长的新塘人，曾经当过教师、从事过经济管理工作，虽然年过七旬，但对生活依然充满热情。因为热爱文学，他长期坚持业余文艺创作，被广东省作家协会、中国民间文艺家协会、中国群众文化学会吸收为会员，被增城

龙舟竞渡

湛若水塑像

市民间文艺家协会、作家协会推选为副主席、名誉主席。因为热爱家乡,他用别人打麻将、玩牌、喝酒的时间去寻觅新塘历史、经济、文化、民俗文化"贝壳",在《增城日报》《广州日报》《羊城晚报》和不少全国性及地方性报刊上发表了大量推介新塘的文章。2003年退休后,他从新塘镇出发,走访了增城70多个村庄,不仅收获了淳朴的乡情,而且结集出版了散文集《品味新塘》《荔乡拾贝》《寻觅甘泉》《荔枝红了》、评论随笔集《荔苑博谈》、诗词集《读岗诗草》6本书。

新塘古称"沙贝",是古代珠江口内海的一部分。汇集崇山峻岭之灵气的东江水,从江西省寻邬县泻出,流经500多公里,受到陈家林群山伸延的岩石阻挡,形成了一个大河湾。年深岁久,东江水带下来的河沙和大海洋潮水卷来的贝壳,淤积在那里,逐渐成为陆地,故名"沙贝"。明代嘉靖年间,理学家湛若水觉得"沙贝"是块"风水宝地"。沙,是全国罕见的由东向西流的东江带来的,汇集了沿江崇山峻岭之灵气;贝,是从太平洋卷来的,融汇了海洋广博深邃之精华。"沙贝",是个不可多得的聚人聚财之宝地。于是,发动乡人在堆积着河沙贝壳的滩涂上挖塘筑堰,建成了一个"新塘"。后来,乡人在"新塘"周围建屋开铺,遂成"新塘墟"。从此,新塘逐渐兴旺起来,从四面八方来买卖经商的人越来越多,成为"外通海道、内接崇山、舟车辏辐的水陆扼要之区"。

在湛汝松笔下,新塘的祠堂、村落、荔枝、乌榄、民谣、乡贤,水乡的河涌、鱼塘、蕉基、山区的果园、围屋、山歌寄托着浓浓的乡愁。新塘人文山水吸引我,新塘农耕文化吸引我,新塘的"拾贝人"更吸引我,2015年荔枝红了的时候,我和夫人应邀走进新塘、走近湛汝松。

新塘是岭南历史名镇，宋代名臣陈大震、明代哲学家湛若水的故乡以及清初诗人陈恭尹的成长地，乃名贤聚居的"礼义之乡"。湛汝松对湛若水尊崇备至，在《湛若水及其思想文化对家乡的影响》一文中，他盛赞"湛若水是我国教育史上一位卓越的教育家，他重视和热爱教育，是献身教育事业的典范。他虽身居全国最高教育行政长官职位（礼部尚书和国子监祭酒），而能身体力行，脚踏实地干实事，毕生热心赞助兴办书院四十多间，培养出近四千名学生，且多已成材"。

湛若水在家乡创办或重修了明诚、莲洞、甘泉、读岗4间书院，后面3间书院就在新塘。为了缅怀湛若水的功绩，湛汝松带我来到增城历史上最大的村庄沙贝村。该村有我国东南沿海最大的古海蚀洞遗址——石巷和建筑风格独特的明代义士祠。该村是明代大儒湛若水的故里，湛若水故居、极具明代建筑风格的尚书府、湛若水兴办的读岗书院仍在今天的新何村和甘涌村。

四望岗是"尚书怀"和"挂绿"荔枝的发源地。明代嘉靖年间，湛若水在福建仙游枫亭品尝荔枝时，发现了一个优良的品种，便怀核而归，让乡人在四望岗上培育。经过一代又一代乡人的精心栽培，四望岗一带成了一望无际的荔枝林，沙贝的山岗土岭、基围田埂，处处都是荔枝。四望岗荔枝，清甜多汁，高产易种，很快被推广至岭南各地，后人为了纪念尚书湛若水，便称这种荔枝为"尚书怀"。清代乾隆年间两广总督阮元为此作《岭南荔枝词》一首："不须夸署尚书衔，怀核归来味共参。此是白沙真种子，

新塘新貌

四望岗

甘泉浸得水枝甘。"嘉庆年间番禺崔弼更评价它"挂绿出增城沙贝,荔中第一品也"。从此"挂绿"身价百倍,增城成了闻名中外的荔枝之乡。

  在农耕年代,湛若水引入一颗荔枝种子,使新塘戴着耀眼的光环走上荔枝王国的顶峰。在改革开放大潮下,新塘人又引进一粒"金蛋",使新塘成了"中国牛仔服装名镇"。20世纪80年代初,新塘从香港引进第一间"来料加工"的牛仔服装厂。它像400多年前的荔枝种子一样,在四望岗脚下发芽繁衍。一间、两间、十间、百间、千间,牛仔服装厂越开越多,从"来料加工""来样加工"的制衣小厂到采购、设计、生产、销售分工精细的服装公司,从单一的服装生产工厂发展到纺织、染整、印花、洗漂相互配套的大型服装企业。经过30多年的辛勤耕耘,新塘终于从著名荔枝之乡,变身为全国最大的牛仔服装生产基地。傍晚,当我们来到"中国牛仔服装城",在各个出口竟然出现奇妙一景:快递公司业务员几乎人人赤膊,一个个挥汗如雨,将堆积如山的牛仔服装发往世界各地。"牛仔之乡"果然名不虚传。

令湛汝松最难忘的是 2002 年夏天，一颗增城"挂绿"荔枝在拍卖会上竟卖出 55.5 万元的天价。国内外媒体为之震惊，这颗天价荔枝的得主——新塘国际牛仔纺织服装有限公司老总语出惊人："我们拍下的并不是一颗单纯意义上的荔枝，而是一个经久不衰的响亮品牌，我们要充分利用四望岗的传统效应，将新塘牛仔服装产业做得像'挂绿'荔枝一样，驰名于天下。"

如今，新塘这个珠三角的经济重镇，不仅成为"中国牛仔服装名镇"、广州东部汽车产业基地，也是广深线上经济繁荣的"黄金走廊"。湛汝松感慨良多：我爱家乡，我为新塘深厚的人文沉淀而自豪。乡愁是中华民族文化之根，我祝愿新塘用荔乡青山秀水的自然生态、优秀传统文化的独特韵味和时代进步的崭新元素铸造新塘的灵魂，让古老荔乡带着历史精华走向辉煌。

湛汝松和我们一起进行田野调查

长教古镇，借力《云水谣》

土楼是福建的金字招牌，仅南靖县就有土楼15 000多座，其中500年以上的有20多座。在《世界遗产名录》中，福建"六群四楼"46座土楼成功申遗，国家级文物保护单位田螺坑土楼群、和贵楼、怀远楼榜上有名。随着"土楼故里"声名远播，土楼景区电影、电视摄制组纷至沓来，电影《海角七号》捧红了台湾垦丁，电影《云水谣》则为南靖长教镇披上了一袭浪漫的云裳。2006年电影《云

怀远楼

电影《云水谣》取景地

水谣》热播,原本籍籍无名的长教古镇大放异彩,吸引了大批海内外游客。不少背包客一开口就问"云水谣怎么走?"当地政府顺势而为,将长教古镇改成了"云水谣"。

电影《云水谣》是根据全国政协原副主席、作家张克辉创作的电影文学剧本《寻找》改编而成的一部爱情片,影片讲述了一段跨越海峡、历经60年大时代动荡背景下至死不渝的爱情故事。主人公在岁月的迢迢云水间,演绎了一场荡气回肠的苦恋,咏唱出一曲动人的家国悲歌。电影男主角陈秋水(陈坤饰演)的故乡,就是取景自长教镇。

长教古镇是个历史悠久的古老村落,村中悠长古道、百年老榕、神奇土楼,还有那灵山碧水,无不给人以超然的感觉。它拥有福建省最高最大最为集中的千年古榕树群,一条百年老街、千年古道。溪岸边,由13棵百年、千年老榕组成的榕树群蔚为壮观,其中一棵老榕树树冠覆盖面积1933平方米,树丫长达30多米,树干底端要10多个大人才能合抱。榕树下一条被踩磨得非常光滑的鹅卵石古道伸向远方,据考证它是长汀府(龙岩市)通往漳州府(漳州市)的必经之路。古道旁,有一排两层的老式砖木结构房屋,那就是长教已有数百年历史的老街市。

古镇最吸引人的当属50多座土楼。这些从元朝中期开始建造的土楼,工艺精湛，各具风貌，它们散布在山脚下、溪水旁、田野上，伟岸壮观。除了众多的吊脚楼、竹竿楼、府第式土楼，最有名的当属"天下第一奇"和贵楼、双环圆土楼怀远楼。

和贵楼又称"山脚楼"，清代雍正十年（1732）由简次屏公建造，总投资15 000两银子，占地1547平方米。土楼高5层，21.5米，每层28个房间，共140个房间，是南靖最高的土楼。这座土楼建在沼泽地上，用200多根松木打桩、铺垫，历经200多年仍坚固稳定。楼中两口水井，相距18米，井水水位均高出地面，左边那口井，清亮如镜，水质甜美，而右边那口井却混浊发黄，污秽不堪，完全不能饮用。追本溯源，原来是两口井由于材料构造不同造成了奇特景观。

怀远楼是建筑工艺最精美、保护最好的双环圆形土楼，堪称汉族民宅建筑艺术的佳作。它建于清宣统元年（1909），坐北朝南，占地1384.7平方米，4层，高14.5米，每层34间，共136个房间。楼基3米多高，用巨型鹅卵石和三合土垒筑，墙体至今光滑无剥落。走进怀远楼，扑面而来的是浓浓的文化气息。此楼为精巧秀气的"四架三间"上下堂建筑，室内雕梁画栋古朴天然，对联横匾书卷气浓。堂上悬挂的横匾刻着苍劲有力的行楷"斯是室"3个大字，两边柱子上有副对联，上联是"斯堂讵为游观计教书开耳目"，下联是"是室何嫌隘惟思尚德课儿孙"。

关于土楼的起源，至今仍有争议，多数人认为是"中原人为避战乱南迁建土楼聚族而居"。专家认为，福建圆土楼发源于九龙江中下游及比邻地区，是漳州先民抗倭的产物。土楼是在抗击倭寇的血雨腥风中创造出来的，它最早出现的时间应是明嘉靖年间。土

漫漫古道

长教古镇,借力《云水谣》

千年古榕树

楼作为福建客家人引以为豪的建筑形式,同时揉进了人文因素,堪称"天、地、人"三方结合的缩影。数十户、几百人同住一楼,反映了客家人聚族而居、和睦相处的家族传统。因此,一部土楼史,便是一部乡村家族史。20世纪60年代后,传统的土楼已基本歇建,如今云水谣镇绝大多数土楼保留完好,它与一般民居错杂共存,犹如鹤立鸡群,格外引人注目。

《云水谣》为古镇带来了勃勃生机和滚滚财源,但古镇人并没有被金钱冲昏头脑。在开发旅游的基础上,留住古镇的青山绿水和原汁原味,成了当地政府和民众的共同认知。

位于长教溪畔的土楼文化会所,几年前还是一座被人当作牛棚的破败土楼。这座有着百余年历史的长方形土楼,现在是福建省作家协会、福建省文学院、漳州市美术家协会的创作基地,也是当地最受驴友欢迎的客栈之一。2010年,中国作协会员、南靖籍作家何葆国回到故乡。他仿佛一下回到了童年时光,被乡愁"黏"住了,一咬牙拿出积蓄将这座土楼承包下来,修旧如旧,平生第一次开起了客栈。开张后,由于客栈地理位置优越,并且保留了土楼古朴的风貌,生意挺红火。何葆国清楚地看到,很多土楼由于无人居住,并且缺乏维修资金,逐渐崩塌毁坏,

土楼内景

如果通过民间力量,在保护的基础上,将这部分土楼利用起来,努力增加当地旅游收入,这样的土楼才是活的。

然而,土楼旅游热兴起后,一些村民将自家土楼开发成民宿,随意改变土楼结构,乱搭滥建现象开始出现,古镇的生态环境与文化保护受到了前所未有的挑战。为了保护好土楼的原始风貌,不断扩大土楼文化的影响力和辐射力,南靖县政府及时出台《南靖土楼古村落保护管理办法》,成立了一支40多人组成的综合执法队,执法内容涉及环境保护、文物保护等多个方面,管理范围覆盖整个南靖土楼古村落,并投资3000万元建立了一套土楼监控指挥系统。如何在开发旅游的同时留住乡愁?云水谣镇政府用行动给出了回答:首先要保护好古建筑和相关历史遗存,在大力发掘土楼文化的基础上,同时巧借电影《云水谣》的故事,把古老的土楼、小桥流水、风车、老树、鹅卵石小径、篱笆墙、老街串起来,把土楼历史文化具象化,作为世遗的土楼便活了起来。游客在观赏奇楼美景,领略古道悠悠、碧水青青的人文意蕴的同时,还可感受闽西南文化的源远流长。

如此说来,云水谣被人们誉为"中国最美的古村落",也算实至名归。

五夫,"荷花节"鱼和熊掌兼得

2017年7月12日,"第五届中国五夫荷花节"在武夷山五夫镇举办,7000多亩荷塘吸引了国内众多游客前往。此届"荷花节"除了举办一系列开幕表演、展示、体验等相关活动,还在朱子雕像广场举办了三生三世、十里荷花"朱子婚礼"仪式,现场气氛十分热烈。

五夫是著名的白莲之乡,朱熹母亲祝夫人"煮莲教子"的故事在这里耳熟能详。

兴贤书院

当年，祝夫人在炎炎夏日里煮了一碗莲子汤让苦读的儿子饮用，并用莲子的成长生成过程来教育朱熹："莲虽从淤泥而出，但污斑不染；吸天地朝露而生，摘采后又经去皮、剥衣，再经取芯，最后烘干保藏，四道工序才成益品，而最重要的就是取芯，莲子要是和着芯吃，是如此的甘苦，但去了芯之后，却变得无比甘甜啊！"祝夫人推崇的是儒家先"修身"，再"齐家、治国、平天下"的道理。

2013年以来，五夫镇把自己的发展方向定位在发展观光休闲游上，先后举办了五届荷花节。一方面是利用历史上村民以种莲为生的传统产业，作为吸引人气重要因素，让老百姓真正从旅游中受益，从而增强保护意识。另一方面，他们转变思路，从发展观光休闲游入手，让游客走进五夫，了解朱子文化，从而达到推动文化旅游和弘扬、传承朱子文化的目的。2010年，五夫镇被国家住房和城乡建设部评定为第五批"中国历史文化名镇"。2016年，"五夫白莲"成功获得国家地理标志产品商标，成为五夫又一张响亮的名片。

五夫古镇文化资源丰富，文化底蕴深厚。理学宗师朱熹自14岁起在五夫从

刘氏家祠

学、著述、办学授徒、生活达50余年，创立了影响中外几百年的朱子理学，因此，五夫成为名副其实的朱子理学发源地。兴贤古街是五夫历史遗迹最为集中的地方，行走于古街上，街中牌坊林立，石坊门

过化处

上分别镌刻着"崇东首善""五夫荟萃""天地钟秀""籍溪胜境""紫阳流风""邹鲁渊源"等历史名人手书的横额，并耸立着"兴贤书院""刘氏家祠""五夫社仓""连氏节孝坊""朱子巷""五贤井"等古建筑。街面蜿蜒曲折，古意盎然，但也不时看到倒塌的土墙、霉烂的木板，还有不少当地老百姓在此居住。随着人们生活水平的提高以及家庭人口的增多，古老建筑已经满足不了他们的居住需求。发展与保护的矛盾如何协调？五夫镇给出了最好的答案：既要保护也要发展，发展是为了更好地保护。

当地友人陈秀女士告诉我，长期以来，五夫镇提倡在不会破坏建筑的情况下，尽量使大部分建筑得到使用，这样才会及时发现每栋建筑存在或可能发生的问题，提前做好预防措施，延缓建筑的老化。同时，加固或改造部分建筑的内部结构，使处于危险状况下的木结构能够得到有效的修护，避免事故的发生，并且拆除一些后来改建搭建的内部构筑物及设施，重现当地传统民居的特色。

据了解，为了加大古镇的保护力度，五夫镇编制了《五夫中国历史文化名镇保护与发展规划》。出于保护历史文化名镇的需要，镇上着眼于镇区总体布局和规划，在符合五夫镇整体规划及古街开发规划要求的前提下，大力支持村民创业。在他们看来，古街能够得到完好保护，只是留住乡愁的开始，要想让古街焕发青春，

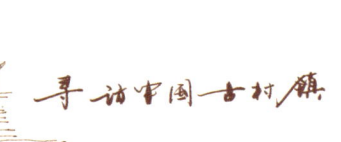

就必须让它"活"起来。为了提升旅游景点水准，他们先后引进300多个观赏莲品种，增强荷塘的观赏性；同时为荷塘装上路灯，在古街上悬挂灯笼，营造"荷塘月色，梦回五夫"的意境。此外，他们还开辟了农业休闲观光园：百亩薰衣草基地、千亩玫瑰园、万亩荷塘，把农业项目与朱子文化结合，形成文化休闲观光旅游平台。

在古街中段，我们走进了一栋幽静的古屋。主人姜东成热情地招呼我们，他是地道的五夫人，这古屋是他从4家人手里租来的，花了17万元进行修缮，最大限度地保存了老屋的建筑特色。他对朱子文化颇有研究，将老屋改造成展示五夫民俗和朱子文化的展示馆，供游客免费参观游览。凡到古街的游客看到有这么一处古色古香的老宅，都喜欢进来参观、拍照，姜东成主动给游客介绍五夫的文化、朱熹的故事，并在老屋设置了龙鲤戏展示间、古代婚礼洞房、与朱子相关物品的展示厅，售卖朱熹书法拓片、五夫土特产等。虽然收入有限，但姜东成就是想让村民意识到，老房子很有价值。

刘继章是五夫镇兴贤村的村主任，过去一直在外打拼。5年前他看清了家乡保护和发展的方向，决定回乡参加选举，在家乡重新创业。他的老宅在古街上的五夫里，这些年前来五夫古镇旅游的人越来越多，村里几名妇女想开店，苦于没有合适的场所，刘继章便将自家老宅让出，免费提供给她们经营"兴贤家嫂茶"。老宅的对面，也是一栋古屋，刘继章把它租了过来，重新修缮后作为茶吧对外营业。除了古街核心区的老宅，刘继章还租下了7栋废弃不用的旧式烤烟房，将它们改造成独门独户的民宿。烤烟房分两层，

朱熹塑像

朱子手植榕

改造后底层是客厅，上层是卧室，烤烟房的房顶还可以打开让游客看星空。

像刘继章这样被古街保护打动重新创业的还大有人在：村民李良生原本在泉州创业，看到家乡巨变后，他把自家的黄酒制作工艺进行提升，注册了"五夫家酒"。谢福兴有制作蓑衣的手艺，政府鼓励他在家展示、出售蓑衣。如今谢福兴开的蓑衣店，竟成了游客追逐乡土情怀的一个景点。

在五夫古镇，我流连忘返，感触良多：内涵丰富的古镇、古村落是宝贵的文化遗产，被誉为"民间文化生态博物馆""乡村历史文化活化石"。然而，由于各种原因，这些古村落往往处于"自生自灭"、拆旧与建新、保护与开发的纠结中。五夫镇通过吸引人气来达到带动文化旅游发展、古镇保护的做法，不啻为保护传统村落提供了一个成功的样板。

下梅，古村的涅槃之路

一条小溪穿村而过

　　一条小溪穿村而过，把下梅村分成了南北两条街。人们很难想象，200多年前，这条宽约两三米，水深仅10公分左右的小溪曾每日行舟300余艘，满载着新茶顺信江下鄱阳湖，继而穿湖出九江口进入长江，远赴恰克图。电视剧《乔家大院》里曾提到山西晋商殚精竭虑疏通万里茶路，它的起点就在武夷山下梅村。

　　"万里茶道"是一条始于17世纪，繁荣两个半世纪的国际古商道。它南起福建武夷山，经江西、湖南、湖北、河南、河北、山西、内蒙古向北延伸，过蒙古，抵俄罗斯通商口岸恰克图，直到俄罗斯圣彼

下梅，古村的涅槃之路

邹氏家祠

得堡的涅瓦河畔，全长1.3万公里。据记载，最早来到武夷山贩茶的是山西省榆次市车辋镇的晋商常氏。常氏虽然与闽北远隔千山万水，但商业嗅觉异常灵敏。早在150多年前，以常氏为主的山西商帮就看中了武夷茶的生意资源，把经商触角探往武夷山下梅的茶坊街市。康熙五年（1666），武夷茶由荷兰东印度公司收购，欧人皆以武夷岩茶为中国茶之总称。此时武夷山岩茶在下梅集运转销。乾隆年间，下梅遂形成了崇安最大的茶市。雍正五年（1727），下梅茶商开始大发，五口通商后，晋商在武夷山收购岩茶业务由下梅邹氏、潮州、广州三帮联合采办，转运于福州、汕头、澳门及南洋各岛。常氏与商团盟友开创了中俄贸易的漫漫长路，成为在中俄边界贸易城恰克图的一支劲旅。

下梅古村位于福建省武夷山市东部，由于该村在梅溪下游，故得名。该村历史十分悠久，商周时期就有了新石器时代人类活动的遗迹。村落建于隋朝，里坊兴于宋朝，街市隆于清朝。山护村落，水养邑人，山环水抱营造了一个封闭安谧型的村落，素有"文史精品古村落"的美称。村中至今仍留有清代古民居建筑30多座，集砖雕、石雕、木雕艺术于一体的古民居建筑群，作为当地遗产的一部分，早已深深刻入了武夷山文化的骨血之中。砖雕、石雕、木雕是下梅古民居的一枝奇葩。民居门楼无一例外地饰以精美的砖雕，体现豪华和富贵。砖雕以浮雕为主，也有镂空雕，内容多取自历史人物、神话传说、民间吉祥风物花卉等。图案讲究精雕细刻，人物造型逼真，寓意深刻气韵灵活，展现了丰富的文化韵味。石雕主要用在础石、门当、石鼓、花架、池栏、井栏上，既是实用品，又是装饰品，不失为赏用兼备的工艺精品。木雕则精彩纷呈，有挑梁、吊顶、桌椅、栏杆、窗棂、柱础等，尤以窗棂为最，图案多以人们喜闻乐见的动植物、人物、祥云为题材，表现了古代人勤劳、向善、忠孝的传统美德。

邹氏家祠是下梅邹氏在经营武夷茶叶获得巨大利润后建成的创业丰碑，也是雄踞于村落中心的标志性建筑。邹氏原籍江西南丰，来到下梅村择居创业，经历了几代人的艰苦创业，才发展为闽北有名的商贾。地方史料记载，下梅邹氏与晋商合作每年获利百余万两银子，取得成功后，建豪宅70余座，修当溪建码头，立家祠设文昌阁，大兴土木，传教化，重教育。邹氏家祠门楼气势宏阔，砖雕图案丰富多彩。门两侧的"木本""水源"是两幅篆刻横批。意思是说一个家族的繁荣昌盛，如树木一样，有赖于深深遍布在乡土中的根；又如江河之水，有赖于源头的涓涓细流，揭示了邹氏追思祖先、不能忘本的理念。大厅正堂有二十四孝木雕鎏金门4扇，雕刻着我国传统孝道的24个经典故事。神坛上供着祖先灵位和邹氏艰苦创业时的扁担麻绳。每至清明祭祖时，都要供奉扁担麻绳，借此激励后人要知道创业的艰辛，不忘祖先功德。

邹氏"大夫第"，因屋主曾获朝廷诰封"中宪大夫"得名。宅第大门口地面由青石铺设，两旁的拴马石和旗杆石仍保存完好。大门面壁全部用砖雕装饰，题材丰富，形象逼真，富有生活气息，手法以浮雕和透雕相结合，层次分明，构图得体。两厢的隔窗均饰以木雕，分别雕刻蝙蝠、花卉、几何图形等，把屋宇烘托得富丽堂皇。尤其富有创意的是大夫第的后花园，这个取名为"小樊川"的小巧园林，其间的屏墙犹如集砖雕与石刻为一体的艺术画廊，巧妙的造型与精湛的雕刻技艺，既让人啧啧称奇,亦透露出房主人不俗的艺术品味。该宅 2000 年被列为福建省文物保护单位。

2005 年,下梅村被建设部和国家文物局列为"中国历史文化名村",拥有了一张通向世界的"国家名片"。但由于缺乏资金,接待能力跟不上,游客人数始终上不来。2010 年夏天,下梅村经历了一场特大洪灾,400 余幢房屋进水,倒塌 90 幢。危难之际,福建日报报业集团伸出援手,他们先期投资 2100 多万元,于当年底建成梅园安置小区,让所有倒房户住进了联排别墅。同年,福建日报报业集团为了加快推动发展方式转变,积极探索媒体与产业结构升级,与武夷山市政府签

古村古貌

署协议,将"万里茶道起点"及"中国历史文化名村"的重要历史地位融合在一起,依托武夷山自然与文化的"双世遗"核心资源,通过深入挖掘当地民俗、历史、文化并与文化创意、休闲度假、健康养生等产业有机结合,联手海峡出版发行集团等,打造国际领先的文化旅游综合体。

为了开启涅槃之路,他们率先修复了村内的风雨廊桥,修缮了曾是历史上下梅茶叶贸易重要口岸码头的景隆码头,在村中心建起了万里茶道雕塑广场。2013 年,文化旅游综合体被列为福建省十大文化产业重点项目,他们首先鼓励村民留守在古村落古民居,既当古村落保护的守护者,也成为古村落乃至活态文化的支持者、受益者。同时他们加快建设魅力商业古镇、影视游览区、文化艺术中心、旅游服务区、山脊运动区、高尚旅游度假区、生态自然景观区,为下梅古村注入新的活力,将"历史文化的传承"和"当代生活的内涵"相结合,让下梅古村成为展示武夷山历史文化的一个新品牌。

东埠—高岭，船已走神还在

曾有民谣这样描述东埠古街："上街头，下街头，街长不见头；丝绸缎，糖醋油，店面八百九。"

　　江西省高岭土矿遗址园区由东埠和高岭两个古村落构成，东埠—高岭是江西省首批历史文化名村。高岭是中国古代著名的瓷用原料产区和享誉世界的"高岭土"命名地，现为全国重点文物保护单位。东埠是明清之际高岭土、釉果（一种制釉用的瓷石）等景德镇制瓷原料的集散地，被誉为"海上丝绸之路的源头"。如今，这里仍保存着较为完整的古街巷、古店铺、古码头，良好的自然生态环境，纯朴的民俗民风和丰富的文化遗存，具有深厚的陶瓷历史文化底蕴和极高的科学价值，是融科考、科普、旅游休闲度假于一体的矿山公园。

　　东埠，在宋代时叫"鸿潭"，距离瑶里古镇约7公里，北靠高岭，下临从东向西南而流的东河,东埠即东河边的码头。东河发源于瑶里高际山,流经高岭山下的东埠村,最后汇入昌江,是古时候浮梁东部地区联系外界的主要通道。东河在古代是景德镇交通运输大动脉,因为高岭土的开采,东埠船业兴起,两岸大小码头多达20多个,现在东头的码头依然保存完整。当年,大量的高岭土、瑶里釉石和窑柴就是从这里源源不断地运到景德镇的,船从景德镇返回时又将盐、布、百货等带到东埠转售。明清之际,这里达到繁盛顶峰。那时节,运载着瓷土、釉果的船只来来往往,河道两旁叫卖声、吆喝声、船篙的碰撞声、马蹄声、流水声,交织成一幅中国陶瓷鼎盛时期的繁荣画卷。

东埠是明清之际高岭土、釉果等景德镇制瓷原料的集散地

值得一提的是,东埠古街的东头耸立着一块清朝乾隆四十五年(1780)由浮梁县署所立的禁令牌,上面刻着《东埠街码头瓷土装运告示》。据碑文所载,竖立此碑与反不正当竞争行为的一个鲜明案例有关。清朝乾隆年间,高岭土的采运达到了顶峰,当时东埠码头人船过往甚密。有船户王某为阻止婺源县的船户陈某在此装运高岭土,以独霸高岭土运输贸易,经常蓄意闹事。后来陈某将王某告到了浮梁县衙那里。县官查明此事后,就命人在此处立碑刻文,告诫不论本地或外地的所有船户,不得欺行霸市,排挤其他船户,扰乱市场经济秩序,如有违令者,立即披枷带锁罚站河边示众。正因为有严明的法令约束,东埠古街的贸易才得以蓬勃发展。

古街飘着雨,细腻且温柔,雨气氤氲,空蒙而又迷幻。我行走在被雨水冲洗

东埠被誉为"海上丝绸之路的源头"

过的青石板老街上，偶尔与村民擦肩而过，彼此一笑以示招呼。东埠古街，乃瓷土运输造就的古街，是古代浮梁县四大古街之一。东埠街东西走向，中间以青石板和麻石砌成的3米宽的街面，明清时街面已经长达1000米，青石板上至今有一条深深的凹痕——独轮车运送高岭土留下的车辙。两边的建筑鳞次栉比，曾有民谣这样描述这条街："上街头，下街头，街长不见头；丝绸缎，糖醋油，店面八百九。"东街集中了客栈、酒坊、茶馆和米、布、药等几十家店铺，这些店铺一般为两层结构，一楼为店铺，临街的一面是活动的铺搭门，可装可卸，后门临河的房屋则是吊脚楼或木楼建筑，间间相连。这里有个奇怪的现象：店铺的柜台都砌得很高，当地人称"水码头"。之所以砌得高，主要是在古代方便骑马、坐轿的人选购店铺内的货物。西街除了店铺外，还集中了大户人家的住宅，建筑为徽派格局，有"商"字形的大门、错落有致的马头墙。古街转弯处的房屋墙体上还嵌着有"泰山石敢当"字样的石碑。街上的接夫亭又名"碑亭"。原亭始建于明朝，后被毁，于1990年重建。整座亭子古朴庄重、秀气典雅，亭中有一石碑，正面刻着"高岭"两个大字，笔力遒劲，气势雄浑，为中国著名书法家何海霞先生所书，背面刻有高岭遗址保护区介绍。

古街上有座高岭国家矿山公园博物馆，它如同高岭制陶的历史长卷，重点介绍了高岭的历史地位、地质概况、矿业遗迹、二元配方、辉煌篇章、高岭与欧美国家的文化渊源等，展示了原生高岭土、尾砂、采矿场景、景德镇瓷器标本和古代陶工使用的工具，具有深厚的陶瓷历史文化底蕴。据专家介绍，景德镇制瓷历史可以上溯到汉代，北宋景德年间而得名"景德"，高岭土的发掘真正奠定了景德镇成为世界瓷都的基础。宋元之际，高岭土使用价值的发现，促使景德镇瓷业研发出在原有瓷石基础上以一定比例添加高岭土的"二元配方"制胎法，使景德镇瓷器由低火度的软度瓷转变为高火度的硬度瓷，陶瓷产品质量出现飞跃，达到了世界领先地位，大大推动了欧亚乃至世界制瓷原料与工艺的进步，是中国最早向国外传播的重大科学技术成果之一。如今，那曾经布满龙窑历史碎片和窑工深深脚印的东埠，早已难寻踪影，"东埠"的概念已属于那个遥远的年代。面对无声无语的标本和陶工使用的工具，逝者如斯，该有多少动人的故事和传说！

高岭是我国古代著名的瓷用原料产区，现为国家矿山公园

山涧曾为高岭土洗选池

穿过东埠古街，不远处就是高岭古道。它始修建于宋代，全长2.5公里，全部用麻石铺砌而成，共有5600级台阶。明清之际，矿工们就是通过这条路将一担担岭土挑到东埠码头，然后装船运往景德镇，供瓷业生产使用。高岭古采矿遗址是古代景德镇制瓷业最重要的原料产地，高岭土闻名天下，高岭随即成了高岭土和高岭石矿物的命名地，也是我国第一个世界通用矿物的命名地。1965年后，高岭山的瓷土矿开采停产，现为全国重点文物保护单位。2005年8月，被国土资源部确认为"国家矿山公园"。

据史料记载，高岭古矿从宋代开始开采，明代中期至清代中期开采最盛，持续至20世纪60年代，巅峰时期高岭山上开采矿石的矿工有近3万名。数百年大规模的高岭土开采，留下了大量的高岭土矿残体、古尾矿堆、古采坑、古采硐、古洗选池、运矿古道、古码头、古亭、古桥和古文献、古瓷器等遗迹。尤其是高岭土淘洗后留下的白色尾砂堆，蔚为壮观，有"青山浮白雪"之誉。在古洗选池边，山涧里还有残留的石磨、水车、水槽。一座高岭山，供给了瓷都润白质坚的高岭土，造就了景德镇瓷器"白如玉、明如镜、薄如纸、声如磬"的独特风格，成为全世界陶瓷家敬若神明、无比景仰的圣地。一撮高岭土，经过千年窑火的烧炼，脱胎成色泽素润、莹缜如玉的陶瓷精品，创造出绚丽多彩的陶瓷文化。走近高岭山"瓷业圣土"碑，仰望洁白的瓷色碑体，它表现了高岭土在陶瓷原料演进过程中的划时代意义，俨然成为世界陶瓷人拜谒的精神丰碑。

篁岭，"晒秋"晒出美轮美奂

摆个造型

"窗衔篁岭千叶匾，门聚幽篁万亩田"，这是诗人对篁岭的素描。篁岭古村位于江西婺源，这座距今近600年历史的徽州古村落、在地图上都查找不到坐标的小村子，坐落于江湾镇的大山深处。这里是清代父子宰相曹文埴的故里，村庄建筑在陡峭的山坡坡面上，既不靠河临溪，也远离名乡大埠，百十栋徽派古民居，密密匝匝地挤在一起，一排比一排高，站在屋里，一抬眼就可以看到远处的山。如果说，婺源古村是中国古建筑的大观园，那么篁岭这个挂在山崖上的古村，无疑是一朵雅致动人的奇葩。篁岭保存良好的徽式古村落格局，有原汁原味古村落风貌及民情民风：篁岭村庄的房屋结构开式特殊，农家一楼大门前临大路，大门后是厅堂；户户二楼开后门可到达更高处的另一大路，二楼前门拦腰上下砌墙，与屋外搭建的水平木头架连成一体，用以晾晒农副产品，较好地解决了坡地建村、无平坦处晒农作物的矛盾。晒晾农作物使用竹晒匾，既不占地方，又便于

窗衔篁岭千叶匾，门聚幽篁万亩田

收藏。每年的收获季节，房屋间成了晒匾的世界，五颜六色的农作物与黑色屋顶之间重重叠叠，无意间造就了一处中国绝无仅有的"晒秋"农俗特色景观。

篁岭地处石耳山脉，面积15平方公里，由索道空中览胜、村落晒秋访古、梯田花海寻芳及乡风民俗拾趣等区域组合而成。篁岭观光索道是婺源第一条观光索道，可以高空俯瞰壮丽的梯田风光，如蛇舞动。板栗树、篁竹一丛一簇，点缀其中。远眺粉墙黛瓦掩映花间，古树、翠竹、梯田、村庄相映成趣。近500米的"天街"古巷，两旁徽式商铺林立，茶坊、酒肆、书场、砚庄、篾铺，古趣盎然，恰似一幅流动的缩写版"清明上河图"。篁岭的水口是古徽州村落水口文化的缩影，不仅和村庄的水源有所关联，更表达了古人对于风水的诉求，以及对和谐吉祥的向往。虽说"地无三尺平"，篁岭人心中自有一杆秤，那是朱熹老夫子推崇的"天人合一"理念。整个水口林以80多棵"天然的活化石"——国家一级珍稀濒危保护植物红豆杉为主，最老的一棵树龄500年，可谓镇村之宝。还有枫香树、樟树、方竹、观音竹等，古树成荫。弥漫的植物气息，于眼于心都是一种润泽，恍若进入了心

篁岭，"晒秋"晒出美轮美奂

灵的憩园。游客和家人一起，走进大山深处，呼吸新鲜空气，享受天然的森林浴，沐浴阳光，放飞心情。

薪火相传的农耕文化是篁岭观光农业的"魂"，可以说，篁岭古村既是自然的宠儿，也是人文的杰作，更是造物主遗落在人间的一块美玉，一年四季都是画家和摄影家的创作乐园。篁岭人因地制宜，借助梯田打造四季美景：阳春三月油菜花开，摄人心魂的是数万亩层层叠叠的梯田，是一幅绝美的水墨油画。篁岭梯田被网友评为"全球十大最美梯田"。夏天的篁岭恬静闲适，参天古树浓荫匝地，错落点缀在层叠的梯田、蜿蜒的青石板古道和曲折的清溪之间。田园紫薇、玫瑰等花海景观变幻，穿行在隐约可见的廊桥亭阁和粉墙黛瓦的民居村落中，带走喧嚣与燥热。赏秋拍摄，篁岭古村是一个隐藏千年而又显神秘的地方，是个极好的赏秋之地。篁岭村数百棵珍奇古树环绕，以红豆杉、枫香、香樟为主，枫香红叶映衬着山居古宅，数千亩梯田簇拥村落，红透的乌桕树生长在田垄上，点线面构成

村民正在晒秋

篁岭古村

　　天然美景，犹如进入童话世界。当大雪纷飞的时候，那是所有摄影人期待的良机，树木上挂着冰条，屋顶晒杆上铺着厚厚积雪，构成一幅篁岭晒雪图，整个村庄宛如童话世界般晶莹剔透。篁岭俨如自然的宠儿，依偎在石耳山的怀抱，被周边数万亩梯田簇拥，层层叠叠的梯田映衬着鳞次栉比的农舍，四季皆有各种颜色的呵护。为进一步延展花卉主题，篁岭人突破季节限制，在梯田上种植四季花卉，并以两个月为周期更换主题，营造花海景观、大地艺术，使游客每次到访都能欣赏到不同的景观、体验到别样的感受，并逐渐发展成为婺源四季旅游新产品。

　　这些年，篁岭通过举办晒秋节，形成了独特的民俗文化现象，为古村发展创造无限可能。"篁岭晒秋"成为一种文化体验，一种精神产品，篁岭也因"晒秋"闻名遐迩。每年立秋过后，整个山村便成了竹晒匾的世界。各家各户房前屋后木架上托起圆圆的晒匾，晒匾里丰收的果实成了色彩斑斓的调色板，火红的辣椒、枸杞，金黄的玉米、南瓜，嫩黄的秋菊、水笋，碧绿的茶叶、蕨菜，在晴朗天空的辉映下,一种普普通通的农事活动,上升到艺术的高度,成为"屋顶艺术",吸引了数十万海内外游客和摄影爱好者前来体验"朝晒暮收"、晒台"话桑麻"的田园生活,享受"晒秋人家"的农俗乐趣。

当人们的镜头纷纷对准晒台的时候,衣着朴素的村妇显得神态自若。晒台上堆满了玉米、南瓜、辣椒,她们则有条不紊地忙着切块、串联、晾晒。对于摄影爱好者的特别请求,她们乐此不疲尽量满足。勤劳、淳朴的篁岭人形象随着一幅幅精美的"晒秋图"走向世界。

饮食文化是篁岭民俗传神之笔。篁岭"天街食府"的"天街农家宴"菜原料均采用自猎、自种、自养之物,它以徽菜为根源、以婺源饮食文化为精神,以篁岭民俗、民情为基准,创立了闻名遐迩的"八大碗"天街养生农家宴,独成体系,别具风味。入夜,篁岭的"夜生活"拉开民俗风情的帷幕:龙珠灯笼在岭头最高处挑起,霎时村两端鞭炮齐鸣,龙狮两支队伍从村两头沿天街舞动而行,最后集中到村东头民俗广场。此时民俗广场的风情演出隆重献演,黄梅戏、徽剧、傩舞百花争艳,踩高跷、叠罗汉、划旱船群技竞艺,篁岭醉了,游客也醉了!

"晒秋",其实全国不少地方都有这种习俗,不过被人慢慢淡忘了,而婺源篁岭"晒秋"却成了农家的盛典,被文化部评为"最美中国符号",演变成提升乡村旅游知名度和美誉度的名片和婺源的特色旅游产品。

悟心楼

洲湖村，创新"古、红、绿"

江西省抚州市黎川县武夷山西麓中段，隐藏着一座气势恢宏、造型独特的船形古宅——洲湖船屋。更使人惊奇的是，古宅坐落的地理位置、走向、建筑格局都很特别，而且古宅的内部还发现了很多奇特的符号，这里面似乎有着某种寓意。清道光二十四年（1844），在江西黎川一片幽深的大山坳里，一座规模宏大的豪宅正在日夜赶工。然而令人费解的是，就在豪宅即将落成的时候，屋主人却举家神

黄东溪公祠

秘地失踪了。

就冲着这一番摄人心魄的文字，我和好友刘宁生、滕迎庆、邹秉南带着十二分的好奇，踏上了洲湖船屋探索发现之旅。

抚州华山镇洲湖村为资福河上游山谷盆地中的一个

红军旧居

大村落，与杉关遥相呼应，翻过山隘，便进入福建省光泽县华侨乡。2001年9月，当地一位记者来到洲湖村，当他站在西堂山腰按动照相机快门的一瞬间，被镜头里的景象惊呆了：该村一幢名为"大夫第"的古建筑群，四纵人字形乌黑瓦顶平铺如板，与高低错落的边缘风火墙构成一幅巨型图案——船甲板。"洲湖船屋酷似巨型航母！"中央和地方媒体蜂拥而至，报纸、电视纷纷报道，"洲湖船屋"一时声名鹊起，各种传闻演绎得有板有眼。

传闻之一："洪门帮"（天地会）秘密结社之说。有学者认为：该建筑实际上是洪门文献中曾多次提到的"同舟共济、反清复明"宗旨的物化形态"洪船"。古屋位置处在明清时期闽赣的交通要道上，而这一地区恰恰是洪门的发源地。船屋共有108间，正是"洪门帮"早期信仰的迹象，在洪门隐语称呼的详解中明确记载有"天为三十六，地为七十二，合数一百零八代会字"，隐天地会，船屋暗合反清复明秘密组织天地会暗语中的"洪船"。

传闻之二：巨豪传奇身世之说。洲湖村地形犹如"女人肚兜"形状，而船屋正处于"肚兜"的中心，即"肚脐眼"处。相传船屋主人黄平安，号惠尤公，凭着精明勤劳，从贩卖皮油（乌桕子油，用于乡村作坊生产蜡烛）起家，在短短的30年里，迅速发展为一名在黎川和光泽、福州、台湾等地有20多家当铺的巨商大贾。

造型独特的船形古宅——洲湖船屋

为夸富乡里，他请来风水先生，以巨款购得这块"脐眼"宝地，耗银200万两，修建了这座规模宏大的豪宅。乔迁大喜之日，正当他兴致勃勃偕夫人从头门进入新宅时，忽然一阵怪风袭来，将他夫人裙角掀起，后又猛地把裙衩吹落。惊窘万分的黄平安心生不祥之感，当即命人改掉豪宅的门面，随后便建成了如今船屋形状，船头尖尖朝北，犹如巨型航船迎着风浪稳步前行，寓意日后经商一帆风顺。

传闻之三：船屋设计取法自然、顺乎自然。东华理工学院地质勘探专家利用遥感、地理信息系统（GIS）、全球定位系统（GSP）和测量工具，对洲湖村周边自然地理环境及船型屋进行观测和研究后认为：洲湖村坐落在一个小型的河谷洼地之中，船型屋的走向与自然地貌相协调，顺应了山谷中空气流动的方向，而其内部各厅堂取坐东朝西向，有利于充分采纳阳光。房屋设计体现出古人取法自然、顺乎自然的哲学思想。

虽然船屋身世众说纷纭、难以定论，洲湖人自有洲湖人的定力。他们从中认清洲湖村古建筑群在文化及旅游方面的价值，专门成立洲湖保护委员会，协调古村保护中各方面的关系，统一落实洲湖的保护工作。为了实现洲湖村的有效保护和可持续发展，他们精心编制《洲湖历史文化名村保护规划》，并设立历史文化名村保护专家咨询机构，为古村保护工作中难点焦点问题提供咨询服务。近10年来，他们先后对省级文保单位洲湖大夫第、黄东溪公祠等历史建筑进行抢救性保护，

保持和延续其独具特色的古建筑风貌景观。2009年获得全省首批"江南小镇"称号,2010年被评为国家3A级旅游景区,2012年被省政府评为省级历史文化名村,2015年被国家旅游局评为"中国乡村旅游模范村",2016年被住房城乡建设部评为"中国传统村落"。

继承和发扬历史文化名村传统文化,挖掘洲湖以"古、红、绿"为一体的原生态旅游资源,堪称洲湖村实现经济与文化同步发展的创新之举。

"古",除了船形古屋、古屋周围还有黄东溪公祠、中位厅、高位厅、忠靖王府等,它们像簇拥着航母的护卫舰、驱逐舰,与船屋一起形成一个清代古建筑群落。古宅内部雕梁画栋,儒雅端庄,结构科学合理,下水道系统百年畅通,室内天井开阔,厅堂宽敞明亮,门窗钩花烫金,梁椽处处浮雕。砖、石、木雕精美,工艺精湛,手法细腻。壁檐星斗装饰,漆彩艳丽,是江南客家民居的典范。位于黄东溪公祠神堂密室墙壁上的"二龙争鼎"壁画,手法细腻,栩栩如生。壁画正中是代表国家权力的宝鼎,左右两边是代表帝王身份的两条巨龙,似在嬉戏,更像是在争斗,寓意深远。

黄东溪公祠神堂密室墙壁上的"二龙争鼎"壁画(局部)

洲湖船屋一角

"红"，洲湖村是土地革命战争时期第三、四次反"围剿"主战场之一。1933年8月到1934年，萧劲光、毛泽民等同志率红军部队从洵口经厚村三沅去福建光泽牛田村准备攻打金溪浒湾，往返于千年古道，部队多次驻洲湖村，前后历时两年之久。在高位厅、黄氏宗祠及船屋内外，留下了许多清晰的大幅标语。据当地老人回忆，当年他们曾亲眼看见毛泽民骑着高大的白马，率部驻扎在船屋内，战马拴在船屋大院内。毛泽民故居、红军标语、红军驿道、红军烈士纪念碑等红色文化印记，让洲湖村成为名不虚传的爱国主义教育基地。

"绿"，洲湖村总面积37平方公里，有原始次生阔叶林1.2万亩，林海茫茫、苍翠欲滴、云遮雾绕，不仅是红豆杉、五眼子树、梨木树、九重皮树、四方竹、观音竹等珍稀植物的宝库，而且是黑熊、金丝猴、羚羊、鸽鸡等珍稀动物的乐园。暖水温泉、千年古杉、彭家崃瀑布、石棺、交椅石、脸盆石、飞来石名闻遐迩，山泉清凉甘甜，景色优美怡人，是理想的旅游、休闲、避暑胜地。

有"古、红、绿"这些得天独厚的原生态旅游资源作支撑，洲湖人不断探索历史文化名村保护、利用的有效途径，何愁吸引不了更多的国内外游客前来休闲度假、访古探幽！

漳村，走过悠悠板凳桥

漳村，古名"漳溪"，是婺源一座典型的徽派古村落。说它典型，那是因为它的地形很有型：八面金山簇拥环抱，三矛峰为东北屏障，自大鄣山船艚峡泄出一脉，蜿蜒盘旋近百里，在此"龙首回盼"，再加上漳溪水如玉带环绕，凝风聚气，构成了一个"双船艚型"古村落典范。

悠悠板凳桥

我查了一些资料，漳村始建于南宋末年，在清代全盛时期，全村有1000多户人家。它是婺源有名的官宦之村，曾有"一门四才媛（王少华、王瑶芬、王玉芬、严永华）""四世观察""六世大夫"，已成为徽婺独有的历史名片。从这里走出了"苏南徽州木商鼻祖"王启仁，清代著名文学家、通政司副使王友亮，清代名臣、杰出河道治理专家、一"票"改写盐商历史的两淮盐运使王凤生，晚清著名学者王炳燮，一代循吏王文进、王文德、单光国、王廷言，一代名贤滕世光、王麟生、单镇、滕希甫、王光第等一大批名流。漳村过去是从老县城清华至新县治蚺城必经的水路通衢要道，当年的码头很多，庙巷、五家巷等等，每一道深巷都连着一长溜台阶，连着一座华美的埠头。这些河埠便是周围数十里人家财货聚散之地。在这个曾有茶农茶商船家忙忙碌碌、无数官宦学子脚步匆匆的地方，如今只剩下静寂与灵秀了。

村内原有无数华堂杰构，庙宇祠堂气势宏伟，民居商宅美轮美奂。这些明末清初的建筑如今仅留下断壁残基，但根据占地规模及石雕的精美程度，仍能揣测出往日的气派。感谢今天的漳村人，小心翼翼地剔除遗址上的浮土，还其本原。我凝视着五间五进的思训堂残留下的整齐石板地面，以及地面上置放的大石梁、大石鱼缸、石鼓、石门，抚摸着河边埠头那高逾两人的厚实平整墙基，虔诚地瞻仰着它往昔的华彩。两块乾隆年间的石碑深嵌在古老的墙体中，见证了漳村人呵护家园的不变情怀。一块是《吁赏示养生勒禁维风杜患事》的呈文，其意为"上至滩头，下至滩尾，永禁养生"，另一块是《合村山场禁示》，明令禁伐周围的山林。

漳村之美不仅在于文化积淀深厚，蕴久弥香。漳村依山

古村晨韵

清晨,板凳桥上来了众多"拍客"

傍水,清粼粼的漳溪水如玉带般环绕着这座徽州最典型的船槽形古村落,古村倒映在静静的水流中,观者无不为那秀美的山光水色赞叹不已。

河面上有一座长长的木桥。它一头连着村庄古埠的柳荫,一头牵着大山那边的古道,像长长的虹一样轻轻地落在河面上。人在桥上,脚步的微颤连动着桥柱,水面便漾起细细的圈纹,木板向上的弹性,让人产生美丽的错觉,如驭风飘行在清澈的河面上,瞬间回到了童年快乐的时光,回到了不曾受烦躁情绪打扰过的世外净土。

这座木桥就是漳村板凳桥。它本来只是建在漳河上的一座简易人行桥,因为每年五六月间漳河汛期时都会被水冲毁,汛期过后村民又重新修建,因此虽历史悠久,但桥却是新的。板凳桥全长200多米,纯木结构,一眼看过去仿佛由一个个大板凳拼接而成,故名"板凳桥"。桥桩到桥面都是用原木搭建,桥桩只是整根的圆木剥去了树皮而已,桥面用板未曾刨过显得十分粗糙。在古徽州地区像这样的板凳桥很多,有人说它是全国最长,也有人称它是世界最长,无人考证,尚无

小小竹排江中游

定论。就是这样一座原始风格的木桥，与这里的山，这里的水，这里的民居相映成趣，成为国内摄影爱好者争相趋之的创作基地，从而激活了这小小的古村落。

清晨，当我们的摄影团队来到漳村板凳桥边，只见河水浅处清澈见底，深处幽暗深沉，加上蓝天白云，那河里流动的便是五彩云霞。远处一屏山色倒映其中，这峰峦起伏的后山被村里人称为"十八座金字面"。隔河遥望，漳溪边一溜老树，枝繁叶茂的古樟、拔地而起的苦楝、风致嫣然的垂柳，还有缠绕在枯树上的老藤，构成了一幅清雅的《溪山静居图》，让人生发无限幽思。据说当年电影《闪闪的红星》就是在这里取景。潘冬子划着筏子，唱着"小小竹排江中游，巍巍青山两岸走"，那质朴唯美的镜头，至今令人难忘。

当然，单靠这板凳桥来展示历史遗韵是远远不够的，漳溪上少不得渔舟和竹筏。板凳桥下游弋着两片竹筏，身着蓑衣的农夫用竹篙慢悠悠地点着水面，只闻水声，不见浪花。渔舟上身背斗笠的渔夫，张开双臂向空中奋力撒开白色的渔网，两岸的相机"咔、咔、咔"响起一片快门声。撒网并不是为了取鱼，而是应摄影团队的要求，展示瞬间的美。在我们之前到来的是艺术院校摄影专业的师生，老师不时地与渔夫沟通，渔夫适时掉转船头调整角度，让师生们拍出满意的作品，师生们也会付给渔夫丰厚的报酬。有了舟筏，板凳桥与漳溪之间便有了灵动的美。

长长的河滩形成起伏的曲线，草坪上芳草萋萋，停着一辆独轮车，几头水牛正在悠闲地啃草。河边修建了精致的木栈道，供游客从容舒缓地漫步。摄影爱好者把探寻的目光投向那古老的河埠、古老的石阶，庭院深深，古巷幽幽，无言的古建筑默默地向人们诉说着漳村人几百年的奋斗史，诉说着成千上万漳村人的悲欢离合，让人走进另一个玲珑剔透的世界。为了再现原始农耕生活的情境，村民们根据摄影团队的要求，组织老人小孩牵着牛、挑着担、扛着锄、推着独轮车，迎着朝霞在板凳桥上缓缓走过，那画面美得醉人，让人充分感受到了古村宁静舒缓的格调。

近年来，婺源为了推动旅游业转型升级，大力实施全域旅游发展战略，正在将全域精心打造成一个文化生态大公园，从而吸引了众多国内外游客和不少影视剧组的目光。2016年底，都市爱情剧《欢乐颂2》选择了漳村作为取景点，婺源"桥文化"的代表漳村板凳桥，又获得了一次向国人全景式展示的机会。

钓源,古稀老人"唤醒"古村

从江西吉安市区西行20公里,有一座美丽的古村落叫钓源。钓源已有近千年的历史。唐代末年,庐陵望族欧阳氏的一支迁居钓源繁衍生息。钓源的欧阳氏与文坛宗师欧阳修同宗,历代都以欧阳修为荣,代代人才辈出。欧阳氏的后人始终遵循祖先的教诲,守护家族的家风与传统。在村里,每当孩子们上学的第一天,都要前往祠堂举行启蒙礼。在欧阳家族的族谱中,有四句被后人作为行为准则来遵守和学习的话:"以忠事君、以孝事亲、以廉为吏、以学立身。"这短短16个字既是村中孩童启蒙礼的重要学习内容,也是欧阳氏自古以来的家风和道德标准。

钓源古村有一位"最美导游"欧阳钟麟。已过古稀之年的他,以前是钓源村的老村长,退休之后担任了古村的义务讲解员,被誉为钓源形象代言人、钓源村活化石。每天,他乐此不疲地带着一拨又一拨游客,穿行在青石板铺就的巷道中,用他那夹杂着吉安口音和湖南口音的普通话,声情并茂地向游客讲解钓源的历史及风情。讲到精彩处,老人边说边表演,引得游客拍手叫好。从老村长到讲解员,

钓源古村

欧阳钟麟用一生的积淀，以独特的方式，为世人打开了千年古村的神秘之门。让游客记忆深刻的是，除了他那绘声绘色的讲解，还有在祠堂中诵读代表着欧阳家族家风的那四句话："以忠事君、以孝事亲、以廉为吏、以学立身。"他不仅要让外地的游客记住钓源古村，更要让欧阳家族的家风影响更多的人。

欧阳钟麟自13岁跟随父亲从湖南湘潭来到钓源，就没有离开过，他对祖祖辈辈生活过的这个家园有着异乎寻常的深厚感情。村里的那些古树、古建筑，以及流传在青砖黛瓦间的那些故事和传说，都让他沉迷；村里那些有年头的东西，他都视若至珍。虽然那时候古村保护开发还没有形成气候，但是他始终认为，老祖宗留下来的东西，决不能轻易破坏。

钓源基祖

据《钓源欧阳氏家谱》记载，该村始建于北宋末年，现有古民宅120多幢、祠堂5座、书院3座、石桥2座、别墅式庄园1座、庙宇1座。清朝嘉庆道光年间，钓源的富庶达到顶点，有居民近万人，酒楼茶400余家，商贾云集，竟日为市，号称"小南京"。一条条青石板铺就的巷道，曲折迂回地伸向各幢古宅。从平整、

欧阳氏祠堂

光洁的青石板上走去，只见老屋高低错落、排列有序，显得幽静而沧桑，引人入胜。风姿各异的历代建筑，如一幅幅淡淡的民俗风情画，令人赏心悦目。建筑风格的丰富多样，隐含太极八卦的结构布局，形成了钓源古村群落的显著特色。尤其令人费解的是，钓源村大多是"歪门邪道"，巷路、村道、塘岸没有一条是笔直到边的。欧阳钟麟耐心地告诉大家，这是钓源村人有意为之，巷道时宽时窄，院角有圆有方，墙面有正有侧，形成回环往复、参差跌宕的格局，这是应合古代阴阳八卦的理念，显现"天人合一"的道理。时至今日，那巨石铺砌的长街短巷，纵横连接的粉墙黛瓦，错落有致的照壁牌楼，处处飘逸着古朴典雅的风韵，仍可让人追忆那久已逝去的喧嚣市声。钓源村几乎汇集了我国南方古代民间建筑的基本类型，被誉为浓缩我国古村建筑风韵的瑰宝。国内外许多专家、学者前来考察，对该村的古建筑赞不绝口。

20世纪八九十年代，钓源这个千年古村被越来越多的人知晓，人们纷纷来到这里探古寻幽。欧阳钟麟义务为游客讲解并提供食宿帮助,甚至让游客吃住在自己家里。他还多次召开村民大会,说服村民打开老屋免费让游客参观。幽居僻壤的钓源就这样慢慢向世人揭开了她神秘的面纱。

在陪客人游钓源时,欧阳钟麟每次都恨不得把这里所有的好东西都让客人看到了解到。他很快发现,做好讲解对推介古村至关重要。没有任何人要求,他以火一样的热情默默地挑起了这副重担,积极参与村容村貌的综合治理,修复文忠公祠,收集散落的石雕、牌匾等文物,广泛联系海内外欧阳族人。闲暇时,他来到各家各户的老屋,察看建筑特色、询问家族历史、搜集传说典故,还找到村里的老人,反复打听村子的历史、人物和故事。他把自己听到看到的东西全整理下来:哪栋房子的主人是谁?他过去是做什么的?他家的建筑有什么特点?在搜集整理的过程中,了解得越多,他对古村的感情就越深,就越想让更多的人知道它。

欧阳钟麟虽然只有高小文化水平,可是一直爱读书,还做过县剧团的演员和

礼派宗祠

欧阳钟麟

编剧，再加上丰富的人生阅历，使他对传统文化有着更深的见解，语言表达也独具特色。在讲解中，他总能将钓源的景点、建筑、民俗连同自己在书本上、戏曲中得到的历史文化知识融合在一起，将"仁、义、礼、智、信"的儒家文化与"诗书耕读"的庐陵文化融合在一起，更是把自己对古老家园的热爱揉进去，这样的讲解怎么会不引人入胜呢？

一般的客人来了，欧阳钟麟能讲上两三个小时，碰到兴致好的游客，在村里看完了之后，他还要带到家里去细细说道。每次送走客人之后，他回到家中还要将刚才讲解的全过程，像放电影一样在头脑中过一遍，不断审视、反复推敲，时刻准备着在下一次把更精彩的讲解奉献给大家。

就这样年复一年，在欧阳钟麟不遗余力的推介下，钓源古村终于迎来了春天：2002 年，钓源古村启动了旅游开发，政府投入大量资金修缮古建筑、整治道路、疏浚池塘。钓源还成功创建国家 4A 级景区，成为香港城市大学建筑系教学点，成功举办全国古村落保护现场会暨村落文化论坛。钓源越来越美、声名越传越远，这正是欧阳钟麟期盼已久的。

随着岁月的流逝，当年的村长慢慢变成了老村长，2015 年他被评为江西十佳"最美导游"。如今，被"唤醒"的千年古村钓源，正在进行保护性旅游开发，向世人展示着自己迷人的历史和文化。对于年近八旬的欧阳钟麟来说，能够继续为游客服务，能看到一批年轻的古村导游接过自己的担子，他觉得快乐而欣慰。

渼陂，可贵的古村保护意识

每天清晨，中国历史文化名村——江西吉安渼陂村的村民文物保护队就会按部就班地在村内巡查，村内的各类古建筑、古树木一一过目，严防人为破坏。这是渼陂村人保护历史文化遗存的一个缩影。

渼陂古村始建于南宋初年，距今800余年，村民都姓梁，是一座典型的江右民系古村，被誉为"庐陵文化第一村"。宋元时期，梁氏按古代宗法制度修建祠堂、制定族规，形成了一套尊祖敬宗、强化族权的宗法制度。明朝中期，为适应时局的发展，村民开始从事商贸活动，到清朝，他们在附近一带已经形成了雄厚的经济实

"二七"会议旧址

力，具有相当大的影响。全村面积约一平方公里，保存着较为完整的古代和近现代文化印迹，这些珍贵的历史遗存，蕴藏着深厚的文化内涵，令人叹为观止。由于保护措施到位，村里拥有完好的明清时期古建筑367栋，古宗祠恢宏壮观，古民居自然明朗，古书院墨香犹存，古树木遮天蔽日，古井水仍然爽口清甜。古村还完整地保存着一条600多米的宋末元初古街，现存店铺108间，夹街对峙，麻石铺路。路两边是建筑风格、规模基本一致的老式临街木门板店铺，过去主要经营粮食、药材、木材、布匹，据说清朝乾隆年间十分繁华。古村当年为红四军军部，"二七"会议旧址、毛泽东旧居、曾山旧居和彭德怀及黄公略旧居保存完好。渼陂是全国闻名的"将军村"，先后出了梁兴初、梁必业和梁仁芥3位共和国将军。它以厚重的历史、古典的明清建筑群、璀璨的明清雕刻艺术及可敬可颂的红色文化，受到世人的瞩目，成为江西省重点文物保护单位，2005年被国家建设部和国家文物局公布为第二批中国历史文化名村，2009年被评为国家4A旅游风景区。

翰林第

渼陂，可贵的古村保护意识

毛泽东旧居

永慕堂是渼陂古村的总宗祠。这个祠堂始建于南宋初年，元末毁于兵燹，明朝正德年间重建，清朝加建，是明清结合式的风格。重修时正好是慈禧执政，上面的飞檐翘角是"凤在上，龙在下"，是一个"官帽"式结构，一般出了大官才可有这样的结构。整个总祠一共有3个这样官帽式的建筑，上面每一个圆圈里都有一个字，留有"诗书门第""斗门阀冠"字样。中堂的墙壁两侧，写有"忠、信、笃、敬"4个大字，每个大字都有两人高，气势足以令人震撼。正面是"翰林第"牌，梁家璋一生奋斗在科场，直到69岁才考取功名。全村人敬仰他的精神，为了激励后人，将"翰林第"牌匾放在了总祠的门头上。

走进毛泽东旧居，发现整个建筑构造像一张古床，上面那些"贴花"均由竹片一片一片粘贴，保存到现在仍然完好无损。当年毛泽东面对墙上那"万里风云三尺剑，一庭花草半床书"的楹联，在这里发动群众叱咤风云，写下了壮丽的中国革命史诗。据说，毛泽东后来还把这副楹联带到了中南海。

毛泽东旧居

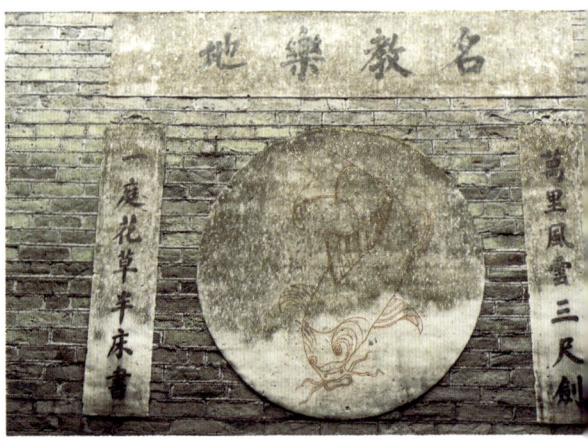

毛泽东旧居楹联

为了保护好历史文化遗迹，渼陂村按照"当前与长远利益兼顾，保护与开发资源并举"的原则，对渼陂古村进行适度、合理和有序的保护性开发建设。在认真听取社会各界建议的基础上，聘请专家编制了《渼陂古村保护建设规划》，划定了保护范围和范畴，制定了一系列古村文物保护措施和办法，让古村保护有据可依。《规划》明确规定，未经允许，村中禁止新建住宅或其他与保护建设规划不符的建筑物，限期拆除、改造与古村格调不一致的建筑，古建筑按照"修旧如旧"的原则进行修缮和维护，禁止任何人以任何形式对古村的明清古建筑、文物进行损害和破坏。为了摸清家底，他们在全村进行了文物普查和民俗民间文化普查，各种文物逐一进行了登记，按可移动文物和不可移动文物进行分类归档、图表共存，并根据文物的归属明确责任人和保护措施，有效地防止了文物损坏和流失。

毛泽东旧居、"二七"会议旧址、曾山旧居、彭德怀及黄公略旧居是重点文物保护单位，过去均为私产。在青原区政府的支持下，他们筹集了大笔资金进行收购，并落实专人维护、管理。同时，村里定期组织白蚁防治专家对被白蚁毁坏较严重的房屋进行治理，有效地保护了各种古建筑。为完善古村内消防设施，渼陂还专门成立义务消防队，确保古村的消防安全。

提高村民自身的素质，树立保护家园、爱护文物的意识，这是渼陂人每年每月的必修课。为此，他们经常在村民中进行《文物保护法》《渼陂古村保护建设规划》和《爱我溪陂》等有关溪陂古村的知识宣传，让村民爱护村里的一砖一瓦、一草一木，自觉管理好自己的家园。

由于溪陂村拥有众多"红色遗址"，前些年，多部影视剧先后在此取景，《闪闪的红星》《共产儿童团的战斗》《陈毅出山》《山重水复》《井冈山》等影视剧就在富水河畔拍摄，溪陂古村也因此被冠以"电影村"的美名。摄制组前来取景，难免对古建筑造成损伤，因剧情的需要，古村墙面上被涂写了一些大幅标语，老街上不

彭德怀、黄公略旧居

少商铺字号也经过了人为改造。针对这种破坏、篡改历史符号的行为，专家学者大声疾呼："电影造就了溪陂，也伤害了溪陂，应当引起溪陂古村的高度重视！"

溪陂人痛定思痛，高度重视影视剧摄制期间的文物保护工作，在开拍前便与摄制组签订文物保护合同，明确文物保护责任。拍摄过程中，区、乡、村三级安排专人全程陪同，对有可能造成历史遗迹的行为及时予以制止，摄制组离开前，对其拍摄场所进行检查。由于措施得力，近10年来，溪陂村未发生历史文物人为破坏情况。

石城，云蒸霞蔚迎"拍客"

凌晨4点，好友李敬伟组织的摄影团队从婺源县城出发，汽车在山道上疾驶，5点半来到石城，天刚蒙蒙亮，我以为来早了，却不料越往里开车越多，村头路边停满了各省号牌的越野车。星光渐渐淡去，我朝山头上一看，山壁上、崖石间到处站满了人，全国各地的"拍客"都赶在婺源秋色最浓的时刻来到石城，一万多支"长枪短炮"对准山谷中睡眼惺忪的村庄，人们在晨风中静静地期待天边红霞渐飞，古村露出淡雅的轮廓。如此壮阔的场景我还是平生第一次见到。

石城村在江西婺源县西北的古坦乡境内，山上多石灰岩危耸的石壁，形如古城，故名为"石城"。石城分为两个自然村，山下是程村，山西北侧则是戴村。程村，古木荟萃，奇树成群，这里的晨雾、炊烟、蓝天、青山、徽居、粉墙、青砖、黛瓦掩映一体，合成一幅优美的乡村美景。最让人惊叹的是100多棵高大的红枫，古树枝干虬曲苍劲，好像早已枯槁，但猛地一下涌出许多鲜活的生命，放眼望去，

执着的"拍客"

石城，云蒸霞蔚迎"拍客"

四周山色连天，苍翠入眼。俯瞰整个村落，粉墙黛瓦的徽派建筑错落有致、古朴淡雅。在古村与大山的缓坡上，一棵棵枝繁叶茂、葱茏劲秀的古树，昂首云天，巍峨挺拔，树冠相叠，浓绿如云，给整个村庄添描上一层如梦如幻的色彩。戴村在石城山北，乃戴姓聚居村。据当地人介绍，戴姓是明代中叶（1450年前后）由岩前迁来的。戴姓先祖当年游猎到石城，觉得此地犹如仙境，便迁来居住。戴家是岩前分支，婺源戴氏乃是婺源古文化之一。世代居住在石城的村民，怎么也不会想到，让村庄闻名的居然是秋野中的一片红枫。

因良好的自然生态和悠久的历史传承，近十年来，婺源被誉为"中国最美的乡村"，当地政府不仅在央视持续投放广告，并且通过不同的海外媒体展现婺源最美的风景，致力于"中国最美的乡村"这一品牌走向世界。婺源油菜花已在全国名列榜首，婺源秋色同样多姿多彩。火红的枫叶、金黄的银杏层林尽染，石城的秋季红枫备受中外游客称道，已成为继油菜花之后婺源的第二张名片，一度被国内众多媒体评选为"中国最具人气的赏枫地"。

每年9月中旬，便有天南地北的"拍客"直奔石城而来，他们在程村、戴村住下，耐心等待，就是要拍出心中的梦幻家园。白天，他们漫步于青石小巷，去细细品味徽派建筑、古村的安逸闲适，品尝着农家美味，感受着梦里老家的情怀。突然有一天，枫叶红了，他们相机的咔嚓声便与鸟儿的鸣叫开始了竞赛。他们完全忘

"拍客"们乐此不疲

了脚下的砾石、藤蔓和荆棘，苦等那稍纵即逝的一缕阳光，捕捉每一个美丽的瞬间。结果，鸟儿的鸣叫远远落后了，鸟儿站立枝头，看着"拍客"乐此不疲的样子，陷入了茫然。通常，天还没亮，"拍客"就会守候在程村与戴村间的山坡上期待最好的时刻俯拍程村，拍摄戴村则一般要到后面的山坡上俯拍。戴村村后有古枫点缀，秋色别具特色。

  作为"拍客"，石城也是我心中的梦幻家园。在晨风中，我架起相机，在田园牧歌的深山村落里，尽情呼吸着清新的空气，在天人合一的万物空灵中，享受一

石城，云蒸霞蔚迎"拍客"

段远离世俗喧嚣的淡雅时光。当第一缕阳光打进山谷的那一刻，古老的村庄顿时美若仙境：一丝薄雾在村前屋后缭绕，炊烟在马头墙上空袅袅升起，村旁参天的红枫如火燃烧。渐渐地阳光如瀑般打在粉墙黛瓦间，原本静美如水墨画的村庄立即变幻成了流光溢彩、灵气四溢的水粉画，随着阳光角度的上升，顺着谷中云雾的流动，伴着屋顶炊烟的变化，画面变幻不定，奇妙无比。在光影流转中，整个村落云蒸霞蔚，呈现出如梦如幻、如诗如画的美景。每一位"拍客"都拿着数码相机在琢磨，比例、色调、纯度不可复制，哪一张效果更像梦境中家园的样子？梦境的场景好像是这样：远处的山峦只是黛影，甚至可以忽略，景深是高耸的枫香、飘红的枫叶、鳞次栉比的古民居，而这一切都被晨霭与炊烟雾化着，宛如海市蜃楼，在虚幻中显影。诚然，石城在晨曦中遗世独立，宛如一幅恬静绝美的淡淡水墨画，成就了许多摄影大师的艺术大片。

仅仅半个小时，山村突然被一片烟雾笼罩，美景逐渐失去本来的韵味，大家不得不鸣金收兵。此刻，"拍客"们早已饥肠辘辘，村民们在山头支起炉灶，红薯、玉米、鸡蛋、馒头、大饼、油条、小米粥的香味在山间萦绕，村民们靠卖早点和土特产赚得盆盈钵满。

用完早餐，我沿迤逦山道步入谷中古木环绕的村落。枫叶飘零，落在高大的马头墙上，独特的徽派民居飞檐翘角，层层叠叠直指苍穹。光影在白色的墙壁上

石城晨曲

石城晨曲

画出斑驳的线条，留下历尽沧桑后的沉静和凝重。褪尽了朱漆的木门在风雨侵蚀下早已辨不出颜色，每扇厚重的大门背后想必都有着一段段让人嗟叹、令人唏嘘的故事。石城在这清冷的大山中，历经千年，甘守平淡。然而正如一个历尽世事的智者，外表越平淡，内心却越绚烂。这隐逸在深山中的石城，就如一坛窖藏老酒，一旦打开朴实无华的封盖，立即浓香四溢，倾倒万千世人。村头，农夫在悠闲地耕作，村妇在溪边说笑着浣洗，老人在房前屋后忙着晒秋，孩童在院里欢畅地嬉戏，人与自然是如此和谐。枯藤老树、古道西风、粉墙黛瓦、炊烟袅袅，让人想起童年，忆起故乡，一切都带着淡淡的乡愁。步入村民家中，只见不少人家火盆内余灰未尽，仔细询问，村民道出了当地人的良苦用心，为了制造古村落炊烟袅袅的效果。清晨各家各户用火盆燃烧茶籽油壳，刚开始只是早起几户人家燃烧，炊烟在马头墙上空袅袅升起，煞是奇妙，然而家家户户都燃烧茶籽油壳，整个山村被浓重的烟雾笼罩，哪里寻找大自然本来的韵味？过犹不及呀！

钟贤古村,为有牺牲多壮志

洪门水库亦称"醉仙湖",位于江西省黎川县东部16公里处,湖区面积568平方公里,为江西省四大水库之一。库区有大小岛屿1086个、丹霞地貌近万亩,每当云消雾散时,湖水奇妙的颜色便会渐渐显露,绿蓝相间,恰似白居易《江南好》中"春来江水绿如蓝"的情景。

洪门水库始建于1958年。彼时,人民政府广泛发动群众兴修农田水利,洪门水库成为抚河流域第一个综合水利枢纽工程。修建水库时,位于库区的硝石镇及

鲁姓佐文公祠堂

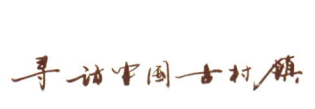

金马银台

鲁氏义仓

63个自然村被水淹没，拥有1万余名村民的钟贤古村损失了上千幢古宅，为兴修农田水利作出了巨大牺牲。

钟贤古村四周皆山，中间为农田，故名为"中田"。据有关史料记载：钟贤宋代开始建村，至今已有1000多年历史，全村主要是鲁、陈二姓，只有少数杂姓。鲁氏始祖为宋有开公，有开公身为循吏，名在宋史，南渡扈隆裕太后驾而来南丰，遂为兹土之始祖。后传至佐文公，为钟贤鲁氏始祖。宋仁宗嘉祐七年（1062），皇帝下诏将陈氏分家析产，自此，江州义门陈氏家族子孙遍布全国各地。其中一支于康熙年间迁徙，由焕修公随母漂泊到黎川钟贤村定居，为钟贤陈氏始祖。

聪明内敛的钟贤先人有了钱，首先是光宗耀祖，而光宗耀祖的途径，不外乎读书中科举和构筑高墙大院。鲁姓先祖子雅公精明能干，极善经营，贩了大批木材经水路运往九江，恰逢九江城失火，全城大半被烧毁，木材价格上涨了几倍，鲁子雅发了大财。死时分遗产，3个儿子每人分得白银800万两，这些钱主要是用来盖房子。陈姓二世祖陈凝斋，著名理学家，生五子皆中科举。五世祖陈希曾，殿试中探花，官至从二品刑部右侍郎。六世祖陈孚恩，在清道光二十七年（1847）以兵部侍郎任军机大臣（宰相）。有清一代陈氏家族世代为官，积累了大量财富。于是沿着龙安河畔，陈、鲁二姓建起成片大厦，纵横交错却又井然有序。高耸的马头墙，数人合抱的木柱，婉转曲折的回廊，无不体现出文雅清新、风韵怡人的优美。

钟贤古村,为有牺牲多壮志

钟贤村的江南古韵弥漫在各个角落。祠堂是钟贤古村落的一大特点。在众多的祠堂中,最为显著的是鲁姓佐文公祠堂,位于钟贤村中心,坐北朝南,三进砖木结构,气派非凡。祠内大厅上有座石雕,用整块长4米、高2米白石砌成,极为罕见。大厅内石柱错落有致,厅内不施油漆,保持原木本色。而厅堂柱梁,则采用彩绘图案。正厅台阶下,两边各屹立着一蹲石制坐狮,使整个祠堂笼罩上一层神圣、威严、不可侵犯的气势。大厅两边厢房曾住着鲁姓族人,中间院落长40米、宽20米,极为雄伟壮观,为黎川众多祠堂所罕见。大门顶石匾上刻着"奉先"两个40公分大的正楷大字,穿透岁月的风尘,字迹依然遒劲。整个祠堂布局合理、结构严谨,是典型的清代宗祠建筑风格,为研究清代宗法、族法、民间风俗提供了实物佐证。

古民居是这里的另一特色。一幢幢明清民居建筑,如同一幅幅回味无穷的民俗古画。现在保留较完整的只有赵家厅堂、高岭上、涂家厅堂等一片联体古民居

沉于湖底的古窑

建筑。三家大厅的宅院，都由庭院、天井、上下厅、厢房等组成。这些建筑最有特色的结构是"双龙出洞"，即从正厅两侧伸出长长的巷道，犹如两条蛟龙从洞中徐徐而出，将两边厅堂联成一体。

自从陈希祖在乾隆五十五年以殿试第七名中进士后，其弟陈希曾又于乾隆五十八年中探花，历任内阁学士兼礼部侍郎、武英殿副总裁官，还做过咸丰皇帝的老师。其子陈孚恩小时曾做过咸丰皇帝当太子时的伴读，深受咸丰皇帝喜爱。长大后历任兵部、刑部、户部、吏部尚书，参与军机大臣会议，权倾朝野。道光皇帝还特赏"头品顶带、紫禁城走马"，御赐"清正廉臣"匾额。在这种一门二进士四尚书、"天子门生、门生天子"的光环照耀下，陈家共出进士7人，七品以上官员39人。鲁姓文风更为鼎盛，共出进士19人，七品以上官员52人。回顾钟贤村1000多年的经历，走的是一条亦耕、亦商、亦仕的道路。钟贤村素有"世代簪缨""文献世族"之称，该村科举之盛，仕宦之众，爵位之崇，建筑之美，艺术之高，

钟贤文化广场

家族之大，延续之久，黎川独一无二，在全省也是屈指可数的。从某种程度上来讲，可以说是江西古代文明的一个缩影。

经过岁月的洗涤，曾经的辉煌逐渐在人们记忆中消失。年久失修的古村落如何走进新时代？这是摆在中田乡政府和钟贤人面前的历史使命。

2016年6月，中田乡来了第一位女乡长——程木兰。此前她在红七军团发源地黎川县湖坊乡工作过5年，她在那里查找史料、探访遗迹、走访百姓，帮助修复红军遗址、建红军广场、搭红军戏台，为当地红色资源的挖掘倾注了大量心血。县领导知人善任，将重振陈鲁文化雄风的任务郑重地交到了她的手中。程木兰怀着深厚的农耕文化情结走进钟贤古村，双手抚摸着数百年历史的古砖瓦，仿佛听到了历史车轮的回音，那一个个动人心弦的历史往事仿佛浮现在眼前，村民们守护祖业与传承文化的精神让她心生敬畏。在一年多的时间内，她一次次伫立在古宅前、古亭上、古桥下、古树旁、古窑里，渐渐读懂了它们的前世今生，有了太多的惊人发现，终于找到了钟贤古村尘封近千年的历史脉络，感受到了它厚重的文化底蕴。

程木兰的真诚打动了乡亲、感化了领导。在县领导和乡党委的大力支持下，越来越多的乡贤加入到了保护古村的行列之中，他们不仅在精神上给她加油鼓劲，而且积极加入到她的团队当中，一起帮助找古迹、帮助挖线索、帮助出主意。近年来，他们按照"看得见山、望得见水、记得住乡愁"的思路，立足现有条件，保护和抢救了一批古村遗迹，重点打造"一溪二街三巷四祠"特色景点。同时，他们根据古村先贤文化和耕读文化的特点，精心打造了占地2000多平方米的钟贤文化广场，陈、鲁两家10位代表性人物的石雕像矗立在广场之上，让后人在瞻仰先贤的同时，感受钟灵毓秀、贤人辈出的陈鲁文化。2017年9月，在乡贤和专家的帮助和指导下，钟贤古村荣幸地成为江西省第一批传统村落，并顺利地完成了国家级传统村落的申报。眼下，他们正在筹建江西省首家中华农耕文化体验园，让满怀乡愁的城里人亲身体验一下祖爷爷当年的农耕生活，是不是既传统又新潮！

阎家河，且将珍珠穿成链

全国重点文物保护单位柏子塔

在湖北麻城，知道龙潭湖的人并不多，如果说到麻城"三台八景"的钓鱼台，知道的人就多了。其实钓鱼台只是龙潭湖的一小部分，400多年前（1588），一位年过六旬的老人，不畏群儒的谩骂，毅然剃去满头白发，穿着破旧而整洁的衲衣，在好友的陪伴下，顺着山间羊肠小道向阎家河龙潭湖一步步走来，住进芝佛院，他就是李贽。

李贽，福建泉州人，26岁中举，做了20多年小官，51岁出任云南姚安府知府，54岁辞官，专心读书讲学。李贽乃思想家、文学家、泰州学派一代宗师，在社会价值导向方面，他批判重农抑商，扬商贾功绩，倡导功利价值，符合明中后期资本主义萌芽的发展要求。李贽主张个性解放、思想自由、平等包容，一生充满着对传统和历史的重新考虑，在麻城讲学时，从者数千人，中间还有不少妇女。李贽是晚明思想启蒙运动的旗帜，他的思想在海内外享有崇高的声誉和广泛的影响，在日本、韩国、新加坡有众多拥趸。由于20世纪70年代移河改道，如今的龙潭湖已面目全非，芝佛院亦灰飞烟灭。在阎家河镇政府前的荷塘边矗立着李贽雕像，如何正确认识和继承李贽的思想遗产，探索和建设现代理性与文明之路？阎家河人正在思考。

李贽塑像

阎家河古镇毗邻麻城市区，因唐代洪州都督阎伯屿居住此地而得名。当地友人张扬告诉我们，阎家河镇位于举水上游，境内山雄水秀，四季宜人，土地肥沃，物产丰美，是举水文明的主要发祥地。阎家河北控天中，五关形胜，东引吴会，屏蔽江淮，是中国早期历史上群雄逐鹿的战场和诸侯争霸的目标。公元前506年，吴楚两国军队对峙于阎家河境内，军事家孙武率领吴军，抢先越过举水，以柏山为点将台，排兵布阵，激励3万吴军勇猛作战，以弱胜强，大败20万楚军。柏举一战，楚国大国地位削弱，从此一蹶不振，而吴国却北上中原，与诸侯会盟，成为

光黄古道遗迹

春秋时期的一代霸主。2008年在喻家楼村发现一处古城遗址，根据地层关系和文物叠压关系，初步判断为西周城址。

在古城遗址附近，我们见识了闻名遐迩的"朝天鼓"。它是一块巨大的鼓形红色山岩，直径约10米，如此天鼓擂起来真是惊天动地。更可喜的是，我们发现了光黄古道遗迹。光黄古道是古时候由河南光州至湖北黄州的一条官道，当年（842）杜牧受排挤外放为黄州刺史，就是顺着这条古道进入黄州的。200多年后，大文豪苏东坡因反对王安石变法被贬到黄州，也是走的这条道。如今，光黄古道几乎埋没在了荆棘丛中。友人喻同仁是土生土长的喻家楼

凤凰山石城寨遗址

人，他提起在他家老宅附近有一座古老的石桥，桥面很宽，据村上老人回忆，这便是光黄古道。1947年8月，刘邓大军在喻家楼成立鄂东工委，大部队挺进大别山曾浩浩荡荡从石桥上经过。我们顺着喻同仁的指点，在满是荆棘的小河边，找到了这座石桥。古朴的石桥长五六米、宽近三米，虽然残缺，仍可通行，如果加以维修，可以成为光黄古道上不可多得的历史遗存。

九龙山国家地质公园是阎家河的瑰宝，占地约10平方公里。登临九龙山主峰，只见9条红石山岗绵延而来，这是大自然的杰作，由1.4亿年前形成的紫红色沙粒岩向四周辐射蜿蜒伸展而构成。沙粒岩上寸草不生，为了营造绿水青山，近10年来，当地政府强化对林地资源保护，见缝插针地增加植被，使得展现在游人面前的仍然是一幅满目葱绿的山水风光画卷。山顶有一座唐代砖塔，乃全国重点文物保护单位柏子塔。柏子塔六角九层，巍峨挺拔，霞蔚云封，因为立秋日正午四周无影，被称为"柏子秋荫"。千百年来，柏子塔以其古朴的造型、厚重的文化、神奇的典故吸引着南来北往的游人。塔下方是久负盛名的九龙寺，寺前东西两侧各有一株唐柏，距今已有1200余年历史，成为阎家河镇历代兴衰、沧桑变迁的见

证。距柏子塔约 600 米，陡峭的红石山山腰上有个唐王洞，洞内修有唐王李世民塑像，两壁还有长矛、刀、枪、箭，身临其境，恍若进入古战梦境。

阎家河境内山区群山起伏，凤凰山显得格外险峻。历史上为了躲避战乱、抵御强敌，老百姓凭借凤凰山的天然险境，依山垒起绵延数里的石寨城墙。古老的石寨城墙保存基本完好，石城寨遗址成为凤凰山一景。下山途中，喻同仁提起了唐代洪州都督阎柏屿，他当时官阶相当于现在的省长。公元 675 年重修滕王阁，他慧眼识珠，命王勃题写《滕王阁序》。由此阎公成就了王勃，也与王勃、《滕王阁序》一同

石城寨城墙遗址

千古留名。据说阎柏屿死后葬在阎家河境内，1966 年村民在山水塆村发现一座古墓，民间传说是阎伯屿墓，但没有墓碑佐证，尚未得到官方认可。我们途经山水塆便停车前往察看，这是一座夫妻合葬墓，保存基本完好，只是棺椁右侧门已部分损坏，有关方面仅作"虾形地湾墓地"进行保护。到底是不是阎伯屿墓，有待相关部门进行考古发掘。

回城的路有些颠簸，沿途正在修筑沪渝高速公路。在桃林河附近，张扬指着窗外的景色兴奋地告诉我们，这就是麻城美景之一的"桃林春色"，每逢春暖花开时节，两岸桃花绵亘 10 余里，红霞如锦，花香醉人，红墙绿树，掩映其中，如诗如画，游人如织，犹如人间仙境、世外桃源。阎家河集山区、丘陵、平原于一体，山清水秀，美不胜收。丰富的旅游资源是我们建设美好乡村的最大本钱。这些年，阎家河镇党委、镇政府一班人为了给当地百姓创造最实惠的民生福祉，撸起袖子苦干实干，加快公路村村通建设，加强景区科学规划，努力将珍珠穿成链，为子孙后代留下可持续发展的"绿色银行"。

黄花涝，一个镇与一个人

恢复重建的古铁佛寺松岩塔

千年古镇黄花涝毗邻武汉天河国际机场，飞机一起飞，在舷窗上便可见到三面环水的黄花涝，府河水从古镇旁流过，形成一个大大的"V"字，仿佛像一个巨人伸出双臂，热情迎接天下宾客。阳春三月，一望无际的河滩上开满小黄花，人们可以在这里牧马赛车、野炊露营、趁风放鸢、轻歌曼舞；每逢端午佳节，城里人便结伴而行，到这里一睹龙舟竞渡、舟桨翻飞、万人喝彩的壮观景象。

黄花涝的历史可追溯到2300年前，这里当年是石阳县城所在地。至今颇为壮观的沿河石坡，石墙层层叠叠、陡峭笔直、鬼斧神工，乃是千年古镇的最好见证。三国时期石阳亦为荆州刘表所辖江夏郡，名为石梵。当年孙权堂弟的儿子孙壹，带着部下投降曹魏，魏国封他为车骑将军、吴侯，并将故主曹芳的贵

黄花涝，一个镇与一个人

黄花涝文博馆

妃邢氏嫁他为妻。孙壹死后，就安葬在江夏（夏口）附近的石阳即黄花涝。20世纪90年代，孙壹墓地被发现，其规格之高，印证了当时石阳重要的地位和繁华。时过境迁，这个曾经盛极一时的石阳县城在战火中消失了，只留下一排壮观的石坡迎接着府河之水的千年拍打。此后的石阳，一直是个孤岛，直至明代洪武二年，从江西迁来的王氏家族在此落地生根，才有了人烟。春天，这里的府河河床露出，黄花烂漫；入夏，随着河水高涨，成为一片汪洋，"黄花涝"由此得名。

经过600多年的变迁，黄花涝呈现出一派富庶、繁华的景象："日有千人拱手（纤夫），夜有万盏明灯（帆船）"。物阜民乐，商贾云集，已成为武汉近郊不可多得的水上重镇，被誉为"小汉口"。黄花涝简史记载的"春赏黄花遍地香，夏观龙舟水中扬，谁说秋凉无石景，雄狮傲雪立学堂"的四大景观，不知倾倒了多少文人墨客。"铮铮铁佛寺，郎朗亚园门，巍巍石头坡，悠悠古树情"，至今让人津津乐道。1949年后，由于沿河筑堤，府河改道，公路变迁，行政机关东移，特别是遭到几次洪水的袭击后，黄花涝日渐萧条，繁荣景象不再，而永不停息的淙淙流水，仍在倾诉着悠悠岁月。

黄花涝既被冠以"千年古镇"之名，自然应该有千年历史沉淀的气质。这里的古石坡、古码头、三国古墓、明末清初古屋、清代古墙壁、古寺院、古教堂、古祠堂等遗迹保存基本完好，斑驳的古墙、青石板小路，也能勾起人们的回忆。但如何深耕黄花涝历史文化、打造黄花涝古镇名片、推广黄花涝文化品牌？这一直是黄花涝村党支部书记王三清的一个心结。

王三清，身材高大，声若洪钟，极善言谈，是土生土长的黄花涝人。初中毕业后应征入伍，在部队曾8次立功受奖。1975年退伍回乡后，他萌生了振兴家乡造福乡亲的信念，在40多年从政生涯中，历任黄花涝党支部副书记和书记、主任等职。他勤政为民、恪尽职守、宽以待人，连续3次被选为武汉黄陂区党代表、十佳党支部书记，两次荣获"武汉市优秀共产党员"称号。他始终不忘初心，怀揣黄花涝发展蓝图，筚路蓝缕，孜孜矻矻，深耕这片热土。这些年来，为打造风情古镇，王三清带领村民加固沿河石坡、修复古镇渡口、复建沧浪亭和状元亭、建设观景亭廊、拓建铁佛寺广场、设立道路路牌、标注故居古迹，向世人展现古

古老的石驳岸

镇新貌,将名不见经传的黄花涝打造成名噪江城的热门旅游景点,吸引了越来越多的武汉市民、外地游客慕名前来踏青、旅游。王三清则甘当义务讲解员,向游客介绍黄花涝的人文历史,讲述黄花涝美丽的故事传说,带领他们访古探幽。在他绘声绘色的讲解中,人们对黄花涝的前世今生加深了了解,对黄花涝的亲切之感与日俱增。

梅园居古宅

长期以来,王三清将访问家乡先贤长辈、记录古镇逸闻趣事,作为人生的一大乐事,默默积累了百余本笔记。通过这些笔记,他整理出黄花涝的历史脉络、人文风情、名人故事,亲自撰写文章在省内外报刊上发表。2004年,《长江日报》《孝感报》《楚天都市报》相继推出他撰写的文章《千年古镇黄花涝》。2005年他与黄陂区作家明德运创作的历史小说《黄花涝》在《长江日报》上连载。2009年1月他在新浪上开通博客,撰写关于黄花涝的风土人情、历史掌故、逸闻趣事等267篇,点击量逾12万次,被人们誉为"黄花涝第一秀才"。

引进资本创建黄花涝文博馆、引进资本重建古铁佛寺,堪称王三清打造黄花涝的神来之笔。古镇中心有一座巨宅,那是全国少见的私家文博馆,它的主人是一位台湾商人,如今成了千年古镇一道靓丽的风景。2007年,王三清结识了台湾大学收藏家罗火旺教授和其夫人邓美玲女士,交谈中罗教授发现王三清对于古镇的风土人情、风物掌故如数家珍,不愧为黄花涝活字典。为此,罗教授全权委托代理人胡建国先生,投资兴建黄花涝文博馆。王三清全力以赴,不消一年,便让

王三清

罗教授数以万件的收藏品在大陆安了家。罗教授和邓女士赞叹王三清为"黄花涝文化代言人",为了表达感激之情,他们邀请王三清为黄花涝文博馆大门两侧撰写楹联。为了让黄花涝子孙后代永远记住自己家乡的故事,王三清当仁不让,欣然命笔:

古镇何奇?明太祖铁佛寺题字,康熙爷亚元居赐匾,郭子仪黄土坡立庙,东吴侯富家堡藏秘,帝耶、王耶、将耶、相耶,弹丸之地,精典故事里面找。

请君试看!状元郎好兄弟揭榜,金燕子玉龙杯破案,董贤琮老党部授课,李先念山鹤楼结义,文者、武者、师者、仁者,神州苍穹,传闻佳话外界知。

这副浓缩黄花涝历史的楹联,纵横捭阖、气势恢宏、起承转合、一气呵成,读后不仅可让游人从字里行间了解古镇的人文故事,同时也对古镇有如此深厚的历史陡生敬意。

黄花涝北首悬崖绝壁处,原来有一座修建于明代、朱元璋御笔题匾的古铁佛寺,这座有600多年历史的寺院规模宏大,金碧辉煌,曾经香火旺盛,流传有"仙鹤石""神童松岩"等传奇故事,是造福古镇的象征,可惜在"文革"时期毁于一旦。2011年初,王三清有幸结识杨小英大师,就重建铁佛寺之事进行了数次探讨,最后终于达成一致,决定由杨大师在原遗址上恢复古铁佛寺。经过几年的努力,巍峨的大殿高高耸立在松岩塔边,铁佛涅槃、盛世重生的感慨令人油然而生。

最后,不得不提黄花涝的另一处文化亮点,那就是王三清自费筹办的三清书画院。他利用自家老宅作为书画院展览室,向游客展示他多年收藏的上千幅名人字画,为古镇文化又增添了浓墨重彩的一笔。

凤凰古城,保护形式更保护内涵

凤凰古城,作为一座国家历史文化名城、首批中国旅游强县、国家4A级景区、湖南十大文化遗产之一、湖南省湘西土家族苗族自治州所辖八县市之一,堪与云南丽江古城、山西平遥古城媲美,享有"北平遥,南凤凰"之美誉。凤凰自然资

凤凰古城

源丰富，山、水、洞风光无限。南华山国家森林公园面积3万余亩，生态环境优美，森林覆盖面积达到98％以上。珍奇动植物品种100多种，到处郁郁葱葱、鸟语花香。奇梁洞被誉为华夏第二奇洞，集幽、奇、秀、峻的特点于12公里长的洞中，奇诡莫测，引人入胜。风光旖旎的屯粮山风景区，山形千姿百态，流瀑万丈垂纱。风景名胜装点凤凰奇幻无穷的大地，给凤凰增添了无穷的魅力。古城现有文物古建筑68处，古遗址116处，明清时代特色民居120多栋，各种庙祠馆阁30多座，是中国西南现存文物建筑最多的县份。沱江河是凤凰的母亲河，坐上乌篷船，听着艄公的号子，看着两岸已有百年历史的土家吊脚楼，别有一番韵味。顺水而下，穿过虹桥便是万寿宫、万名塔、夺翠楼。沱江南岸是古城墙，用紫红沙石砌成，典雅不失雄伟，两座城楼历经沧桑，依然壮观。

每当夜色降临，古城与白天便成了完全不同的两个版本：四周的山峦在黑暗中渐渐消失，只留下沱江边上吊脚楼的轮廓、通体发光的万名塔、线条粗犷的风雨楼。水中，勾勒青瓦木舍的轮廓灯、千姿百态的霓虹灯、五彩缤纷的店铺灯、华丽辉煌的红灯笼倒映在静静流淌的沱江江面上，把古典建筑、民族风情与现代光影艺术的多种元素糅合在一起，随流摇曳，犹如重新打造了一个动感十足的水

凤凰古城夜色

凤凰古城，保护形式更保护内涵

上凤凰。

凤凰古城不仅山川秀美，而且人杰地灵。从清道光二十年（1840）至清光绪元年（1875）的短短36年间，这里涌现出的三品以上军官就包括提督20人，总兵21人，副将43人，参将31人，游击73人。民国时，凤凰出中将7人、少将27人。当代以来，凤凰人才辈出，涌现出一批将军、高级领导干部、作家、书画家、工艺美术家。特别是随着民国第一任民选内阁总理、政治家、慈善家、教育家熊希龄，著名作家、历史学家沈从文，著名画家黄永玉的出现，凤凰不仅闻名全国，而且蜚声世界，被誉为中国最美的小城。

近10年来，随着凤凰古城的旅游升温，古城商业氛围日益浓厚，过度的商业化导致环境资源严重污染，古城渐渐失去了本属于它的安逸和文化气质。"凤凰古城当务之急应遏制过度商业化倾向，既要保护其形式，更要保护其内涵！"凤凰人终于警醒。2013年10月1日，《凤凰古城保护专项资金管理暂行办法》和《凤凰古城涉旅行业转移转型升级暂行规定》正式实施，备受国内外游客和社会各界关注的凤凰古城保护再添"新法宝"。加上2011年实施的《湘西土家族苗族自治州凤凰历史文化名城保护条例》，凤凰依法保护古城的法制体系框架初步形成，直

凤凰之晨

接为凤凰古城实现依法保护、规范管理、合理利用、科学发展提供强有力的法律保障。

《凤凰古城保护专项资金管理暂行办法》设定了古城维护费来源和使用范围，具体使用比例为：60%用于古城旅游资源保护、消防设施、污水管网和河道清淤等旅游基础设施工程建设，30%用于对符合要求的迁出古城居民和商铺的奖励、古城民居的修缮、诚信经营户相关奖励以及商铺转型、宾馆客栈提质升级的扶持，10%用于古城绿化、亮化工程和非物质文化遗产的弘扬与传承。为规范旅游城市形象，他们投入资金9亿元，全力打造城北旅游综合服务区，用3年时间建成了可容纳20 000辆小车、3000辆旅游大巴的旅游停车场和游客服务中心；加快完成古城内机关事业单位搬迁工程，拓展县城发展空间，缓解古城保护管理压力；实施城区道路改造和城区供水、排污管道建设，新建了日处理30 000吨的污水处理厂及日供应30 000吨的自来水厂各一座，新建了一批星级公厕。

为了保护古城内涵，地方政府将"凤凰古城"、"湘西边墙"（南方长城）、"黄丝桥古城"和"民族民间文化"作为重点保护对象。核心保护区范围为东正街、十字街、文星街、中营街、登瀛街、南边街、北边街、勖龙阁街、老营哨街、史家弄、老菜街、沙湾街等历史街区。他们严格规定中心保护区内的历史街道、巷道应保持原有的空间尺度，严禁拓宽或缩小，商业街巷立面应当保持历史样式。其建筑物、构筑物的改建、维修，其建筑形式、体量、色调必须保持明清时期的布局和风貌，建筑物高度控制在两层以下，一层建筑檐口高度不超过3米，两层建筑檐口高度不超过5.6米，色调控制为黑、白、灰及灰褐色、原木色。他们鼓励居民将凤凰古城区内房屋恢复原来的居住生活状态，对挂牌保护的特色民居不从事商业经营的，根据建筑面积每栋每年给予不低于5万元的民居保护修缮费。与此同时，他们加大古城文物保护维修力度，投资100万元对县级文物保护单位准堤庵黄永玉壁画进行维修，投资5000万元维修国家重点文物保护单位沈从文故居、省级文物保护单位熊希龄故居和田氏宗祠，建设沈从文纪念馆和熊希龄总理府，维修古街道和马皇庙、城隍庙，建设竿军博物馆、古城博物馆等。他们将傩堂戏、阳戏、茶灯戏、玻璃吹画、苗族剪纸、蜡染、扎染、刺绣、银饰加工和纺织艺术等民间文化和工艺美术，列入民族民间文化重点保护对象，努力维护凤凰古城的原真性，还国家历史文化名城的精气神。这些不仅让凤凰古城处处弥漫着艺术气息，增强了民族文化自信，而且促进了民族文化艺术走向世界。

德夯，带你回到从前

在风景秀丽的湘西武陵大峡谷，镶嵌着一颗璀璨的明珠——德夯苗寨。"德夯"为苗语，意为美丽的峡谷。这里溪流纵横，峡谷深邃，瀑布飞泻，落差216米的流纱瀑布，如白练凌空，似银纱悬壁，它虽然没有万马奔腾的磅礴气势，仅凭这份似有似无的轻柔，流沙瀑布缥缈的气质足以赢得观者的欢心。这里群峰竞秀，盘古峰海拔700多米，峰顶呈葫芦状，分大小两峰，绝壁千仞，天险难渡，站立峰顶，方圆景色尽收眼底。在青山绿水间，点缀着一幢幢灰瓦石基吊脚楼，一条条光滑的石板路，一座座精巧的石拱桥，一群群赤足红装的浣纱苗女。还有那古老的石碾和筒车，在水力的带动下，咕咕噜噜、咿咿呀呀不知疲倦地旋转着，一派田园诗情。

蜡染

这里有著名的公路奇观——湘川公路上最险关卡"矮寨天险"。坡的垂直高度440米，坡度为80度，公路如白带盘旋于青山之上，车行路上，伸手可抓到窗外白絮般的云雾。此路于1935年动工，1937年通车，蒋介石在抗战时期为了运输物资，亲自担任总指挥修筑这条

土法造纸

路。此路以其地势奇险、设计独特而驰名中外。当年修这段路时牺牲了200多人，为了纪念他们，在山顶上立了"开路先锋"巨型铜像，再现了当年筑路工人的不屈精神和风貌。如今令苗家人骄傲的是，位于德夯大峡谷上空335米处的矮寨大桥横空出世。它是世界上跨越峡谷长度最大的钢铁悬索桥，创造了4个"世界第一"：大桥主跨1176米，创跨峡谷悬索桥世界第一；首次采用塔、梁完全分离的结构设计方案，创世界第一；首次采用岩锚吊索结构，并用碳纤维作为预应力筋材，创世界第一；首次采用"轨索滑移法"架设钢桁梁，创世界第一。

抵达德夯苗寨，古老淳朴的苗族风情扑面而来：苗家人热情好客，一旦有客人进寨，马上举行拦门礼，请客人喝拦门酒、对歌、喝阴米茶、放三眼炮，表演庆年鼓舞。德夯有"天下鼓乡"美称，这里鼓舞异常壮观，花样百出，擅长者众多，一套鼓舞令人叹为观止。苗族鼓舞在唐代《朝野佥载》上就有"五溪蛮，父母死，于村外间其尸，三年而葬，打鼓路歌，亲戚饮宴舞戏一月余日"的记载，由此可见苗族鼓舞历史十分悠久。苗鼓分为庆年、庆神两种,重大节日、拦门迎宾,表演的是庆年鼓舞,祭祀时表演的是庆神鼓舞。在德夯苗寨,目前已经出了五代苗鼓王、两代猴儿鼓王,其中第一代苗鼓王龙英堂曾受到毛泽东主席、周恩来总理的接见并授予称号。德夯苗鼓甚至打进了新加坡,走向了世界。

苗族的祖先生活在黄河流域,始祖蚩尤与炎黄部落作战,失败后退居江汉、洞庭湖一带,建立起三苗国。商周时三苗国被破,苗族向西迁徙,即现在的湘西、黔东等地。德夯苗寨位于峡谷深处,村寨倚山而建,千山飞瀑环抱,80余户苗家紧紧相依于翠谷中,清一色的青瓦木板屋,木屋间穿插着石板路、石板坪、石板桥、石板墙,透着和谐美,整个村寨显得恬适幽静,无不显示出远古遗民的氛围。

织布

村寨四周山势雄奇,绝壁夹天,夯峡、九龙、玉泉三溪在这里相会,如同三根彩带在这里相交结,人立于此,只要原地转动身子,就可观赏到东西南北全方位的美景。那含情脉脉的"相依岩"、昂首奋蹄的"驷马峰"、惟妙惟肖的"孔雀开屏""彩云壁""画屏峰",尽收眼底,令人目不暇接。

这里居住着一群苗族百姓,他们讲苗语、穿苗服,女人喜戴银饰,穿无领绣花衣,男人爱结绑腿,吹木叶。苗族是一个喜欢以银器装饰自己的民族,因为银子在他们眼里是很纯洁的东西,是圣洁的象征,银饰是苗家人爱美的象征。特别是

德夯，带你回到从前

织丝带

苗家姑娘身上佩带的银饰，琳琅满目，令人眼花缭乱，无论走到哪里都是清脆的叮当声。他们主要的银饰有银冠、银珈、项圈、披肩、胸练、针筒、手圈、耳环、牙签、髻簪等。按服饰色彩苗族可分为五大类：红苗、白苗、青苗、花苗、黑苗。红苗服饰图案以龙凤纹样为主，色彩偏红。花苗服饰则以花蝶为主，五彩缤纷。白苗以蝶科类、白色为主。青苗的图案是麒麟，色彩以青色为主。黑苗的图案以狗为主，色彩以黑色为主。湘西主要是红苗和花苗，服饰上一般都有龙凤花鸟的刺绣。他们自己种桑养蚕、纺纱织布，手工织品巧夺天工。他们日出而作、日落而息，人们沿用古老的方法榨油、造纸、碾米、织布，用筒车提水灌田。诗人石元机赞曰："德夯冲溪水粼粼，千里碧波下洞庭。翠峰峭壁玉龙飞，重峦叠嶂高入云。单村百门对山开，日照窗前闺中明。苗家素室胜绣户，男耕女织人端勤。"

　　苗族有自己的语言，但无文字，他们的历史和文化通过苗歌的形式流传下来。苗族是一个开放的民族，青年男女通过"赶边边场"或在隆重节日里对歌谈恋爱，自主定姻缘。苗家人喜爱唱歌对歌，他们从小就练就了一副好歌喉，而且婚嫁都

榨油

是以歌为媒，女的若不会唱歌将嫁不出去，男的不会唱歌，将打一辈子光棍。传统的节日有"四月八"、"六月六"、苗年、斗牛节、姊妹节、赶秋等，其中尤以苗年最为隆重。在这些日子里，苗家山寨歌舞升平，热闹非凡，他们举行隆重的白狮会、打苗鼓、上刀梯、斗牛、赛牯牛，粗犷豪放，生动活泼。近年来，为了让海内外游客体验古老的苗族民俗风情，德夯人做足民俗旅游文章：举行大型原生态歌舞表演，身着盛装的青年男女用歌舞演绎浓郁的苗家风情；带领人们步入农耕文化展示园，亲身体验榨油、蜡染、织布、磨豆腐、碾米、酿酒、造纸等苗族民间传统技艺。人们好像回到了从前，来到一个美丽的古老童话世界，领略了做苗人的快乐。

后记　志愿者的自白

中国传统村落保护专家委员会主任委员冯骥才曾大声疾呼："传统村落是农耕文明留下的最大遗产，现在已到了关乎传统村落生死存亡的紧急关头。"作为非物质文化遗产抢救志愿者，近10年，我带着这种忧虑，先后到全国200个古镇古村落进行田野调查。中国古镇古村落被人们称为"最后的精神家园"。我是从古镇上走出来的孩子，对古镇有特殊的感情，那里有我儿时的梦，承载着浓浓的乡愁。事实上，中国古镇古村落的颓势已难以逆转，一味唱衰没有意义。作为记者，过去我是事件的记录者，作为一个有良知的记者兼作家，我理应当好时代的记录者。田野调查是我退休后的自发行为，但我有责任把所见所闻、把亮点和问题一起写出来，让社会来一起思考：究竟该拿什么来拯救我们的古镇古村落？

回首这孜孜矻矻的10年，我付出了辛劳，也收获了满满的正能量。在夫人和友人的陪伴和支持下，我们在苏南、皖南、广东潮汕、贵州黔东南、江西吉安、山西晋城、浙江宁波、福建武夷、河南许昌、四川成都等20多个省份不少古镇古村落都留下了足迹。2015年的广东之行让我等备尝艰辛：骄阳似火，酷热难当，我们坐农村公共汽车穿梭在古镇古村落之间，下了车还有很长一段路，没有代步工具，只好顶着烈日步行。在去汕头前美古村的路上，一位骑摩托车的小伙子看到我们汗流浃背地赶路，一打听我们是来做古村落调查的，就热情地让我们坐他的车，一直将我们送到目的地。由于连日奔波，夫人累倒了，我将她在酒店里安顿好，与友人又走向下一个古镇古村落。陆丰市大安镇石寨村石寨，建于初唐，经历了 1300 多年的悠久岁月，城高约 8 米，环山而筑，宏伟雄浑，宛如一只银环挂在雄狮的颈项，至今外观基本完好。为了拍摄石寨全景，我们与寨外一户村民商量，爬上他家三楼阳台，又登上四层天台，终于拍摄了壮观的照片。村民老伯看到我们如此敬业，十分感动，专门沏了一壶乌龙茶予以犒劳。

从人文角度出发，挖掘古镇古村落的文化内涵，注重拯救的过程，力求见人见物有故事，这是我进行田野调查的初衷。在调查中，我听说并接触到了许多感人至深的人和事：打造镇北堡神话的张贤亮、"刀下救平遥"的阮仪三、安徽"阳产土楼保护第一人"郑小河、广州新塘拾贝人湛汝松、"明月湾保护第一人"秦伟平、许村义务讲解员许强明、"唤醒"钓源古村的古稀老人欧阳钟麟、矢志不渝保护家斜古村的余茂法、仗义执言的老教授翟光奎等人，一个个鲜活的面孔在我眼前跃动，我对他们保护和抢救古镇古村落的义举肃然起敬。他们是榜样，有这样的榜样走在前头，我们的古镇古村落就有救。

如今，我怀着一颗感恩的心，将这部书献给广大读者，献给默默支持我的友人和家人，他们无怨无悔地陪伴我东奔西跑、走村串户，为这部书作出了积极的贡献，在这里我真诚地道一声：谢谢！由于调查的时间长达 10 年，不少古镇古村落发生了很大变化，相关数字、图片和背景，我根据网上资料进行了更新，谨向作者表示衷心的感谢。诚然，我国古镇古村落抢救和保护任重道远，作为非物质文化抢救志愿者，我怀着强烈的社会责任感甘当"义工"，不为功利，精神至上，趁现在还有体力、有笔力，有生之年继续去打开一扇扇被历史关上的门。

王喜根
2019 年 6 月 28 日